MINHA FORMAÇÃO

TOPBOOKS

História editorial de *MINHA FORMAÇÃO*

1ª edição: Rio de Janeiro-Paris, Garnier, 1900.

2ª edição: São Paulo, Companhia Editora Nacional, 1934.

Em espanhol: *Mi Formación* (tradução de Justo Pastor Benitez), Rio de Janeiro, Imprensa Nacional, 1944.

3ª edição: São Paulo, Instituto Progresso Editorial, 1947.

4ª edição: Prefácio de Carolina Nabuco, Rio de Janeiro, W. M. Jackson, 1948, em Clássicos Jackson.

5ª edição: Rio de Janeiro, Editora José Olympio, 1957, na Coleção Documentos Brasileiros.

6ª edição: Introd. de Gilberto Freyre, Brasília, Editora Universidade de Brasília, 1963, na Biblioteca Básica Brasileira.

7ª edição: Introd. de Alceu Amoroso Lima, Rio de Janeiro, Edições de Ouro, 1966, em Clássicos Brasileiros.

8ª edição: São Paulo, Editora Três, 1974, em Obras Imortais da Nossa Literatura.

9ª edição: Rio de Janeiro-Brasília, Editora José Olympio-INL-MEC, 1976, na Coleção Documentos Brasileiros.

10ª. edição: Com nova introdução de Gilberto Freyre, Brasília, Editora Universidade de Brasília, 1981, na Coleção Itinerários.

11ª. edição: Editora Paraula, 1997.

12ª. edição: Coleção Biblioteca Básica Brasileira, Senado Federal, 1998.

JOAQUIM NABUCO

MINHA FORMAÇÃO

Prefácio
Evaldo Cabral de Mello

TOPBOOKS

14ª ed.: 2004

Coordenação editorial
Christine Ajuz

Composição e fotolitos
Art Line Produções Gráficas Ltda.

Revisão
Heitor Aquino Ferreira

Capa
Victor Burton

Caderno de fotos
Acervo da Fundação Joaquim Nabuco

TOPBOOKS EDITORA E DISTRIBUIDORA DE LIVROS LTDA.
Rua Visconde de Inhaúma, 58 / gr. 203 — Rio de Janeiro — RJ
CEP 20091-000 Tel.: (021) 233-8718 e 283-1039
topbooks@unikey.com.br

Impresso no Brasil

SUMÁRIO

NO CENTENÁRIO DE *MINHA FORMAÇÃO*

Evaldo Cabral de Mello

Num acesso de sectarismo ideológico, um antropólogo populista escreveu acerca de *Minha formação*: "Autobiografia clássica e chata, de um alienado". E citava o trecho do livro que sobremaneira ofendera seus brios nacionalisteiros:

> O sentimento em nós é brasileiro; a imaginação, européia. As paisagens todas do Novo Mundo, a floresta amazônica ou os pampas argentinos, não valem para mim um trecho da Via Appia, uma volta da estrada de Salerno a Amalfi, um pedaço do cais do Sena à sombra do velho Louvre.

Ora, para quem acredita que, populista ou não nas suas opções políticas, o essencial da atividade do antropólogo reside na capacidade de compreender valores culturais diferentes dos seus, a afirmação resulta pelo menos surpreendente. Tinha-se o direito de esperar de um antropólogo que, em vez de reservar sua empatia às tribos indígenas, a aplicasse também a um autor brasileiro de finais de oitocentos, que à maneira de muitos de seus contemporâneos brasileiros, preferia muito naturalmente a visão do cais do Sena à sombra do Louvre. Mas a capacidade de compreensão dos antropólogos parece, por vezes, estranhamente especializada, como indica o exemplo do próprio Lévi-Strauss que, havendo também guardado a sua para as sociedades primitivas do Brasil central, descreveu os intelectuais paulistas dos anos trinta com a impertinência, muito pouco antropológica, de um intelectual da 'rive gauche'.

Muitos dos compatriotas de Nabuco deste final de século XX continuam a ter preferências aparentadas às suas, comovendo-se antes com a visão da paisagem provençal em torno de Avignon do que com a do Pantanal mato-grossense, embora possam sentir alguma inibição em confessá-lo por temor ao patrulhamento ideológico, que, já não tendo regime militar, descobriu nova causa a que dedicar seu ativismo, a defesa da nossa sacrossanta identidade nacional, que, em momentos de delírio, já se pretendeu ameaçada pelo recente acordo com o FMI ou pela substituição do emprego de 'reunião de cúpula' por 'cimeira'. Ao contrário do que acreditava nosso antropólogo populista, não se trata de alienação, apenas de um gênero de emoção estética, tão legítima uma quanto a outra: o gosto pelas paisagens impregnadas de história secular, ou, inversamente, pelo espetáculo da natureza virgem ou quase intocada pela atividade humana. Daí que, em termos estritamente brasileiros, e, por conseguinte, não 'alienados', o poeta Joaquim Cardozo preferisse a visão do alto da Sé de Olinda no começo do verão, que Guimarães Rosa teria facilmente trocado pela dos campos gerais. Isto não significa, contudo, que Nabuco tivesse sido impermeável a emoções brasileiras. Bastaria lembrar aquele outro trecho de *Minha formação* em que refere que, tendo visto a Criação de Miguel Ângelo e a de Rafael, não lograva "dar a nenhuma o relevo interior do primeiro paraíso que fizeram passar diante dos meus olhos em um vestígio de antigo mistério popular". A despeito do Angelus ouvido na campanha romana, seu "muezzin íntimo", seu "Millet inalterável", continuou a ser o toque do sino que escutava na casa-grande de Massangana, enquanto os escravos murmuravam o 'Louvado seja Nosso Senhor Jesus Cristo'. Malgrado a travessia repetida do Atlântico, a imagem do oceano que se lhe fixou na retina foi sempre "a da primeira vaga que se levantou diante de mim, verde e transparente como um biombo de esmeralda", no dia em que excursionou a uma praia das redondezas do engenho e recebeu "a revelação súbita, fulminante, da terra líquida e movente".

Boa parte do interesse de *Minha formação* consiste precisamente em se haver constituído num testemunho da antiga sensibilidade brasileira que precedeu à que é atualmente a nossa e que só se tornou hegemônica a partir dos anos vinte e trinta. Muitos trechos do livro soam insolitamente ao brasileiro de hoje. Toda a anglomania de Nabuco parece defasada numa conjuntura em que o domínio do mundo transferiu-se para a outra margem anglo-saxônica do Atlântico. Um brasileiro que tenha visitado Nova York na segunda metade do século XX reviverá a impressão que teve Nabuco ao descobrir Londres do tempo da rainha Vitória, impressão que descreveu nestes termos:

> Londres foi para mim o que teria sido Roma se eu vivesse entre o século II e o século IV, e um dia, transportado da minha aldeia transalpina ou do fundo da África romana para o alto do Palatino, visse desenrolar-se aos meus pés o mar de ouro e bronze dos telhados das basílicas, circos, teatros, termas e palácios; isto é, para mim, provinciano do século XIX, [Londres] foi, como Roma para os provincianos do tempo de Adriano ou de Severo: *a Cidade*.

Obviamente, impressões deste tipo chocam nossas atuais sensibilidades tropicalistas, da mesma maneira como, por outro lado, seu elogio do parlamentarismo choca-se contra o lugar-comum sociológico que, desde Gilberto Amado e Oliveira Vianna, brada por instituições adaptadas às circunstâncias nacionais, reivindicação, aliás, que no plano da praxe política nada tinha de original, de vez que sob sua inspiração D. Pedro I dissolvera a Constituinte de 1823, fez-se o Estado Novo e instaurou-se a 'democracia relativa' do regime militar. Igualmente a contrapelo do nosso presente repúdio do cosmopolitismo, afirmava Nabuco: "Sou antes um espectador do meu século do que do meu país; a peça é para mim a civilização e se está representando em todos os teatros da humanidade". E também: "Os mais preciosos livros da minha estante íntima são os meus Baedekers", isto é, os seus guias de viagem pelo estrangeiro.

O que *Minha formação* formula mais certeiramente do que qualquer outra obra de autor nacional é o que se poderia chamar o dilema do mazombo, isto é, do descendente de europeu ou reputado como tal, com um pé na América e outro na Europa, e equivocadamente persuadido de que, cedo ou tarde, terá de vencer a indecisão, plantando-os ambos de um só lado do oceano. Nas palavras de Nabuco, "nós, brasileiros, o mesmo pode-se dizer dos outros povos americanos, pertencemos à América pelo sedimento novo, flutuante do nosso espírito, e à Europa, por suas camadas estratificadas". Daí que "desde que temos a menor cultura, começa o predomínio destas sobre aquele". E para indignação de todos os Policarpos Quaresmas, ele continuava:

> A nossa imaginação não pode deixar de ser européia[...] ela não pára na Primeira Missa no Brasil, para continuar daí recompondo [apenas] as tradições dos selvagens que guarneciam as nossas praias no momento da descoberta; segue pelas civilizações todas da humanidade, como a dos europeus, com quem temos o mesmo fundo comum de língua, religião, arte, direito e poesia, os mesmos séculos de civilização acumulada, e, portanto, desde que haja um raio de cultura, a mesma imaginação histórica.

Ambiguidade que não foi, aliás, puramente latino-americana. Se os Estados Unidos do tempo de Nabuco produziram Walt Whitman, eles também contaram com estes anfíbios, geralmente intelectuais da costa leste, alguns dos quais entraram para a história literária, como Henry Adams ou Henry James. Segundo Nabuco, dessa contradição do mazombo nascia "a mais terrível das instabilidades", embora admita que essa instabilidade já "está grandemente modificada". Não era apenas uma questão de 'rastaqüerismo', isto é, das manifestações de novo-riquismo das classes altas brasileiras em Paris. (As de hoje preferem Miami, o que já diz tudo do seu retrocesso cultural). Pensava Nabuco que

> a explicação é mais delicada e mais profunda: é a atração de afinidades esquecidas, mas não apagadas, que estão em todos nós, da nossa comum origem européia. A instabilidade a que me refiro provém de que na América falta à paisagem, à vida, ao horizonte, à arquitetura, a tudo o

que nos cerca, o fundo histórico, a perspectiva humana; e que na Europa nos falta a pátria, isto é, a fôrma em que cada um de nós foi vazado ao nascer.

E numa antecipação do sofrimento do personagem sul-americano da novela de Valéry Larbaud, Nabuco encapsula: "De um lado do mar, sente-se a ausência do mundo; do outro, a ausência do país".

Não quero dizer que haja duas humanidades, a alta e a baixa, e que nós sejamos desta última; talvez a humanidade se renove um dia pelos seus galhos americanos; mas [e aqui Nabuco se exprime em tom hegeliano] no século em que vivemos, *o espírito humano*, que é um só e terrivelmente centralista, está do outro lado do Atlântico; o Novo Mundo para tudo o que é imaginação estética ou histórica é uma verdadeira solidão.

Ora, sem compreender o dilema do mazombo, é a própria cultura brasileira do século XX, isto é, a cultura em que vivemos, que se torna ininteligível, pois ela constitui basicamente uma cultura inventada para superar esta grande dilaceração, mediante a invenção de uma identidade nacional, destinada a romper com a Europa, ou, nos termos de Nabuco, parar na Primeira Missa. Há setenta anos, tudo o que fazemos é aguar, com assiduidade rara em face da nossa proverbial inconstância, nossas raízes mais superficiais, como se fossem as únicas. O modernismo e o pós-modernismo simplesmente bloquearam nossa capacidade de compreender a sensibilidade do brasileiro do Segundo Reinado e da República Velha.

Ironicamente, o mazombo recifense, que preferia a contemplação da via Appia ou do cais do Louvre a qualquer panorama que lhe pudesse oferecer a pátria, atinou com a explicação do que, ainda hoje, para os epígonos do nosso ensaísmo identitário, permanece o alvo de intermináveis elucubrações. Numa curva inesperada do capítulo de *Minha formação* intitulado 'Massangana', o leitor esbarra nessa frase surpreendente, escrita um decênio após a Abolição: "A escravidão permanecerá por muito tempo como a característica nacional do Brasil". Procuremos entendê-la, antes de taxá-la de reacionária, como teria feito o nosso antropólogo. O que consideramos o caráter nacional, ou a identidade nacional, seria, na perspectiva de Nabuco, tão-somente as repercussões do regime de trabalho servil no *ethos* das gerações que se seguiram à emancipação. Em *O abolicionismo*, ele fizera fincapé no fato de que a herança escravagista hipotecara o futuro do Brasil, não se fazendo ilusões sobre os efeitos imediatos da Abolição, que devia ser apenas o começo da grande reforma nacional, de vez que "acabar com a escravidão não nos basta; é preciso destruir a obra da escravidão". Mas a Abolição não devia concluir com a medida complementar, a "democratização do solo", a posse da terra promovida por meio do imposto territorial.

Havendo envenenado a existência nacional, a escravidão, mesmo destruída como instituição, ainda se faria sentir duradouramente, planando ainda por muito tempo como uma ave de rapina sobre o futuro do país, especialmente sob a forma do estigma lançado sobre o trabalho:

> Entre o passado e o futuro desdobra-se, acreditai-me, um longo e penoso deserto moral, como o dos hebreus, em que a nossa alma tem que educar-se a si própria, em que a grande, a maior de todas as reformas sociais — a reforma de nós mesmos — terá que ser efetuada no meio de amargos sofrimentos e à custa de grandes sacrifícios.

Sendo "a massa da população brasileira composta de descendentes ou de senhores ou de escravos", ela "tem os vícios combinados dos dois tipos", os quais, aliás, "formam um só porque em geral o escravo é um senhor a quem só falta o escravo e o senhor é um escravo a quem só falta o dono". Daí que seria "ainda preciso desbastar, por meio de uma educação viril e séria, a lenta estratificação de trezentos anos de cativeiro", mediante um esforço coletivo pelo qual o Brasil faria sua educação para a liberdade. E, com efeito, basta ler nossa imprensa diária ou sairmos à rua para constatar que o brasileiro de todas as classes ainda se encontra condenado, sem saber, a prolongar, no quotidiano, as atitudes e as mentalidades do escravismo.

Mas se, como pretendia Nabuco, "a escravidão permanecerá por muito tempo como a característica nacional do Brasil", nossa identidade nacional não é tão nacional assim, pois a compartilhamos com todas as sociedades do Novo Mundo que foram outrora organizadas na base do trabalho escravo de origem africana e da grande propriedade territorial. Todo o vasto arco geográfico, do Velho Sul dos Estados Unidos aos cafezais paulistas, passando pelo Caribe e pelo Nordeste açucareiro, constituiu um único sistema escravista. Ainda hoje, o parentesco entre essas regiões é evidente, sobrepondo-se às fronteiras nacionais e às variações culturais decorrentes das diversidade das colonizações européias, das comunidades indígenas originais e das matrizes africanas da mão-de-obra escrava. Só o desconhecimento da história comparada das Américas impede que nos demos plenamente conta dessa identidade supranacional, dissolvente das nossas pretensões de originalidade. É provável, portanto, que a Nabuco tivesse surpreendido a atitude da atual geração de modernizadores brasileiros, populistas ou neoliberais, que se têm associado entusiasticamente a essa unanimidade nacional. Provavelmente, ele não se teria deixado enganar pelas faces mais visíveis e democráticas desse culto, o carnaval, a música popular e o futebol. Mas nossa obsessão identitária, ele o teria plausivelmente encarado como a última resistência, sutilmente subliminar, ao triunfo de valores universais que lhe eram caros, o mefítico vapor ideológico que a nossa falecida sociedade escravocrata ainda exala, cem anos decorridos da Abolição.

É preciso não esquecer que o culto da identidade nacional esteve ligada à existência dos regimes totalitários do século que ora se encerra, embora as expressões fossem outras. O nazismo preferia falar de raça mas é evidente que, na sua ideologia, a raça era a base da identidade alemã, donde a obstinação com que seus teóricos se dedicaram ao estudo do que reputavam seu mais antigo texto fundador, a *Germania*, de Tácito. O fascismo italiano tentou reviver, com mais senso de ópera do que da realidade, a Roma antiga. Com muita razão, Paul Valéry, que como bom cartesiano detestava a história, partilhando o preconceito anti-historicista de um Nietzsche nada cartesiano, pretendeu certa vez que ela constitui a mais perigosa invenção da química do intelecto. E, com efeito, sob as mais variadas etiquetas, o passado nacional pode servir aos fins mais equívocos. Os historiadores, que são os indivíduos que com ele lidam profissionalmente, têm a responsabilidade especial de denunciar sua instrumentalização em matéria-prima de mitos políticos e ideológicos. Um eminente oficial do ofício, Eric Hobsbawm, alertava recentemente para o fato de que a intolerância ideológica nunca se apóia em ficções sem evidência; ao invés, a exploração ideológica da história recorre de preferência aos anacronismos. "Temos de resistir [concluía] à formação de mitos nacionais, étnicos e outros, no momento em que estão sendo formados. Isso não nos fará populares[...] mas isso tem que ser feito".

MINHA FORMAÇÃO

A meus filhos

PREFÁCIO

A MAIOR PARTE de *Minha Formação* apareceu primeiro n'*O Commercio* de São Paulo, em 1895; depois foi recolhida pela *Revista Brasileira*, cujo agasalho nunca me faltou... Os capítulos que hoje acrescem são tomados a um manuscrito mais antigo. Só a conclusão é nova. Na revisão, entretanto, dos diversos artigos foram feitas emendas e variantes. A data do livro para a leitura deve assim ser 1893-99, havendo neles idéias, modos de ver, estados de espírito, de cada um desses anos. Tudo o que se diz sobre os Estados Unidos e a Inglaterra foi escrito antes das guerras de Cuba e do Transvaal, que marcam uma nova era para os dois países. Algumas das alusões a amigos, como a Taunay e a Rebouças, hoje falecidos, foram feitas quando eles ainda viviam. Foi para mim uma simples distração reunir agora estas páginas; seria, porém, mais do que isso uniformá-las e querer eliminar o que não corresponde inteiramente às modificações que sofri desde que elas foram escritas.

Agora que elas estão diante de mim em forma de livro, e que as releio, pergunto a mim mesmo qual será a impressão delas... Está aí muito da minha vida... Será uma impressão de volubilidade, de flutuação, de diletantismo, seguida de desalento, que elas comunicarão? Ou antes de consagração, por um voto perpétuo, a uma tarefa capaz de saciar a sede de trabalho, de esforço e de dedicação da mocidade, e somente realizada a tarefa da vida, saciada aquela sede — ainda mais, transformada por um terremoto a face da época, criado um novo meio social, em que se tornam necessárias outras qualidades de ação, outras faculdades de cálculo para lutas de diverso caráter — renúncia à política, depois de dez anos de retraimento forçado, e diante de uma sedução intelectual mais forte, de uma perspectiva final do mundo mais bela e mais radiante... *Sed magis gratiarum actio*... (São Paulo).

No todo, a impressão, eu receio, será misturada; as deficiências da natureza aparecerão, cobertas pela clemência da sorte; ver-se-á o efêmero e o fundamental... Em todo o caso não precisarei de pleitear minha própria causa, porque ela será sempre julgada pela raça mais generosa entre todas... Se alguma coisa observei no estudo do nosso passado, é quanto são fúteis as nossas tentativas para deprimir, e como sempre vinga a generosidade... Infeliz de quem entre nós não tem outro talento ou outro gosto senão o de abater! A nossa natureza está votada à indulgência, à doçura, ao entusiasmo, à simpatia, e cada um pode contar com a benevolência ilimitada de todos... Em nossa história não haverá nunca Inferno, nem sequer Purgatório.

Não dou, entretanto, o *bon à tirer* a este livro, senão porque estou convencido de que ele não enfraquecerá em ninguém o espírito de ação e de luta, a coragem e a resolução de combater por idéias que repute essenciais, mas somente indicará alguma das condições para que o triunfo possa ser considerado uma vitória nacional, ou uma vitória humana, e para que a vida, sem ser uma obra de arte, o que é dado a muito poucas, realize ao menos uma parcela de beleza, e quando não tenha o orgulho de ter refletido brilhante sobre o país, tenha o consolo de lhe haver sido carinhosamente inofensiva.

A política, entretanto, não foi a minha impressão dominante ao traçar estas reminiscências... Eu já me achava então fora dela.

"Esta manhã, casais de borboletas brancas, douradas, azuis passam inúmeras contra o fundo de bambus e samambaias da montanha. É um prazer para mim vê-las voar, não o seria, porém, apanhá-las, pregá-las em um quadro... Eu não quisera guardar delas senão a impressão viva, o frêmito de alegria da natureza, quando elas cruzam o ar, agitando as flores. Em uma coleção, é certo, eu as teria sempre diante da vista, mortas, porém, como uma poeira conservada junta pelas cores sem vida...

O modo único para mim de guardar essas borboletas eternamente as mesmas, seria fixar o seu vôo instantâneo pela minha nota íntima equivalente... Como com as borboletas, assim com todos os outros deslumbramentos da vida... De nada nos serve recolher o despojo; o que importa é só o raio interior que nos feriu, o nosso contato com eles... e este como que eles também o levam embora consigo".

Este traço indecifrável, com que, em Petrópolis, tentei há anos marcar uma impressão de que me fugia o contorno animado, explicará as lacunas deste livro e muitas de suas páginas...

J. N.

São Sebastião (Guipúzcoa), 8 de abril de 1900

I

COLÉGIO E ACADEMIA

NÃO PRECISO remontar ao colégio, ainda que ali, provavelmente, tenha sido lançada no subsolo da minha razão a camada que lhe serviu de alicerce: o fundo hereditário do meu liberalismo. Meu pai nessa época (1864-1865) tinha terminado a sua passagem do campo conservador para o liberal, marcha inconscientemente começada desde a Conciliação (1853-57), consciente, pensada, desde o discurso que ficou chamado do *uti possidetis* (1862). Houve diversas migrações em nossa história política do lado liberal para o conservador. Os homens da Regência, que entraram na vida pública ou subiram ao poder representando a idéia de revolução, foram com a madureza dos anos restringindo as suas aspirações, aproveitando a experiência, estreitando-se no círculo de pequenas ambições e no desejo de simples aperfeiçoamento relativo, que constitui o espírito conservador. O senador Nabuco, porém, foi quem iniciou, guiou, arrastou um grande movimento em sentido contrário, do campo conservador para o liberal, da velha experiência para a nova experimentação, das regras hieráticas de governo para as aspirações ainda informes da democracia. Ele é quem encarnará em nossa História — entre a antiga oligarquia e a república que deve sair dela no dia em que a escravidão se esboroar — o espírito de reforma. Ele é o nosso verdadeiro Lutero político, o fundador do livre-exame no seio dos partidos, o reformador da velha igreja saquarema, que, com os Torres, os Paulinos, os Eusébios, dominava tudo no país.

Zacarias, Saraiva, Sinimbu, com os seus grandes e pequenos satélites, Olinda mesmo, em sua órbita independente, não fazem senão escapar-se pela tangente que ele traçou com a sua iniciativa intelectual, a qual parece um fenômeno da mesma ordem que o profetismo e que, por isso mesmo, só lhe consentia ter em política um papel quase imparcial: o de oráculo.

No colégio eu ainda não compreendia nada disto, mas sabia o liberalismo de meu pai, e nesse tempo o que ele dissesse ou pensasse era um dogma para mim: eu não tinha sido ainda invadido pelo espírito de rebeldia e independência, por essa petulância da mocidade que me fará mais tarde, na Academia, contrapor, às vezes, o meu modo de pensar ao dele, em lugar de apanhar religiosamente, como eu faria hoje, cada palavra sua.

Era natural que eu seguisse aos quinze e dezesseis anos a política de meu pai, mesmo porque essa devoção era acompanhada de um certo prazer, de uma satisfação de orgulho. Entre as sensações da infância que se me gravaram no espírito, lembra-me um dia em que, depois de ler o seu *Jornal*, o inspetor do nosso ano me chamou à mesa — era um velho ator do teatro São Pedro, que vivia da lembrança dos seus pequenos papéis e do culto de João Caetano — para dizer-me com grande mistério que meu pai tinha sido chamado a São Cristóvão para organizar o gabinete. Filho de presidente do Conselho, foi para mim uma vibração de amor-próprio mais forte do que teria sido, imagino, a do primeiro prêmio que o nosso camarada Rodrigues Alves tirava todos os anos. Eu sentia cair sobre mim um reflexo do nome paterno e elevava-me nesse raio: era um começo de ambição política que se insinuava em mim. A atmosfera que eu respirava em casa desenvolvia naturalmente as minhas primeiras fidelidades à causa liberal. Recordo-me de que nesse tempo tive uma fascinação por Pedro Luís, cuja ode à Polônia, *Os voluntários da morte*, eu sabia de cor. Depois, a questão dos escravos, em 1871, nos separou; mais tarde a nossa camaradagem na Câmara nos tornou a unir. Em casa eu via muito a Tavares Bastos, que me mostrava simpatia, todo o grupo político da época; era para mim estudante um desvanecimento descer e subir a rua do Ouvidor de braço com Teófilo Ottoni; um prazer ir conversar no *Diário do Rio* com Saldanha Marinho e ouvir Quintino Bocaiúva, que me parecia o jovem Hércules da imprensa, e cujo ataque contra Montezuma, a propósito da capitulação de Uruguaiana, me deu a primeira idéia de um polemista destemido.

Na situação em que me fui para São Paulo cursar o primeiro ano da Academia, eu não podia deixar de ser um estudante liberal. Desde o primeiro ano fundei um pequeno jornal para atacar o ministério Zacarias. Meu pai, que apoiava esse ministério, escrevia-me que estudasse, me deixasse de jornais e sobretudo de atitudes políticas em que se podia ver, senão uma inspiração, pelo menos uma tolerância da parte dele. Eu, porém, prezava muito a minha independência de jornalista, a minha emancipação de espírito; queria sentir-me livre, julgava-me comprometido perante a minha classe, a acadêmica, e assim iludia, sem pensar desobedecer, o desejo de meu pai, que, provavelmente, não ligava grande importância à minha oposição ao ministério amigo. Nesse tempo as *Cartas de Erasmo*, que produziam no país uma revivescência conservadora, me pareciam a obra-prima da literatura política.

As minhas idéias eram, entretanto, uma mistura e uma confusão; havia de tudo em meu espírito. Ávido de impressões novas, fazendo os meus primeiros conhecimentos com os grandes autores, com os livros de prestígio, com as idéias livres, tudo o que era brilhante, original, harmonioso, me seduzia e arrebatava por igual. Era o deslumbramento das descobertas contínuas, a eflorescência do espírito: todos os seus galhos cobriam-se espontaneamente de rosas efêmeras.

As *Palavras de um crente* de Lamennais, a *História dos Girondinos* de Lamartine, o *Mundo caminha* de Pelletan, os *Mártires da liberdade* de Esquiros eram os quatro evangelhos da nossa geração, e o *Ahasvérus* de Quinet o seu apocalipse. Victor Hugo e Heinrich Heine creio que seriam os poetas favoritos. Eu, porém, não tinha (nem tenho) sistematizado, unificado sequer o meu lirismo. Lia de tudo igualmente. O ano de 1866 foi para mim o ano da revolução francesa: Lamartine, Thiers, Mignet, Louis Blanc, Quinet, Mirabeau, Vergniaud e os girondinos, tudo passa sucessivamente pelo meu espírito; a Convenção está nele em sessão permanente. Apesar disso, eu lia também Donoso Cortés e Joseph de Maistre, e até escrevi um pequeno ensaio, com a infalibilidade dos dezessete anos, sobre a infalibilidade do Papa.

Posso dizer que não tinha idéia alguma, porque tinha todas. Quando entrei para a Academia, levava a minha fé católica virgem; sempre me recordarei do espanto, do desprezo, da comoção com que ouvi pela primeira vez tratar a Virgem Maria em tom libertino; em pouco tempo, porém, não me restava daquela imagem senão o pó dourado da saudade... Ao catolicismo só vinte e tantos anos mais tarde me será dado voltar por largos circuitos de que ainda um dia, se Deus me der vida, tentarei reconstruir o complicado roteiro. Basta-me dizer, por enquanto, que a grande influência literária que experimentei na vida, a embriaguez de espírito mais perfeita que se podia dar, pelo narcótico de um estilo de timbre sem igual em nenhuma literatura, o meu *coup de foudre* intelectual, foi a influência de Renan.

Politicamente o fundo liberal ficou intacto, sem mistura sequer de tradicionalismo. Seria difícil colher-se em todo o meu pensamento um resquício de tendência conservadora. Liberal, eu o era de uma só peça; o meu peso, a minha densidade democrática era máxima. Nesse tempo dominava a Academia, com a sedução da sua palavra e de sua figura, o segundo José Bonifácio. Os líderes da Academia, Ferreira de Meneses, que, apesar de formado, continuava acadêmico e chefe literário da mocidade, Castro Alves, o poeta republicano de *Gonzaga*, bebiam-lhe as palavras, absorviam-se nele em êxtase. Rui Barbosa era dessa geração; mas Rui Barbosa, hoje a mais poderosa máquina cerebral do nosso país, que pelo número das rotações e força de vibração faz lembrar os maquinismos que impelem através das ondas os grandes transatlânticos, levou vinte anos a tirar do minério do seu talento, a endurecer e temperar, o aço admirável que é agora o seu estilo.

As minhas idéias, porém, flutuavam, no meio das atrações diferentes desse período, entre a monarquia e a república, sem preferência republicana, talvez somente por causa do fundo hereditário de que falei e da fácil carreira política que tudo me augurava. Um livro sedutor e interessante — é a minha impressão da época — o *19 de Janeiro*, de Émile Ollivier, tinha-me deixado nesse estado de hesitação e de indiferença entre as duas formas de governo, e a *France Nouvelle*, de Prévost-Paradol, que eu li com verdadeiro encanto, não conseguiu, apesar de todo o seu arrastamento, fixar a minha inclinação do lado da monarquia parlamentar. O que me decidiu foi a *Constituição Inglesa* de Bagehot. Devo a esse pequeno volume, que hoje não será talvez lido por ninguém em nosso país, a minha fixação monárquica inalterável; tirei dele, transformando-a a meu modo, a ferramenta toda com que trabalhei em política, excluindo somente a obra da abolição, cujo estoque de idéias teve para mim outra procedência.

II

BAGEHOT

NÃO SEI a quem devo a fortuna de ter conhecido a obra de Bagehot, ou se a encontrei por acaso entre as novidades da Livraria Lailhacar, no Recife. Se soubesse quem me pôs em comunicação com aquele grande pensador inglês, eu lhe agradeceria as relações que fiz com ele em 1869. É desse ano a amizade literária íntima que travei com Jules Sandeau; a este quem me apresentou foi, recordo-me bem, o atual conselheiro Lafayette, da antiga firma da *Atualidade*, Farnese, Lafayette e Pedro Luís, que eram, com Tavares Bastos, os diretores da mocidade liberal. A *Atualidade* fora talvez o primeiro jornal nosso de inspiração puramente republicana. A semente que germinou depois, em meu tempo, foi toda espalhada por ela.

Antes de ler Bagehot, eu tinha lido muito sobre a constituição inglesa. Tenho diante de mim um caderno de 1869, em que copiava as páginas que em minhas leituras mais me feriam a imaginação, método de educar o espírito, de adquirir a forma do estilo, que eu recomendaria, se tivesse autoridade, aos que se destinam a escrever, porque, é preciso fazer esta observação, ninguém escreve nunca senão com o seu período, a sua medida, Renan diria a sua eurritmia, dos vinte e um anos. O que se faz mais tarde na madureza é tomar somente o melhor do que se produz, desprezar o restante, cortar as porções fracas, as repetições, tudo o que desafina ou que sobra: a cadência do período, a forma da frase ficará, porém, sempre a mesma. O período de

Lafayette ou de Ferreira Viana, de Quintino ou de Machado de Assis, é hoje, com as modificações da idade, que são inevitáveis em tudo, o mesmo com que eles começaram. Está visto que eu não incluo nos começos de um escritor as tentativas que cada um faz para chegar à sua forma própria; o que digo é que o compasso se fixa logo muito cedo, e de vez, como a fisionomia. Nesse livro de minhas leituras de 1869, quarto ano da Academia, encontro no índice, com muita *Escravidão* e muito *Cristianismo*, muita *Eloqüência Inglesa*, muito Fox e Pitt.

Nesse tempo, a Câmara dos Comuns já tinha para mim o prestígio de primeira assembléia do mundo, mas a realeza inglesa era ainda a dos quatro Jorges, principalmente a de Jorge III, a *bête noire* de Martinho de Campos, ao passo que a Câmara dos Lordes, essa, com todo o cortejo das antigualhas dos Tudors, era para meu liberalismo, americanizado por Laboulaye, sob o disfarce de carnaval histórico, uma odiosa procissão aristocrática em pleno mundo moderno. Dos dois governos, o inglês e o norte-americano, o último parecia-me mais livre, mais popular. Por motivos diferentes a monarquia constitucional, democratizada por instituições radicais, seria ainda para o Brasil um governo preferível à república, mesmo pelo fato de já existir; mas, em tese, entre essa monarquia e a república, a superioridade, se havia, estava do lado desta. A *France Nouvelle* — a última parte dela foi verdadeiramente profética — com toda a sua preferência raciocinada pela monarquia constitucional, deixou-me, como já disse, suspenso, porque todo o seu delicado aparelho tinha como peça principal, ou pelo menos como peça de aperfeiçoamento, a *dissolução régia*, direito próprio do monarca, e exatamente essa espécie de dissolução é que era para a nossa escola a manivela do governo pessoal.

A Constituição Inglesa de Bagehot é o livro de um pensador político, não de um historiador, nem de um jurista. Quem lê a massa inextrincável de fatos que se contêm, por exemplo, na *História Constitucional* do dr. Stubbs, ou um desses rápidos panoramas de uma época inteira, que de repente Freeman nos desvenda em uma de suas páginas, não encontra em Bagehot nada, historicamente falando, que não lhe pareça, por assim dizer, de segunda mão. O que, porém, nem Freeman, nem Stubbs, nem Gneist, nem Erskine May, nem Green, nem Macaulay conseguiu nos dar tão perfeitamente como Bagehot, aliás um leigo em história e política, um simples amador, foi o segredo, as molas ocultas da Constituição.

Freeman mostrara no seu pequeno livro *O Crescimento da Constituição Inglesa* que essa constituição *nunca foi feita;* que *nunca nas grandes lutas políticas da Inglaterra a voz da nação reclamou novas leis, mas só o melhor cumprimento das leis existentes;* que *a vida, a alma da Lei inglesa foi sempre o precedente;* que as medidas para fortalecer a coroa alargaram os direitos do povo e vice-versa. Todo ele é cheio de idéias sugestivas que iluminam, para o espírito, um grande campo de visão. De repente encontra-se um quase paradoxo, desses que põem em confusão todas as idéias morais em nome da experiência histórica. São Luís, dirá ele, com as suas virtudes e prestígio, preparou o caminho para o despotismo dos seus sucessores. Não será o mesmo o efeito do reinado de Pedro II?

> Para conquistar a liberdade como uma herança perpétua há épocas em que se precisa mais dos vícios dos reis do que das suas virtudes. A tirania dos nossos senhores angevinos acordou a liberdade inglesa do seu túmulo momentâneo. Se Ricardo, João e Henrique tivessem sido reis como Alfredo e São Luís, o báculo de Estêvão Langton, a espada de Robert Fitzwalter, nunca teriam reluzido à testa dos barões e do povo de Inglaterra.

Bagehot não tem dessas intuições retrospectivas, dessas vistas gerais locais; o que tem, é a compreensão, a adivinhação do maquinismo que vê funcionar. Tomando a Constituição inglesa como se fosse um relógio de catedral, outros saberão melhor a história desse relógio, o modo da sua construção, as alterações por que passou, as vezes que esteve parado, ou explicarão o simbolismo das figuras que ele põe em movimento, quando o seu poderoso martelo bate as horas do dia; ele, porém, conhece melhor o mecanismo atual, que simplifica, explicando-o.

Bagehot, pode-se ver, era um espírito de afinidades e simpatias quase republicanas, como Grotius, Stuart Mill, John Morley, e todo o radicalismo positivista inglês. Banqueiro de nascença, ele é um exemplo mais dessa singular atração para os estudos especulativos ou de política pura, que por vezes se notou na alta finança inglesa, com o próprio Grotius, Mr. Goschen, ou Gladstone. O seu gênio era desses que renovam todos os assuntos que tratam. Não sei se me engano, mas acredito que a constituição inglesa é uma esfinge, da qual foi ele quem decifrou o enigma.

As idéias que devo a Bagehot são poucas, mas são todas elas, por assim dizer, chaves de sistemas e concepções políticas, de verdadeiros estados do espírito moderno. Foi ele, por exemplo, quem me deu a idéia do que ele chamou "governo de gabinete", como sendo a alma da moderna constituição inglesa. "No governo de gabinete — diz ele — o poder legislativo escolhe o executivo, espécie de comissão, que ele encarrega do que respeita à parte prática dos negócios e assim os dois poderes se harmonizam, porque o poder legislativo pode mudar a sua comissão, se não está satisfeito com ela ou se lhe prefere outra. E no entanto — tal é a delicadeza do mecanismo — o poder executivo não fica absorvido a ponto de obedecer servilmente, porquanto tem o direito de fazer a legislatura comparecer perante os eleitores, para que estes lhe componham uma câmara mais favorável às suas idéias".

Essa é a primeira idéia, ou grupo de idéias, que devi a Bagehot: o governo de gabinete, o gabinete comissão da Câmara, o gabinete saído da Câmara tendo o direito de dissolver a Câmara, "dissolução ministerial" (não a Coroa só, nem a Coroa com um gabinete contrário à Câmara): tudo, em suma, que depois daquele pequeno livro se tornou outros tantos lugares-comuns, mas que ele foi o primeiro a revelar, a fixar.

É ele quem destrói os dois modos clássicos de explicar a constituição inglesa: o primeiro, que o sistema inglês consiste na separação dos três poderes; o segundo, que consiste no equilíbrio deles. Sua idéia é que os dois poderes, o executivo e o legislativo, se unem por um laço que é o gabinete e que, de fato, assim só há um poder, que é a Câmara dos Comuns, de que o gabinete é a *principal* comissão. "O sistema inglês — diz ele — não consiste na absorção do poder executivo pelo legislativo; consiste na fusão deles". O rival desse sistema é o que ele chamou sistema presidencial. Essas designações são hoje usadas por todos, mas são todas dele. "A qualidade distintiva do governo presidencial é a independência mútua do legislativo e do executivo, ao passo que a fusão e a combinação desses poderes serve de princípio ao governo de gabinete".

Cada uma das suas palavras, comparando os dois sistemas de governo, merece ser pesada. Resumindo essas páginas, eu contribuo, decerto, melhor para a educação dos jovens políticos, chamo a sua atenção para problemas mais delicados, do que se lhes desse idéias minhas.

> Comparemos primeiro — diz ele — esses dois governos em tempos calmos. Em uma época civilizada, as necessidades da administração exigem que se façam constantemente leis. Um dos principais objetos da legislação é o lançamento dos impostos. As despesas de um governo civilizado variam sem cessar e devem variar, se o governo faz o seu dever... Se as pessoas encarregadas de prever todas essas necessidades da administração não são as que fazem as leis, haverá antagonismo entre elas e as outras. Os que devem marcar a importância dos impostos entrarão seguramente em conflito com os que tiverem reclamado o seu lançamento. Haverá paralisia na ação do poder executivo, por falta de leis necessárias, e erro na da legislatura, por falta de responsabilidade: o executivo não é mais digno desse nome, desde que não pode executar o que ele decide; a legislatura, por seu lado, desmoraliza-se pela sua independência mesma, que lhe permite tomar certas decisões capazes de neutralizar as do poder rival.

Da desordem financeira que resulte dessa falta de inteligência entre executivo e legislativo e dessa fabricação de orçamentos sem o governo, quem é o principal interessado na perfeição da lei de meios, quem é o responsável? A quem se pode responsabilizar ou afastar da gestão dos negócios públicos? "Não há ninguém a censurar senão uma legislatura, reunião numerosa de pessoas diversas, que é difícil punir e que estão armadas, elas mesmas, do direito de punir". Na Inglaterra, o sistema é diferente. Em um momento grave, o gabinete pode recorrer à dissolução; na América, é preciso esperar com paciência, para se resolver qualquer conflito de opinião entre o executivo e o legislativo, que expire o prazo de um deles. Até lá eles guerreiam-se implacavelmente, como dois partidos rivais.

Suponha-se que não há motivo possível de conflito:

> Os governos de gabinete são os educadores dos povos, os governos presidenciais não o são; pelo contrário, podem corrompê-los. Diz-se que a Inglaterra inventou esta fórmula: *a oposição de Sua Majestade*; que, primeiro, dentre todos os estados, ela reconheceu que o direito de criticar a administração é um direito tão necessário na organização política como a própria administração. Essa oposição que se encarrega da crítica acompanha necessariamente o governo de gabinete. Que magnífico teatro para os debates, que maravilhosa escola de instrução popular e controvérsia política oferece a todos uma assembléia legislativa! Um discurso que é aí pronunciado por um estadista eminente, um movimento de partido produzido por uma grande combinação política, eis os melhores modos conhecidos até hoje de despertar, animar e instruir um povo... Os viajantes que, na América, percorreram mesmo os Estados do Norte, isto é, o grande país onde se mostra por excelência o governo presidencial, observaram que a nação não tem gosto pronunciado pela política e que não se encontra uma opinião trabalhada com todo o acabado e toda a perfeição que se nota na Inglaterra... Sob um governo presidencial, o povo não tem senão no momento das eleições a sua parte de influência... Nada excita tal povo a formar para si uma opinião ou uma educação, como o faria sob um governo de gabinete. Sem dúvida a sua legislatura é um teatro para os debates, mas esses debates são como que prólogos não seguidos de peças; não trazem nenhum desfecho, porque não se pode mudar a administração, não estando o poder à disposição da legislatura, ninguém presta atenção aos debates legislativos. O executivo, esse grande centro do poder e dos empregos, fica inabalável. Não se pode mudá-lo. O modo de ensino que, pela educação do nosso espírito público, prepara as nossas resoluções e esclarece os nossos juízos, não existe sob este sistema. Um país presidencial não tem necessidade de formar cada dia opiniões estudadas e não tem meio algum de as formar.

O mesmo se dá com a ação da imprensa, que também não pode deslocar a administração. Na Inglaterra, o *Times* tem feito muitos ministérios; nada de semelhante se podia dar na América... Ninguém se preocupa dos debates do Congresso, eles não dão resultado algum, e ninguém lê os longos artigos de fundo, porque não têm influência sobre os acontecimentos.

Mas não é só o poder legislativo que é fraco por essa divisão, é também o executivo.

> Na Inglaterra, um gabinete sólido obtém o concurso da legislatura em todos os atos que têm por fim facilitar a ação administrativa: ele é, por assim dizer, ele próprio, a legislatura. Mas um presidente pode ser embaraçado pelo poder legislativo e o é quase inevitavelmente. A tendência natural dos membros de toda a legislatura é impor a sua personalidade. Eles querem satisfazer uma ambição louvável ou censurável; querem, sobretudo, deixar vestígios da sua atividade própria nos negócios públicos.

Além do enfraquecimento causado por esse antagonismo do legislativo, o sistema presidencial enfraquece o poder executivo, *diminuindo-lhe o seu valor intrínseco.* "Os homens de estado entre quem a nação tem o direito de escolher sob o governo presidencial são de qualidade muito inferior aos que lhe oferece o governo de gabinete, e o corpo eleitoral encarregado de escolher a administração é também muito menos perspicaz".

Todas essas vantagens, porém, são ainda mais preciosas em tempos difíceis, do que nos tempos calmos:

> Uma opinião pública bem formada, uma legislatura que infunda respeito, hábil e disciplinada, um executivo convenientemente escolhido, um parlamento e uma administração que não se embaraçam reciprocamente, mas que cooperam juntos, são vantagens cuja importância é maior quando se está a braços com grandes questões, do que quando se trata de negócios insignificantes; maior, quando se tem muito que fazer, do que um trabalho fácil. Acrescentemos, porém, que o governo parlamentar, em que existe um gabinete, possui, além disso, um mérito particularmente útil nos tempos tormentosos: o de ter sempre à sua disposição uma reserva de poder pronta para operar, quando circunstâncias extremas o exijam...
>
> Sob um governo presidencial, nada semelhante é possível. O governo americano gaba-se de ser o governo do povo soberano; mas,

quando aparece uma crise súbita, circunstância na qual o uso da soberania se torna sobretudo necessário, não se sabe onde encontrar o povo soberano. Há um congresso eleito por um período fixo, que pode ser dividido em frações determinadas, de que se não pode apressar nem retardar a duração: há um presidente escolhido também por um lapso de tempo fixo e inamovível durante todo ele; todos os arranjos estão previstos de modo determinado. Não há, em tudo isso, nada de elástico; tudo, pelo contrário, é rigorosamente especificado e datado. Aconteça o que acontecer, não se pode precipitar, nem adiar. É um governo encomendado de antemão, e, convenha ou não, ande bem ou mal, preencha ou não as condições desejadas, a lei obriga a conservá-lo.

Em tempo de guerra ou de relações diplomáticas complicadas é que se vê o defeito desse sistema em toda a luz. Esse sistema — diz Bagehot — pode-se resumir em uma palavra: *governar pelo desconhecido.*

Ninguém na América tinha a menor idéia do que podia ser Mr. Lincoln, nem do que ele poderia fazer. Sob o governo de gabinete, pelo contrário, os principais homens de estado são familiarmente conhecidos de todos, não somente pelos seus nomes, mas pelas suas idéias. Nós nem mesmo imaginamos que se possa confiar o exercício da soberania a um desconhecido.

Devo outras idéias a Bagehot. Antes de o ler, eu tinha o preconceito democrático contra a hereditariedade, o princípio dinástico e a influência aristocrática. Foi esse *democrata* que me fez compreender como o que ele chamou as partes *imponentes* da Constituição inglesa, "as que produzem e conservam o respeito das populações", são tão importantes como as *eficientes,* "as que dão à obra o movimento e a direção". Frases como estas gravam-se no pensamento: "Uma segunda e raríssima condição de governo efetivo é a *calma* do espírito nacional, isto é, essa disposição de espírito que permite atravessar, sem perder o equilíbrio, todas as agitações necessárias que as peripécias dos acontecimentos encerram. Nunca no estado de barbaria ou de meia civilização um povo possuiu essa qualidade. A massa da gente sem instrução na Inglaterra não poderia ouvir hoje tranqüilamente estas simples palavras: *Ide escolher o vosso governo;* semelhante idéia lhes perturbaria a razão e lhes faria recear um perigo quimérico. A *vantagem incalculável* (o itálico é meu)*das instituições imponentes em um país livre é que elas impedem essa catástrofe. Se a nomeação dos governantes se faz sem abalo, é graças à existência aparente de um governo não sujeito à eleição.* As classes pobres e ignorantes imaginam ser governadas por uma rainha hereditária e que governa pela graça de Deus, quando na realidade são governadas por um gabinete e um parlamento composto de homens escolhidos por elas mesmas e que saem das suas fileiras".

A pompa, a majestade, o aparato todo da realeza entrava assim para mim nos artifícios necessários para governar e satisfazer a imaginação das massas, qualquer que seja a cultura da sociedade; a realeza passava naturalmente para a classe das instituições a que Herbert Spencer chamou *cerimoniais,* como os troféus, os presentes, as visitas, as prosternações, os títulos, etc. "Nada mais pueril na aparência do que o entusiasmo dos ingleses pelo casamento do príncipe de Gales. Mas nenhum sentimento está mais em harmonia com a natureza humana. As mulheres, que compõem ao menos metade da raça humana, preocupam-se cem vezes mais de um casamento do que de um ministério". E além: "Enquanto a espécie humana tiver muito coração e pouca razão, a realeza será um governo forte, porque se harmoniza com os sentimentos espalhados por toda parte, e a república um governo fraco, porque se dirige à razão".

A idéia *principal* que recebi de Bagehot foi essa da superioridade prática do governo de gabinete inglês sobre o sistema presidencial americano: por outra, que uma monarquia secular, de origens feudais, cercada de tradições e formas aristocráticas, como é a inglesa, podia ser um governo mais direto e imediatamente do povo do que a república. "Uma vez que o povo americano escolheu o seu presidente, ele não pode mais nada, e o mesmo se dá com o colégio eleitoral que lhe serviu de intermediário". A Câmara dos Comuns, essa, porém, faz e desfaz o gabinete, de modo que o governo está sempre nas mãos da representação nacional. Se se dá um desacordo entre eles, em que o ministério suponha ter de seu lado a opinião, dissolve a câmara, e, dentro de dias, a nação se pronuncia. Comparados os dois governos, o norte-americano ficou-me parecendo um relógio que marca as horas da opinião, o inglês, um relógio que marca até os segundos.

III

NA REFORMA

(1871-1873)

SAÍ ASSIM da Academia, tendo vencido o preconceito que torna relutante para certos espíritos a forma monárquica, isto é, o preconceito contra a não-eletividade do chefe de estado. Eu via claramente nessa não-eletividade o segredo da superioridade do mecanismo monárquico sobre o republicano, condenado a interrupções periódicas, que são para certos países revoluções certas. Para não sair da relojoaria, a república era, para mim, um relógio de que fosse preciso renovar a mola no fim de pouco tempo; a monarquia, um relógio por assim dizer perpétuo. Não foi pequena aquisição esta que devi a Bagehot; sem ela, sem ter da monarquia parlamentar uma concepção que me fizesse aceitá-la como um aparelho mais sensível à opinião, mais rápido e mais delicado em apanhar-lhe as nuanças fugitivas, guardando ao mesmo tempo inalterável a tradição de governo e a aspiração permanente do destino nacional, eu teria sido arrastado irresistivelmente para o movimento republicano que começava. Ainda assim, não foi logo, de uma vez, que cheguei a dominar as minhas fascinações.

Em 1871, estava no poder o ministério Rio Branco. Nesses três anos de 71, 72 e 73 escrevi na *Reforma*, por vezes, artigos políticos. Outras coisas, entretanto, me ocupavam então mais do que a política. A vida, a sociedade, o mundo, as letras, a arte, a filosofia mesmo tinham para mim maior encanto do que ela.

Desde muito moço havia uma preocupação em meu espírito que ao mesmo tempo me atraía para a política e em certo sentido era uma espécie de amuleto contra ela: a escravidão. Posso dizer que desde 1868 vi tudo em nosso país através desse prisma. Nas três defesas de júri que fiz na Academia — o meu amigo Alberto de Carvalho há de rir — alcancei três galés perpétuas. Eram todos crimes de escravos, ou antes imputados a escravos — devo ser coerente hoje com o que provavelmente disse no júri. No meu quinto ano no Recife levei a preparar um livro que ainda guardo, uma espécie de Perdigão Malheiro inédito sobre a escravidão entre nós. Eu traduzia documentos do *Anti-Slavery Reporter* para meu pai que, de 1868 a 1871, foi quem mais influiu para fazer amadurecer a idéia da emancipação, formulada em 1866 em projeto de lei por São Vicente (Pimenta Bueno). A iniciativa, o desejo de que se levasse a questão ao parlamento, estou convencido, partiu do imperador, que não descansou enquanto o não conseguiu, a primeira vez de Zacarias, a segunda de Rio Branco. Eu já disse uma vez que possuo o autógrafo, por letra dele, da carta em resposta aos abolicionistas franceses, carta que foi o ponto de partida de tudo. Eu tomava o maior interesse na atitude de meu pai nessa questão; desejava para ele a glória de ser pelo menos o Sumner brasileiro. Recordo-me do prazer que tive quando, em 1869, ele me referiu que se tinha posto de acordo com Sales Torres Homem para moverem a idéia no Senado, e que Sales estava escrevendo sobre a escravidão um diálogo na forma de Platão.

Eu disse, há pouco, que não me tinha sido fácil desprender-me da minha atração para tudo que era democracia ultra. O Imperador estava em 1871 a empreender a sua primeira visita à Europa. Um artigo que então escrevi na *Reforma*, com o título "Viagem do imperador," dá bem idéia de quanto era pequeno, nesse tempo, o meu ângulo de inclinação monárquica. É ainda um escrito de mocidade, não há nele senão mocidade, mas o traço individual que tem cada escritor já está fixo, não mudará mais — não só não mudará mais, como, vinte anos depois, quando eu pensar em voltar, no escrever, à forma literária, é às medidas da minha frase dos vinte e um anos que hei de tornar. Esse artigo é *quase* republicano. As minhas novas idéias inglesas não estavam ainda senhoras da casa, não tinham força para eclipsar as projeções, em parte fantásticas, que nesse tempo, com a sua lanterna mágica, Laboulaye acabava de fazer do mundo americano. Por isso eu aconselhava ao Imperador que, em vez de ir à velha Europa, fosse à jovem América:

"Sobretudo ele compreenderia uma coisa: ao ver os Estados Unidos à frente do progresso industrial e moral, compreenderia que os reis podem ser uma hipótese, um luxo, uma superfetação. Ao ver uma sociedade amplamente liberal e livre, governando-se sem rei, ele compreenderia que, em certas épocas, os povos podem dispensar qualquer tutela. Ao ver a família honrada e respeitada" — eu referia-me à pureza do lar e ao respeito dos americanos pela mulher — "tornada uma religião; ao ver a religião feita o laço moral das almas e a trituração dos cultos chegando quase ao número dos indivíduos sem produzir outro efeito senão o de uma maior tolerância e maior fraternidade, ao ver a civilização crescendo" — em terra virgem — "como uma árvore de enormes raízes e de grande sombra; ao ver a vanguarda do progresso ocupada por uma república" — não merecia eu um primeiro prêmio Laboulaye? — "o Imperador perderia o culto monárquico em que comungam os reis. Ao ver, por outro lado, esse poder que passa de um soldado para um lenhador, para um alfaiate, sempre o mesmo, íntegro e perfeito, ele, guardando o amor da família, que cresceria, porque já não era a dinastia, perderia o culto da hereditariedade".

Essa era a minha linguagem dos vinte e um anos; nela encontra-se um minimum de monarquismo e um maximum de republicanismo, o que produz esta preferência por uma monarquia sem hereditariedade, sem cerimonial, sem veneração, toda ao nível comum, como a magistratura popular da Casa Branca. É só gradualmente que a influência do sistema monárquico vai crescendo e prevalecendo sobre esse radicalismo espontâneo, esse igualitarismo inflexível. Aos vinte e um anos decerto eu não teria compreendido esta máxima política de meu pai no

Senado: "A utilidade relativa das leis prefere à utilidade absoluta"; o relativo não existia para mim.

Nesses anos o partido Liberal leva o ministério Rio Branco para onde quer. Seguramente, a opinião liberal teve muito mais poder sobre aquele ministério do que sobre o ministério Sinimbu ou qualquer outro do seu próprio partido — exceto o ministério Dantas, porque neste o presidente do Conselho era impressionável à menor censura do liberalismo. A verdade é que o ministério Rio Branco foi um ministério reformista como, desde o gabinete Paraná, não se tinha visto outro e não se viu nenhum depois. O governo tinha o prurido das reformas, não talvez por inclinação própria, mas para desarmar a oposição liberal. Em dois pontos, somente, ele mostrou-se conservador, à moda antiga: na sua prevenção contra a eleição direta, que provavelmente era também do imperador, e em relação ao equilíbrio do Prata. Em sua política externa manteve firme a tradição conservadora, ou melhor, a política tradicional de antes da Tríplice Aliança, e a maior probabilidade é que a política liberal da Aliança, continuando, depois da guerra, nos tratados de paz, teria criado uma situação no Prata muito diversa da situação estável e pacífica que resultou dessa mudança de atitude dos conservadores. Em tudo mais foi um ministério inovador como o partido Liberal não teria dado igual. O pano das reformas era fornecido pelos liberais; era todo de padrão liberal, mas o mestre conservador talhava nele com uma largueza de tesoura que faria chorar no poder toda a alfaiataria contrária. Na questão religiosa, principalmente, à atitude de Rio Branco só se poderia chamar conservadora por ser pombalina, ultra-regalista. O partido Liberal, em vez de exultar, dizia-se roubado, pleiteava as suas patentes de invenção, suas marcas de fábrica.

Nesse tempo, e durante alguns anos, o radicalismo me arrasta; eu sou, por exemplo, dos que tomam parte mais ativa na campanha maçônica de 1873 contra os bispos e contra a Igreja. Entro até nas idéias de Feijó, de uma Igreja nacional, independente da disciplina romana; faço conferências, escrevo artigos, publico folhetos. Não quisera mesmo hoje retirar uma só palavra do que disse então, advogando a liberdade religiosa mais perfeita; entendo ainda, hoje mais do que nunca, depois da esplêndida experiência do pontificado de Leão XIII, que a Igreja tem tudo a ganhar com a liberdade e que o futuro do mundo pode pertencer à aliança, já selada no atual pontificado, da Igreja católica com a democracia. Não é sob Leão XIII que o liberalismo há de mais ser suspeito, e provavelmente este pontificado não será um *acidente feliz,* mas sim um ponto de partida definitivo, a data de uma nova era na história do catolicismo. Do que preciso fazer renúncia, em favor das traças que os consumiram, é de tudo o que nesses opúsculos escrevi em espírito de antagonismo à religião, com a mais soberba incompreensão de seu papel e da necessidade, superior a qualquer outra, de aumentar a sua influência, a sua ação formativa, reparadora, em todo o caso consoladora, em nossa vida pública e em nossos costumes nacionais, no fundo transmissível da sociedade. Naquele tempo, porém, como teria eu acolhido uma manifestação como esta — cada vez mais verdadeira, mas de que só hoje sinto a profundeza e o alcance — do senador Nabuco, em 1860, no Senado: "Há duas necessidades, a meu ver, muito importantes na situação moral do nosso país: *a primeira* é a difusão do princípio religioso no interesse da família e da sociedade..."? Posso dizer, falando a nova gíria científica, que eu não tinha então nada de estático, era todo dinâmico.

Um ministério conservador que se encarrega de realizar as reformas liberais produz, forçosamente, no campo liberal, uma grande confusão. Para quem começava, como eu, a vida política automática na imprensa e no clube do partido, a política do ministério pouco importava, o alvo continuava o mesmo; não obstante, instintivamente, pela voz do sangue, a discutir com o governo conservador que fazia as reformas liberais, eu preferia discutir com a fração que se separara do nosso partido para formar o partido Republicano. Já, nesse tempo, a questão da forma de governo começa a dominar em mim todas as outras; eu só excetuaria a dos escravos, mas a lei de 28 de setembro estava votada e a ela se tinha seguido uma espécie de trégua dada à escravidão. Travo, então, na *Reforma*, um combate com a *República*, do ponto de vista monárquico. Se, em 1871, eu podia pretender, como disse, o prêmio americano Laboulaye, em 1873, no meu ano de fixação monárquica, eu entraria em concurso para o prêmio inglês Bagehot, com esses artigos também da *Reforma*. O seguinte trecho basta para mostrar, comparado ao da "Viagem do imperador," a mudança que eu tinha sofrido em dois anos:

"É preciso realmente ser iludido, ou pelas palavras ou pelos símbolos, para chamar ao rei do sistema parlamentar um tirano. Nem mesmo pode comparar-se um Lincoln com uma Vitória: o presidente americano governa, administra, tem à sua disposição milhares de empregos públicos, é o chefe de seu partido, tem uma responsabilidade inteira no governo e uma iniciativa poderosa; pode ser um Washington ou, se quiser, um Johnson. O soberano inglês não tem poder algum; o parlamento indica-lhe o ministro que ele chama, não podendo chamar outro; esse ministro imposto torna-se o chefe do estado, apresenta as leis a que o soberano não pode negar sanção, e dissolve a Câmara se ela lhe retira a confiança; e enquanto o ministro *governa*, o rei somente *reina*. Não terá esse *tirano* inglês muito menos poder do que o *primeiro magistrado* americano?"

Dessas idéias eu não devia sair mais, como se verá; não são como as de 1871, arrastamento, entusiasmo, paixão; são dessas formas do espírito que não deixam mais a inteligência tomar outra forma; têm para ela a transparência, a clareza da evidência, como se fossem, e realmente são, primeiros teoremas de geometria política.

IV

ATRAÇÃO DO MUNDO

NESSES ANOS de mocidade a que me estou referindo, a política era, decerto, para mim, uma forte excitação; em qualquer cena do mundo o lance político interessava-me, prendia-me, agitava-me; por isso mesmo, eu não era, nunca fui, o que se chama verdadeiramente um político, um espírito capaz de viver na pequena política e de dar aí o que tem de melhor. Em minha vida vivi muito da Política, com P grande, isto é, da política que é história, e ainda hoje vivo, é certo que muito menos. Mas, para a política propriamente dita, que é a local, a do país, a dos partidos, tenho esta dupla incapacidade: não só um mundo de coisas me parece superior a ela, como também minha curiosidade, o meu interesse, vai sempre para o ponto onde a ação do drama contemporâneo universal é mais complicada ou mais intensa.

Sou antes um espectador do meu século do que do meu país; a peça é para mim a civilização, e se está representando em todos os teatros da humanidade, ligados hoje pelo telégrafo. Uma afeição maior, um interesse mais próximo, uma ligação mais íntima, faz com que a cena, quando se passa no Brasil, tenha para mim importância especial, mas isto não se confunde com a pura emoção intelectual; é um prazer ou uma dor, por assim dizer doméstica, que interessa o coração; não é um grande espetáculo, que prende e domina a inteligência. A abolição no Brasil me interessou mais do que todos os outros fatos ou séries de fatos de que fui contemporâneo; a expulsão do imperador me abalou mais profundamente do que todas as quedas de tronos ou catástrofes nacionais que acompanhei de longe; por último, não experimentei nenhuma sensação tão cheia, tão prolongada, tão viva, durante meses ininterrompidos, como durante a última revolta, quando se ouvia o canhão da guerra civil no mar e o silêncio ainda pior do terror em terra. Em tudo isto, porém, há muito pouca política; nesses três quadros, por exemplo, a política suspende-se; o que há é o drama humano universal de que falei, transportado para nossa terra. Não se poderia dizer isto da luta dos partidos, nem do que, exclusivamente, é considerado *política* pelos profissionais. Esta é uma absorção como a de qualquer hábito, circunscreve a curiosidade a um campo visual restrito: é uma espécie de oclusão das pálpebras. Esse gozo especial do político na luta dos partidos não o conheci; procurei na política o lado moral, imaginei-a uma espécie de cavalaria moderna, a cavalaria andante dos princípios e das reformas; tive nela emoções de tribuna, por vezes de popularidade, mas não passei daí: do limiar; nunca o oficialismo me tentou, nunca a sua deleitação me foi revelada; nunca renunciei a imaginação, a curiosidade, o diletantismo, para prestar sequer os primeiros votos de obediência; só vi de muito longe o véu jacinto e púrpura do *Sanctum sanctorum* — tão de longe, que me pareceu um velho reposteiro verde e amarelo — por trás do qual o presidente do Conselho contemplava sozinho, face a face, a majestade do poder moderador.

Isto quer dizer que a minha ambição foi toda, em política, de ordem puramente intelectual, como a do orador, do poeta, do escritor, do reformador. Não há, sem dúvida, ambição mais alta do que a do estadista, e eu não pensaria em reduzir os homens eminentes que merecem aquele nome em nossa política ao papel de políticos de profissão; mas para ser um homem de governo é indispensável fixar, limitar, encerrar a imaginação nas coisas do país e ser capaz de partilhar, se não das paixões, decerto dos preconceitos dos partidos, ter com eles a mais perfeita comunhão de vida, *individuae vitae consuetudinem*. Assim, quando eu tivesse, que não tive, as qualidades precisas, estava impedido para a política pela incompressibilidade do meu interesse humano. Politicamente, receio ter nascido cosmopolita. Não me seria possível reduzir as minhas faculdades ao serviço de uma religião local, renunciar a qualidade que elas têm de voltar-se espontaneamente para fora.

Assim, por exemplo, desses anos de minha vida, a que me refiro: em 1870, o meu maior interesse não está na política do Brasil, está em Sedan. No começo de 1871, não está na formação do gabinete Rio Branco, está no incêndio de Paris. Em 1871, durante meses, está na luta pela emancipação — mas não será também nesse ano o Brasil o ponto da terra para o qual está voltado o dedo de Deus? Em 1872, o que me ocupa o espírito é o centenário de *Os Lusíadas;* estou então imprimindo um livro sobre Camões, e a quem trabalha em um livro, apesar do seu nenhum valor literário, como o mostrou Teófilo Braga, não sobra muita atenção ou interesse para dar ao que acontece em redor de si. 1873 é o meu ano, como disse, de fixação monárquica, mas também — o que mostra que a razão amadurece por partes — o ano em que me atiro contra a Igreja com o furor iconoclasta da mocidade, supondo estar dizendo coisas novas, nunca ouvidas por ela em dezenove séculos de luta, pensando que ela vai gemer sob os golpes das terríveis hipérboles que lhe arrojo em panfletos e artigos da *Reforma: teocracia, invasão ultramontana, conquista jesuíta!...* Apesar disso, o ano de 1873 é no meu registro o ano da primeira viagem à Europa, fato de metamorfose pessoal, que é em minha vida a passagem da crisálida para a borboleta.

Não posso mais — se feliz, se infelizmente, é uma questão que me levaria muito longe deslindar — não posso mais sentir o que sentia aos vinte e quatro anos, quando pela primeira vez me fiz de vapor, hoje eu preferiria fazer-me de vela, para a Europa. Como já vi Leão XIII carregado na *sedia gestatoria* e tive a fortuna de falar longamente a sós com um papa, creio que não faria mais uma viagem para conhecer nenhum grande personagem, exceto, talvez, o imperador da China. Já que não vi um rei mouro em Granada, passo bem sem ter visto Abdul-Hamid no

Bósforo. Mesmo o imperador da China talvez eu me contentasse em conhecê-lo pela imagem que me dariam dele, se eu os avistasse, dois *rising men* da alta diplomacia européia, de quem sou amigo, que tiveram ocasião de penetrar no recinto inviolável e de estudar a infantil figura do Incognoscível sob as aflições da guerra japonesa. O que me interessa nele, bem se o pode imaginar, não é o seu trono de almofadas de seda, o seu porta-voz, os seus cachimbos, os seus perfumadores, os seus colares; é a originalidade que o envolve, maravilhosa como o próprio sobrenatural, é a psicologia acumulada de séculos.

Em 1873, porém, a minha ambição de conhecer homens célebres de toda ordem era sem limites; eu tê-los-ia ido procurar ao fim do mundo. Do mesmo modo, com os lugares. O que eu queria era ver todas as *vistas* do globo, tudo o que tem arrancado um grito de admiração a um viajante inteligente. Nessa qualidade de câmara fotográfica só lastimava não ter o dom da ubiqüidade. Esta febre itinerante passou-me também. Posso ler, sem perigo, qualquer geografia nova, o Elisée Reclus inteiro, é só uma boa página de Pausânias ou de Estrabão, com seus nomes antigos, que me perturba ainda. Os mais preciosos livros da minha estante íntima são os meus Baedekers; diversos lugares aí estão marcados com um sinal, e, se eu pudesse, tomaria ainda, para visitá-los, o bilhete (hoje não se diz mais o bastão) do peregrino; mas são os lugares somente a que está associada — há anos eu teria dito uma impressão de minha vida — uma das grandes impressões da humanidade, uma das suas revelações na arte, ou na religião.

O que em matéria de viagem, de paisagens me tentaria hoje — quem sabe se não é uma pura restituição de um atavismo longínquo? o meu avô materno, que se transplantou em 1530 para Pernambuco e fundou o Morgado do Cabo, João Pais Barreto, era de Viana — seria, talvez, o Lima, se eu tivesse certeza de ter diante dele a mesma impressão dos soldados romanos que chamaram às suas margens Campos Elísios e lhe deram o belo nome de Letes. A verdade é que sinto cada dia mais forte o arrocho do berço: cada vez sou mais servo da gleba brasileira, por essa lei singular do coração que prende o homem à pátria com tanto mais força quanto mais infeliz ela é e quanto maiores são os riscos e incertezas que ele mesmo corre.

Nesse tempo, porém, na minha era antes de Cristo, em pleno politeísmo da mocidade, o mundo inteiro me atraía por igual; cada nova fascinação da arte, da natureza, da literatura e, também, da política, era a mais forte; eu quisera conhecer as celebridades de todos os partidos. Depois do Papa, a mais nobre figura da Europa era para mim o conde de Chambord, que acabava de rejeitar a coroa de França para não repudiar a bandeira branca; um Henrique V, bem pouco parecido com Henrique IV, e, no entanto, eu contava como uma boa fortuna a noite que passei no salão de Monsieur Thiers.*

A viagem à Europa em tais condições não podia deixar de ser para mim, como foi, o eterno impulso dado ao pêndulo imaginativo. Pelo sentimento, pela atitude, pelo emprego da vida, acredito ter sido, em meu plano inferior, uma das mais consistentes figuras de nossa política; acredito mesmo que passarei nela como um homem de uma só idéia, *persona unius dramatis*, porquanto a minha fidelidade monárquica pode ser considerada, como a de André Rebouças, ainda um último compromisso, uma gratidão, um episódio da libertação dos escravos. Quanto às afinidades espontâneas, porém, às simpatias naturais, ao movimento interior do espírito, dificilmente se encontrará um pêndulo que descreva um raio de oscilação mais largo do que a minha imaginação e a minha curiosidade. O que é um homem político assim diletante, viajante, a quem tudo atrai igualmente, que admira as grandes construções sociais, qualquer que seja o sistema de arquitetura, convencido de que em todos há o mesmo espírito, porque o espírito *criador* é um só?

---

* A respeito dessa visita, eis a nota que encontro no meu jornal de 1874:

"10 de janeiro. À noite fui com o Itajubá (o nosso árbitro em Genebra) à casa de Monsieur Thiers, Hotel Bagration, Faubourg Saint-Honoré. Apresentado a Monsieur Thiers, a Madame Thiers, a Mademoiselle Dosne. Apresentado a Jules Simon. Itinerário que este me deu: ver Pierrefonds, Coucy, Rheims, Tarascon, Arles e a Grande Chartreuse. Conversei com Monsieur Thiers sobre o Brasil. *Opinião dele sobre a desigualdade da raça negra, de que provém o direito não de escravizá-la mas de forçá-la ao trabalho, como a Holanda faz com os javaneses*".

Nós, brasileiros — o mesmo pode-se dizer dos outros povos americanos — pertencemos à América pelo sedimento novo, flutuante, do nosso espírito, e à Europa, por suas camadas estratificadas. Desde que temos a menor cultura, começa o predomínio destas sobre aquele. A nossa imaginação não pode deixar de ser européia, isto é, de ser *humana;* ela não pára na Primeira Missa no Brasil, para continuar daí recompondo as tradições dos selvagens que guarneciam as nossas praias no momento da descoberta; segue pelas civilizações todas da humanidade, como a dos europeus com quem temos o mesmo fundo comum de língua, religião, arte, direito e poesia, os mesmos séculos de civilização acumulada, e, portanto, desde que haja um raio de cultura, a mesma imaginação histórica.

Estamos assim condenados à mais terrível das instabilidades, e é isto o que explica o fato de tantos sul-americanos preferirem viver na Europa... Não são os prazeres do rastaqüerismo, como se crismou em Paris a vida elegante dos milionários da Sul-América; a explicação é mais delicada e mais profunda: é a atração de afinidades esquecidas, mas não apagadas, que estão em todos nós, da nossa comum origem européia. A instabilidade a que me refiro provém de que na América falta à paisagem, à vida, ao horizonte, à arquitetura, a tudo o que nos cerca, o fundo histórico, a perspectiva humana; e que na Europa nos falta a pátria, isto é, a fôrma em que cada um de nós foi vazado ao nascer. De um lado do mar sente-se a ausência do mundo; do outro, a ausência do país. O sentimento em nós é brasileiro, a imaginação européia. As paisagens todas do Novo Mundo, a floresta amazônica ou os pampas argentinos, não valem para mim um trecho da Via Appia, uma volta da estrada de Salerno a Amalfi, um pedaço do cais do Sena à sombra do velho Louvre. No meio do luxo dos teatros, da moda, da política, somos sempre *squatters,* como se estivéssemos ainda derribando a mata virgem.

Eu sei bem, para não sair do Rio de Janeiro, que não há nada mais encantador *à vista* do que — ao acaso a escolha seria impossível — os parques de São Clemente, o caminho que margeia o aqueduto de Paineiras na direção da Tijuca, a ponta de

São João, com o Pão de Açúcar, vista do Flamengo ao cair do sol. Mas tudo isto é ainda, por assim dizer, um trecho do planeta de que a humanidade não tomou posse; é como um paraíso terrestre antes das primeiras lágrimas do homem, uma espécie de jardim infantil. Não quero dizer que haja duas humanidades, a alta e a baixa, e que nós sejamos desta última; talvez a humanidade se renove um dia pelos seus galhos americanos; mas, no século em que vivemos, o *espírito humano*, que é um só e terrivelmente centralista, está do outro lado do Atlântico; o Novo Mundo para tudo o que é imaginação estética ou histórica é uma verdadeira solidão, em que aquele espírito se sente tão longe das suas reminiscências, das suas associações de idéias, como se o passado todo da raça humana se lhe tivesse apagado da lembrança e ele devesse balbuciar de novo, soletrar outra vez, como criança, tudo o que aprendeu sob o céu da África...

Em um soberbo livro espanhol, que faz honra à Sociedade de Jesus, *Pequeñeces*, romance de um padre jesuíta, que é um grande autor, L. Coloma, há um personagem que diz a cada instante: *Usted me entiende?* Todos nós temos algum conhecido que pontua as suas frases com esse fatigante *entende?* que os nervos do marquês de Paraná não podiam suportar. O *entende?* do indivíduo que quer forçar o ouvinte a nada perder do que ele diz é muito diverso da fórmula habitual com que o imbecil marquês de Villamelon exprimia o que lhe faltava força para pensar. Há também pontos, idéias, modos de sentir que o escritor desejaria expressar por um outro *Usted me entiende?* levantando apenas a ponta do véu ao seu pensamento, aludindo a ele vagamente, sem nada precisar, de fato, sem nada dizer. Cada um de nós é só o raio estético que há no interior do seu pensamento, e, enquanto não se conhece a natureza desse raio, não se tem idéia do que o homem realmente é. Nesta confissão da minha formação política, devo, para não deixar ver somente a máscara, o personagem, dar uma espécie de fotografia dos símbolos que se imprimiram e reproduziram mais profundamente no meu cérebro. Assim se reconhecerá que a política não foi senão uma refração daquele filete luminoso que todos temos no espírito.

A instabilidade a que me estou referindo está grandemente modificada; a dualidade desapareceu em parte, não tão perfeitamente como em meu amigo Taunay... Este, apesar do seu sangue de cruzado, apesar de ter escrito o seu livro clássico em francês, e apesar da sua brilhante propaganda contra o nativismo, é o mais genuíno *nativista* que eu conheço, porque não compreende sequer a vida em outra terra, em outra natureza. Brasileiro de uma só peça é aquele que não pode viver senão no Brasil. Na mocidade fui um errático, como o próprio imperador acabou na velhice... Quando, porém, entre a pátria, que é o sentimento, e o mundo, que é o pensamento, vi que a imaginação podia quebrar a estreita fôrma em que estavam a cozer ao sol tropical os meus pequenos debuxos de almas, *Ustedes me entienden,* deixei ir a Europa, a história, a arte, guardando do que é universal só a religião e as letras.

V

PRIMEIRA VIAGEM À EUROPA

DE DIVERSOS MODOS a minha primeira ida à Europa influiu para enfraquecer as tendências republicanas que eu porventura tivesse, e fortificar as monárquicas. Antes de tudo, o republicanismo francês, que era e é o nosso, tem um fermento de ódio, uma predisposição igualitária que logicamente leva à demagogia — a sua maior figura é Danton, o homem da Setembrizada — ao passo que o liberalismo, mesmo radical, não só é compatível com a monarquia, mas até parece aliar-se com o temperamento aristocrático. Se fosse preciso personificar o liberalismo, poder-se-ia chamar-lhe lafayettismo, por ter sido Lafayette o principal representante dos *gentilhommes libéraux* de 1789. Este estreito republicanismo, que confina nos dias de crise com a demagogia, e, exasperado pelo perigo ou excitado pela posse repentina, imprevista, do poder, chega à epidemia sanguinária do Terror, é um fato, pode-se dizer, de reclusão mental: dá-se somente quando o espírito se encerra em algum sistema filosófico ou fanatismo religioso, em uma doutrina ou em uma previsão social qualquer, e aí se isola inteiramente do mundo externo. A intolerância é, ou era, o característico do republicanismo agressivo francês, e a intolerância é uma fobia da liberdade e do mundo; é um fenômeno de retração intelectual, produzindo a hipertrofia ingênua da personalidade.

É provável que em mim também existisse o embrião republicano; não duvido que, nascido em outra condição, se não tivesse meu pai na mais alta hierarquia da política, se não descobrisse como tantos outros que se revoltaram, modo de vencer o terrível *multi sunt vocati, pauci vero electi* da antiga *oligarquia,* eu também tivesse acompanhado o movimento republicano de 1870, do qual faziam parte alguns dos espíritos que me fascinavam. Se assim fosse, porém, estou certo que o movimento abolicionista me teria, mais tarde, destacado dele, e que o 13 de Maio me identificaria com a sorte da monarquia libertadora. Se, apesar de tudo, eu me tivesse conservado republicano até 15 de Novembro — nascesse eu em que condição nascesse, uma vez que fosse o mesmo que sou, isto é, que tivesse recebido no berço os mesmos rudimentos da alma — não tenho a menor dúvida de que o abalo, o choque do desterro do Imperador teria posto fim à minha fantasia republicana e restabelecido a sinceridade e a lucidez dos meus sentidos políticos. Como quer que fosse, a viagem de 1873 destruiu no gérmen toda e qualquer inclinação republicana, todo indício de fanatismo que eu pudesse ter no segredo da minha natureza.

Não durou muito tempo essa viagem; foi apenas de um ano. A situação de espírito que ela criou já tinha antecedentes nas minhas relações com a pequena roda em que vivia então o corpo diplomático em Petrópolis e na Corte, na convivência com ministros e secretários estrangeiros, alguns destes hoje ministros, e até embaixadores. A situação de espírito *cosmopolita* ou, antes, *mundana,* caracteriza-se pela compreensão das soluções opostas dos mesmos problemas sociais, pela tolerância de todas as opiniões, pela igual familiaridade com correligionários e adversários, pela idéia, para dizer tudo, de que acima de quaisquer partidos está a *boa sociedade.* Esse modo de ser, em política, não é necessariamente eclético, nem, ainda menos, céptico; é somente incompatível com o fanatismo, isto é, com a intolerância, qualquer que ela seja. Foi a viagem à Europa a grande deslocação que consolidou a tendência anti-sistemática em que eu já estava, amortecendo em mim o predomínio da força política até 1879, quando pela primeira vez entro para o Parlamento; mesmo no Parlamento, porém, depois do ano de estréia, em que as emoções da tribuna me fizeram tomar calor e interesse pela luta dos partidos, desde 1880 até 1889, quando se fechou definitivamente para mim aquela carreira, posso dizer que continuou o efeito da minha deslocação, de 1873, da política partidária, porque todo o tempo que estive na Câmara me acolhi sob uma bandeira mais larga e me coloquei em um terreno politicamente neutro, como era o da emancipação dos escravos.

Essa viagem que assim imprime à minha evolução política o seu caráter definitivo durou, como eu disse, pouco tempo. Partindo em agosto de 1873, volto ao Rio de Janeiro em setembro de 1874. É menos de um ano de Europa que tenho da primeira vez; desses onze meses, mais ou menos, passo cinco em Paris, três na Itália, um mês no lago de Genebra, um mês em Londres, um mês em Fontainebleau. A razão desse mês de Ouchy e desse mês de Fontainebleau é que, em viagem, sempre que um lugar me fala, eu me deixo prender por ele e me esqueço de viajar. É assim que, mais tarde, pretendendo dar ao Niágara a hora indispensável para ver as quedas, me deixo ficar vinte e tantos dias, sem poder arrancar-me daquele espetáculo até o ter inteiramente absorvido.

O mês de Ouchy quer dizer, sem falar de Lausanne, que os primeiros passeios a pé, à beira do lago, de um lado na direção de Coppet, do outro, na direção de Clarens, as visitas a Genebra com a romaria obrigada a Ferney, me colocavam no teatro literário, talvez o mais interessante da Europa moderna, depois de Weimar, porque Clarens é o cenário da *Nova Heloísa*, e está cheio da eloqüência de Rousseau; Ferney, o dos últimos anos de Voltaire; Coppet, o da realeza de Corina com a sua corte vinda de Paris, da Alemanha, da Itália, não esquecendo Lord Byron. Mais do que tudo, porém, nessa faixa de terra que liga intelectualmente o século XVIII ao século XIX, o que me teria prendido eternamente a Ouchy, se eu dispusesse de algumas eternidades nesta vida, é o lago, o seu corte, a sua moldura.

O mês de Fontainebleau tem outra explicação: não é o castelo e a floresta só por si o que me prende; é que volto da Inglaterra, tendo pela primeira vez falado inglês com todo o mundo, fascinado por Londres, tocado de um começo de anglomania, que foi a doença da sociedade em França, e, portanto, até isso, acusa a construção francesa do meu espírito, e Fontainebleau, com o repouso dos seus jardins simétricos, a frescura das suas águas e das suas sombras, a tranqüilidade do seu silêncio, era o mais admirável retiro que eu podia querer nesse mês da minha vida, que posso chamar o mês de Thackeray. Foi esse o claustro ideal em que, fechado com *Vanity Fair, Pendennis, The Newcomes,* não sei o que mais, sem dicionários, adivinhando o que não podia traduzir, compreendendo tudo, esgotei em mim mesmo, até às lágrimas, a impressão do grande romancista inglês — o que fiz depois com George Eliot e Trollope, mas nunca fiz, sinto dizê-lo, com Dickens, nem com Sir Walter Scott.

Decerto, em minutos pode abrir-se e fechar-se diante dos nossos olhos um espetáculo que não esqueceremos nunca. Percorri em meses a Itália, as grandes capitais antigas somente, sinto também dizê-lo; não fiz sequer a romaria de arte pela Úmbria; estive duas horas diante dos quatro monumentos da velha Pisa, que inspiraram a Taine a sua página mais eloqüente: como esquecer, no entanto, essa revelação imorredoura? Keats não disse tudo com o seu verso:

A thing of beauty is a joy for ever?

Não só o que é verdadeiramente belo é "essa alegria," de que ele fala, "para sempre," um raio interior que se incorpora à vida para nunca mais se apagar, quaisquer que sejam as tempestades dela, como também uma só *thing of beauty,* um único fragmento da verdadeira beleza, basta para iluminar a existência humana inteira. Nenhum homem terá compreendido bem duas grandes obras de arte: a coluna grega e a ogiva gótica, um Miguel Ângelo e um Piero della Francesca, nem tampouco duas vistas diferentes de natureza: o oceano e os lagos de montanha; as paisagens da neve e os céus do Oriente. Em caso algum, porém, pode-se sentir uma obra de arte *de passagem,* isto é, sem que ela produza em nós uma vibração correspondente ao esforço, à sensação do criador quando a compôs.

Como é que em minutos nos poderia penetrar a impressão do artista, que levou anos para realizar seu pensamento, e morreu ainda agitado por ele? Eu *olhei*, por exemplo, para a catedral de Reims, com Rodolfo Dantas, em um dia que *roubamos* a Paris, linguagem do *boulevard;* passei para ver a catedral de Amiens; *roubei* outro dia a Paris para fazer a volta da catedral de Rouen; fui a Estrasburgo avistar o grande *Münster* de Erwin von Steinbach; com Artur de Carvalho Moreira, um dos mais finos espíritos da nossa geração acadêmica, fiz uma vez a *tournée* dos castelos históricos do Loire: Chenonceaux, Amboise, Blois, Chambord. Horas para tudo isso! Para Francisco I, Diane de Poitiers, a Renascença francesa! Mais tarde, por não querer apressar-me assim, não fiz com o mesmo companheiro, o qual deu anos de sua vida intelectual exclusivamente aos *Goethekenners*, a visita às cidades de Goethe: Frankfurt, Leipzig — Estrasburgo, vi, mas sem pensar em Frederica — Wetzlar e Weimar. Por toda a parte, posso dizer, passei, como passei em 1892, por Coimbra, Alcobaça, Mafra, a Batalha, sem deixar sequer às impressões o tempo de se gravarem no espírito. Uma hora para catedral de Reims! Só não foi um ultraje, uma ofensa àquela divina fachada, porque lá estive em verdadeira humilhação, e não lancei olhares críticos ao seu sublime portal, a toda a sua incomparável legenda, como o *gamin* lhe atira pedras. Uma hora em Amiens! Nesse *Partenon da arquitetura gótica*, como lhe chamou Viollet-le-Duc, e levando na mão a *Bíblia de Amiens* de John Ruskin, o qual chega a invejar o humilde guarda, cuja função é espanar-lhe as esculturas de madeira, como nunca outras foram talhadas!

De passagem, pode-se ver muita coisa, mas não se tem a revelação de nada. A primeira condição para o espírito receber a impressão de uma grande criação qualquer, seja ela de Deus, seja das épocas — nada é puramente individual — é o repouso, a ocasião, a passividade, o apagamento do pensamento próprio; dar à forma divina o tempo que ela quiser para refletir-se em nós, para deixar-nos compreendê-la e admirá-la, para revelarnos o pensamento originário donde nasceu.

De todos esses lugares da Suíça ou da Itália, de Fontainebleau, de Paris, de Londres, não trago senão impressões de arte, impressões literárias, impressões de vida; o grande efeito em mim dessa viagem é assim apagar a política; suspender durante um ano, inteiramente, a faculdade política, que, uma vez suspensa, parada, está quebrada e não volta mais a ser a mola principal do espírito. Eu não podia entretanto estar em França, em uma época de transformação, como foi essa de 1873-74, e, às vezes, em contacto com homens políticos, nem penetrar na sociedade inglesa, sem que a grande política européia exercesse uma influência positiva sobre o meu espírito, além da modificação operada negativamente, como eu disse, pelo meu afastamento do nosso cenário local e pela sensação de arte. Apesar de tudo, eu tinha afinidades políticas inapagáveis, que poderiam, quando muito, ficar secundárias, subordinadas à atração puramente intelectual. Dessa modificação *positiva* falarei agora.

VI

A FRANÇA DE 1873-74

A ÉPOCA em que eu pela primeira vez tinha Paris por menagem, era historicamente tão interessante que um espírito sujeito como o meu a fortes tentações políticas não poderia deixar de voltar-se para o espetáculo dos acontecimentos, apesar dos meus deslumbramentos artísticos e literários. Compreende-se, porém, que a atração contrária à política era ainda mais poderosa, pela novidade, pelo esplendor das suas revelações contínuas, do que o próprio drama contemporâneo. No Rio de Janeiro ou em São Paulo, quem se alimente de política, quando a sensação de um grande acontecimento se apossa dele, não encontra nada em redor de si que a corrija ou lhe sirva de contrapeso; felizmente, os acontecimentos raros são *grandes*. Para um jovem brasileiro, porém, que pela primeira vez chega a Paris, é quase impossível imaginar acontecimento que possa torná-lo indiferente ao maravilhoso que o surpreende a cada passo, ou sensação política que não fosse amortecida, dominada logo, pela sensação de arte.

Realmente, a luta entre o duque de Broglie e *Monsieur* Thiers, o teatro do palácio de Versalhes convertido em Assembléia Nacional, o Trianon dando as suas salas para o conselho de guerra de Bazaine, atraíam-me, e fui um dos mais ansiosos espectadores que assistiram nessa época aos debates daquela assembléia, ou que participaram da emoção daquele grande processo militar, apesar de tudo pouco generoso.

Nunca hei de esquecer as frias manhãs de novembro em que o meu querido amigo José Caetano de Andrade Pinto, depois conselheiro de estado, e eu, atravessávamos de carro aberto as alamedas de Versalhes para tomar os nossos lugares na própria tribuna do marechal Bazaine, por detrás dele, quase os únicos que, talvez por lhe sermos estranhos e sermos estrangeiros, tínhamos a coragem de acompanhar daquele lugar os interrogatórios, a acusação e a defesa. No último momento, quando se mandou fechar a tribuna particular do marechal, passamos para o *prétoire*. Que emoção a nossa quando o duque d'Aumale, de pé, como todo o conselho, que formava semicírculo em torno dele, a fita vermelha da Legião de Honra passada sobre o grande uniforme, o chapéu de plumas na cabeça como em um campo de batalha, na mão uma grande folha de papel sobre a qual se projetava o refletor de uma lâmpada sustentada por trás dele por um imponente vulto de *huissier*, com a solenidade de quem depois de um exílio de vinte e cinco anos representava outra vez perante a França, leu os três *Oui, à l'unanimité*, que sibilaram pela sala toda como as balas de um pelotão!

Também me hei de lembrar sempre da sessão da Assembléia Nacional em que se votou o septenato de Mac-Mahon como medida provisória, dilatória, entre a restauração, temporariamente impossibilitada por causa da bandeira branca, e a República, que não queriam proclamar. Se nesses sete anos morresse o conde de Chambord, *regnante* ainda o duque de Magenta, quem sabe se o conde de Paris não reuniria os votos dos *Chevaux-légers* e da alta finança do Centro Esquerdo! Afianço a quem me lê que, depois de um discurso pronunciado pelo duque de Broglie, com o seu acento nasal, a sua perfeição acadêmica, sua maneira e suas maneiras *ancien régime*, ver subir à tribuna o velho Dufaure e de improviso, sem frases cadenciadas, sem períodos embutidos uns nos outros como um mosaico literário, tomar entre as mãos o discurso do neto de Madame de Staël, amassá-lo, dar-lhe as formas que queria, até ninguém mais o poder reconhecer; assistir a um duelo desses, da elegância com a eloqüência, é um prazer que não se esquece mais.

E não ouvi Berryer! Ali, em Versalhes, eu encontrava ainda os restos da grande geração parlamentar que começou na Restauração e que trouxe as suas tradições, a sua escola de oratória, para as câmaras de Luís Felipe. Tudo isto, não é preciso dizê-lo, me interessava no mais íntimo de mim mesmo, intelectualmente falando, mas um simples relance sobre quaisquer páginas do meu diário nessa época basta para mostrar quanto o meu interesse se dividia e o meu espírito era solicitado em direções contrárias por sensações quase do mesmo valor...

Assim, por exemplo (o itálico é para mostrar as oposições repentinas): "19 de novembro. A sessão do septenato (em que foi votada a prorrogação dos poderes do Marechal). — 21 de novembro: Começo a ir ao processo Bazaine. — 22 de novembro: *Visita Ernest Renan.* — 2 de janeiro (1874) Chateauroux. — 3 de janeiro: De manhã. Route de la Châtre. Bosques de álamos batidos pela ventania. Em Nohant às onze horas. Esperavam-me desde a véspera, tinham um aposento para mim. Maurice Sand, a mulher filha de Calamatta. Fazem-se almoçar. Ao meio-dia, vem George Sand. Conversamos até às três horas. Pediu-me para ficar algum tempo em Nohant. Falamos de Renan, da *Gioconda,* do teatro, de Bressant, do imperador, que ela não viu. — 4 de janeiro: Orléans. Catedral. Casas de Jeanne d'Arc, Agnès Sorel, Diane de Poitiers. *Notícia da queda de Castelar...* — 5 de janeiro: Fomos ao *château* de Chambord. Escadaria de pedra "à double rampe". Os FF e as Salamandras de Francisco I. O *Bourgeois Gentilhomme,* 1670. *Souvent femme varie. Château* de Blois. Quarto de Henrique II. Escada exterior espiral. Renascença francesa. —10 de janeiro: *Visita a Monsieur Thiers".*

Talvez o dia em que viram pela primeira vez a *Vênus de Milo* ou a *Gioconda* tenha passado indiferente para muitos que notaram as suas menores impressões políticas. Eu, porém, não poderia sequer lembrar-me de que fora político diante do mármore dos mármores ou do colorido que se esvai e de um traço que se apaga de Leonardo. Na própria política eu achava-me dividido pela mais positiva dualidade que se pudesse dar. De sentimento, de temperamento, de razão, eu era um tão exaltado partidário de Thiers como qualquer republicano francês; pela imaginação histórica e estética era porém legitimista; isto é, perante o artista imperfeito e incompleto que há em mim, a figura do conde de Chambord reduzia a de Thiers a proporções moralmente insignificantes. Quando em um mesmo homem há um lírico e um político, a lenda tem para ele uma projeção duas vezes maior que a da história.

Nesse espaço de tempo a que me refiro, a república estava ainda em questão em França; Thiers havia sido forçado a demitir-se, e a sua substituição, com surpresa dele, recaíra no seu general-em-chefe, que dispunha, absolutamente, do exército, o marechal de Mac-Mahon. A reconciliação do conde de Paris com o chefe da casa de França tinha se efetuado em Frohsdorf, em 5 de agosto; os cavalos para entrada solene do rei em Paris estavam sendo negociados, quando o ministério recuou, sentindo-se sem forças para impor aos soldados a bandeira branca. A Restauração, pode-se dizer, tinha abortado; mas, de um momento para outro, Henrique V podia inspirar-se no precedente de Henrique IV e aceitar a bandeira da Revolução. Ainda há pouco, o general du Barail, que era o ministro da Guerra do duque de Broglie, confessou que, se o conde de Chambord *tivesse querido,* não era o septenato, era sim a monarquia, que teria sido aclamada.

"O Marechal — escreve ele — estava convencido de que o Príncipe cedera a uma consideração patriótica: ao receio de atrair sobre o seu país a animosidade e até as armas da Alemanha". O testemunho recente do duque de Broglie e do embaixador em Berlim, o conde de Gontaut-Biron, indicam isso mesmo, que o conde de Chambord viu que a Restauração seria a guerra com a Alemanha e quis poupar à França uma segunda e pior mutilação. Quem sabe, também, à vista dessas revelações diplomáticas, se não foi esse mesmo o motivo secreto superior de Thiers para desertar a monarquia?

Quem viu o velho estadista empenhar-se na consolidação da república com todo o seu prestígio e o seu poder de persuasão, desde que levantara a França dos campos de batalha onde jazia ferida e retirara do poder da Comuna Paris ainda em chamas, pode pensar que não se dá toda essa dedicação a uma causa que não se tenha intimamente a peito. A verdade é que, se Thiers tivesse empregado em restaurar a monarquia a metade do esforço e do trabalho que empregou em consolidar a república, a realeza provavelmente teria sido proclamada, talvez ainda em Bordéus. Durante muito tempo ele manteve-se como o fiel da balança entre os partidos. Não se pode ler sem emoção esses seus discursos de 1871, quando ele se vê entre os dois lados da assembléia e inventa distinções para impedir que eles se tratem como inimigos diante do invasor estrangeiro, todas essas distinções sutis, como entre *constituir* e *reorganizar*, entre *renunciar* e *reservar* o poder constituinte.

Eu era como político francamente thierista, isto é, em França, de fato republicano. Isto não quer dizer, porém, que me sentisse republicano de princípio; pelo contrário. A Terceira República em França foi fundada por monarquistas; foi uma transação de estadistas monárquicos, como Thiers, Dufaure, Rémusat, Léon Say, Casimir Périer, Waddington, e todo o Centro Esquerdo.

"Soa como um paradoxo, escreveu, com admirável lucidez, um dos hábeis redatores da *Quarterly Review* em 1890, mas não é por isso menos exato, que a principal barreira diante de uma restauração monárquica em França é o crescente conservantismo que foi sempre inerente ao caráter francês no meio de todas as ebulições do sentimento excitado. O povo sabe que uma mudança na forma de governo só poderia ser realizada por meio de uma revolução ou como resultado de uma guerra, e recua diante da perspectiva de uma e outra eventualidade, preferindo aceitar o presente estado de coisas, ainda que este não lhe desperte entusiasmo".

Esse espírito conservador da França, inimigo das mudanças bruscas, mesmo para melhorar, é bem caracterizado por esta anedota, como a contou há anos um correspondente do *Times*. Durante as barricadas de junho, quando se ouvia o canhão nas ruas de Paris, mandaram uma companhia guardar o ministério de Estrangeiros. O oficial que a comandava, de espada desembainhada, entrou na secretaria, mas parou à porta de uma das salas, vendo que os empregados continuavam tranqüilamente em suas mesas de trabalho, como se nada estivesse acontecendo. Vendo-o, o diretor levanta-se com uma porção de papéis, prontos para a assinatura do ministro, aproxima-se dele e, inclinando-se, pergunta-lhe com a maior deferência e naturalidade: "É ao novo governo que tenho a honra de dirigir-me?"

Era esse conservantismo que pelo órgão, principalmente, de Thiers fundava então a Terceira República; o mesmo que não deixou ainda divorciar-se dela o espírito da burguesia liberal — espírito a que se pode chamar *Centre Gauche* — e nenhum analista negará que a quinta-essência desse conservantismo fosse monárquica, mais sinceramente monárquica do que o espírito de *fronde* das *coteries* restauradoras.

Essa primeira grande escola estrangeira, em que aprendi, não me podia fazer republicano de sentimento, como não fez republicano de sentimento a nenhum dos seus fundadores, como não fez, nem faz, republicanos aos liberais e conservadores ingleses, ou às testas coroadas da Europa, que, sem má vontade à França, preferem a república à realeza ou ao império; como não faz republicano ao Papa, que protege poderosamente o atual sistema francês. O grande efeito sobre mim daquela atitude de Thiers e dos parlamentares da monarquia de julho era dar-me uma grande prova experimental de que a forma de governo não é uma questão teórica, porém prática, relativa, de tempo e de situação, o que em relação ao Brasil era um poderoso alento para a minha predileção monárquica. O grande efeito era este: destruir o gérmen republicano latente, gérmen de intolerância e de fanatismo. E esse foi o grande serviço de Thiers à França moderna: o de acabar com o antigo monopólio jacobino sobre a idéia republicana.

É o mesmo escritor da *Quarterly* quem finamente observa: "Ainda que, por um lado, o genuíno sentimento realista esteja quase extinto, por outro, o sentimento republicano também por sua vez esfriou. A nova geração é republicana no sentido de não acreditar na possibilidade de uma restauração monárquica; o ardente republicanismo dos velhos doutrinários, esse, porém, está quase tão morto como a advocacia do direito divino dos reis". Essa modificação, que está hoje terminada, começou em 1871, e foi o resultado da adesão, não foi conversão, do Centro Esquerdo à situação republicana criada para a França na Europa pela derrota de Sedan. Esse duplo e igual esfriamento do realismo e do republicanismo, pode-se dizer que forma a atmosfera natural do liberalismo contemporâneo e da cultura política moderna, e, assim como ele aproveitava em França à república, devia aproveitar no Brasil à monarquia. Foi esta a grande influência política que exerceu sobre mim a minha estada em França de 1873-74. Agora resta-me precisar a influência rival que sofri, e a que chamarei influência literária, graças à qual voltei da Europa consideravelmente menos político do que partira.

VII

ERNEST RENAN

DESDE A ACADEMIA a literatura e a política alternaram uma com outra, ocupando a minha curiosidade e governando as minhas ambições. Nos primeiros anos a política teve o predomínio; com a viagem à Europa em 1873 passou este para a literatura, e esse meu período literário, começado então, dura até 1879, quando entro para a Câmara...

Eu tinha sempre lido muito e de tudo na época em que me sentia mais político do que homem de letras. Em filosofia tinha assimilado um pouco de Spinoza, Plotino, Kant e Hegel; a nota mais sonora e mais sustentada de cada um deles vibra a mesma em meu espírito ainda hoje que sinto a grandeza da filosofia católica e coloco Santo Tomás de Aquino entre Aristóteles e Platão. Em religião, eu estava sob a influência de Strauss, Renan, Havet, e formava, também eu, com os fragmentos de todos eles a minha lenda pessoal de Jesus. Pelo espírito, posso dizer que habitei longos anos, da praia do Flamengo, as bordas solitárias e silenciosas do lago de Genesaré. Em crítica literária, achava-me todo imbuído de Sainte-Beuve, Taine, Scherer, ainda que deste último, de quem falarei, não tanto como depois que o conheci. Em poesia, tinha passado de Lamartine para Victor Hugo, o de *Hernani* quase exclusivamente, e de Victor Hugo para Musset, como devia depois passar de Musset para Shelley, de Shelley para Goethe, escala em que parei, mas onde não espero morrer, porque tenho diante de mim o Dante..., o que não quer dizer que não tenha nos ouvidos a ressonância das grandes rimas novas de um Banville, e não admire o cinzelado dos fortes relevos de José Maria Heredia. Em prosa, Chateaubriand e Renan dividiam o império com Cícero, cujas cartas são talvez o livro mundano que eu levaria comigo, se tivesse de ficar encerrado em uma ilha deserta. A frase, a eloqüência, o retrato e a encenação histórica de Macaulay foi também uma influência permanente que se imprimiu em meu espírito; hoje eu teria de acrescentar Mommsen, Curtius, Ranke, Taine, Burckhardt. Quanto ao romance, que é a imaginação abrangendo e modelando a vida, eu ficara sob a impressão de Jules Sandeau; vivia à sombra dos seus castelos antigos reconstruídos pela moderna burguesia, entre as duas sociedades, a velha e a nova, que ele queria fundir pelo amor, e mais que a poesia da alma de Sandeau, que foi muito grande e a que ainda um dia a França há de voltar, era para mim indefinível a impressão, aristocrática e feminina a um tempo, dos últimos encantadores estudos de Cousin sobre a sociedade do século XVII.

Tudo isto formava o fundo do meu espírito, o húmus da minha inteligência, quando começou a fase literária, aquela em que senti uma impulsão interior irresistível para entrar na literatura. O período anterior era de receptividade, de plantio, de assimilações; a impressão, o prazer maior era o de ler; agora, vinha a necessidade de produzir, de criar, e dava-se um fato singular, resultado desses anos de leituras francesas: eu lia muito pouco o português, ainda não começara a ler o inglês e desaprendera o alemão da *Maria Stuart* e de *Wallenstein*, com verdadeira mágoa do meu velho mestre Goldschmidt. O resultado foi que me senti solicitado, coagido pela espontaneidade própria do pensamento, a escrever em francês.

Um brilhante freqüentador da *Revista Brasileira*, que possui entre outras qualidades talvez a mais preciosa de todas, uma boa quantidade do fluido simpático, admira-se dessa minha afinidade francesa; com efeito, não revelo nenhum segredo, dizendo que insensivelmente a minha frase é uma tradução livre, e que nada seria mais fácil do que vertê-la outra vez para o francês do qual ela procede. O que me admira é que o mesmo não aconteça a todos os que têm lido tanto em francês como eu, mais do que eu, e cuja vida intelectual tem sido assim em sua parte principal, isto é, em toda a sua função aquisitiva, francesa. É, talvez, que eles têm uma força de assimilação maior do que a minha — ou que eu tenho mais desenvolvida do que eles a faculdade imitativa? Não sei, mas essa suscetibilidade à influência francesa parece natural em espíritos que recebem quase tudo em francês e que têm horror à tradução; o purismo português, esse, sim, é que, até tornar-se uma segunda natureza literária, exige uma constante vigilância, a retificação exata de todo o trabalho de aquisição intelectual.

A verdade, para dizer tudo, é esta: admirando a força, o acabado, às vezes a grandeza desse estilo vernáculo, em que há uma peneira de furos imperceptíveis para impedir qualquer imperfeição estranha, e em que a nossa língua modernizando-se parece conservar a tonalidade antiga, a minha fonografia cerebral adaptou-se contudo às leituras estrangeiras. Falta-me para reproduzir a sonoridade da grande prosa portuguesa o mesmo eco interior que repete e prolonga dentro em mim, em gradações curiosamente mais íntimas e profundas, à medida que se vão amortecendo, o sussurro indefinível, por exemplo, de uma página de Renan. Tem aí o dr. Graça Aranha a confissão da minha deficiência em relação à nossa língua, cuja fibra forte, resistente, primitivamente áspera, lastimo não possuir. Limito-me, talvez por isso mesmo, a escrever, como ele vê, com aqueles dos seus fios e dos seus matizes que se ajustam ao meu tear francês.

O momento em que me apareceu essa febre do verso francês — era em verso, ainda por cima, que eu me sentia forçado a compor — foi caprichosamente mal escolhido, porquanto coincidiu com a minha primeira viagem à Europa. Não há dúvida também que foi um resultado dela. Da impressão de arte, da impressão histórica, da impressão literária do Velho Mundo, jorrava em mim a fonte desconhecida das Musas, que em outros têm jorrado do amor e da mocidade. Eu trazia versos de tudo o que vira, como outros viajantes trazem pedras ou folhas de hera do Coliseu, do Fórum, de Posilipo, de Sorrento, de Pompéia, do lago de Genebra, de Versalhes. Esses versos, reuni-os em um volume — *Amour et Dieu*. Deus no título era tudo o que restava de um longo poema da Eternidade que eu tinha pensado em Ouchy, uma espécie de réplica teísta ao *De Rerum Natura*. Quando comecei a escrever esses versos, eu ignorava regras fundamentais da prosódia francesa, como a da alternação das rimas; em pouco tempo tinha me familiarizado com os segredos dos hiatos e hemistíquios. Os meus versos de *Amour et Dieu* pareceram-me — a ilusão do autor é um dos mais finos estratagemas da Criação — não direi iguais, mas semelhantes aos melhores da decadência em que a França já tinha entrado. Esses versos valiam muito pouco. Não que fossem todos eles maus, mas porque o que teria realmente valor neles, se fosse um novo caminho aberto por mim à imaginação, era de fato uma estrada já muito percorrida por ela, uma espécie de *via sacra* das procissões antigas, na qual muito maiores espíritos tinham levantado por toda a parte colunas votivas. Isso por um lado, e por outro, porque o que neles podia soar agradavelmente era declamação poética, e não poesia; pertenceria à retórica, ou à eloqüência, e não à arte, que em tudo é criação.

Desde que toquei na ilusão do autor, vou abrir um parêntesis para uma reminiscência, que talvez previna os jovens poetas contra uma das ciladas mais freqüentes no caminho da mocidade, e até da velhice, a do elogio que de qualquer modo forçamos ou, mesmo, somente desejamos.

Em 1872, quando Alexandre Dumas filho escreveu a brochura *L'Homme-Femme* terminando pelo famoso *Tue-la!*, publiquei no Rio de Janeiro uma carta em francês a Ernest Renan com o título *Le Droit au Meurtre*. Um amigo entregou de minha parte um exemplar dessa brochura ao grande escritor, a quem só me faltou tratar de *divin maître*. Hoje, descubro, mesmo literariamente falando, os lados fracos da *maneira* renaniana; naquele tempo eu era o mais inteiramente sugestionado dos nossos renanistas. O meu emissário foi Artur de Carvalho Moreira, de quem já falei, e a carta que ele me escreveu, dando conta da sua missão, podia ter a assinatura de Chamfort. *L'Homme-Femme*, segundo Renan, não era senão *un méchant paradoxe*, que não valia a pena refutar; *une plaisanterie*, que não se devia tomar ao sério. Quando no ano seguinte fui a Paris, uma das minhas primeiras visitas foi a Renan. Ele lembrava-se do meu nome e não se demorou em responder ao pedido que lhe fiz de alguns momentos para apresentar-lhe as minhas homenagens. Ainda conservo esses curtos pequenos autógrafos: "C'est moi qui serai enchanté de causer avec vous. Tous les jours vers 10 heures 1/2 ou onze heures, vous êtes sûr de me trouver. Votre très affectueux et dévoué — *E. Renan*. Rue Vanneau, 29". Três dias depois, eu subia os quatro andares do número 29 da rua Vanneau e penetrava no mesmíssimo modesto apartamento que Carvalho Moreira me havia fotografado em sua carta. Dentro de minutos me aparecia Renan. Na minha vida tenho conversado com muito homem de espírito e muito homem ilustre; ainda não se repetiu, entretanto, para mim, a impressão dessa primeira conversa de Renan. Foi uma impressão de encantamento; imagine-se um espetáculo incomparável de que eu fosse espectador único, eis aí a impressão. Eu me sentia na pequena biblioteca, diante dos deslumbramentos daquele espírito sem rival, prodigalizando-se diante de mim, literalmente como Luís II da Baviera na escuridão do camarote real, no teatro vazio, vendo representar os *Niebelungen* em uma cena iluminada para ele só.

Dessa entrevista, não saí só fascinado, saí reconhecido. Renan deu-me cartas para os homens de letras que eu desejava conhecer: para Taine, Scherer, Littré, Laboulaye, Charles Edmond, que devia apresentar-me a George Sand, Barthélemy-Saint-Hilaire, por intermédio de quem eu conheceria Monsieur Thiers. As nossas relações tornaram-se desde o primeiro dia afetuosas, e, naturalmente, quando imprimi o meu *Amour et Dieu*, mandei-lhe um dos primeiros exemplares. Aqui está a carta que ele me escreveu:

Sèvres, 15 août 1874 — Cher Monsieur, J'ai tardé plus que je n'aurais dû à vous dire tout ce que je pense de vos excellents vers. Je voulais les relire et, puis, j'espérais quelque vendredi vous voir à Paris. Oui, vous êtes vraiment poète. Vous avez l'harmonie, le sentiment profond, la facilité pleine de grâce. Si vous voulez venir après demain, lundi, vers trois ou quatre heures, rue Vanneau, vous serez sûr de me trouver; nous causerons. Je suis prêt à faire tout ce que vous voudrez pour la Revue *et les* Débats. *Malheureusement ces recueils sont depuis longtemps brouillés avec la poésie. Ce sont des vers comme les vôtres qui pourraient les réconcilier. Croyer à mes sentiments les plus affectueux et les plus dévoués.*

E. Renan

Não é verdade que, para um jovem brasileiro que escrevia pela primeira vez o francês, uma carta assim devia ser uma sensação de fazer época na vida? Leiam agora esta traidora página dos *Souvenirs d'Enfance et de Jeunesse,* que seguramente não fui o único a inspirar. Vou cometer o crime de traduzir Renan:

> Desde 1851 acredito não ter praticado uma só mentira, exceto, naturalmente, as mentiras alegres de pura eutrapelia, as mentiras oficiosas e de polidez que todos os casuístas permitem, e também os pequenos subterfúgios literários exigidos, em vista de uma verdade superior, pelas necessidades de uma frase bem equilibrada ou para evitar um mal maior, como o de apunhalar um autor. Um poeta, por exemplo, nos apresenta os seus versos. É preciso dizer que são admiráveis, porque sem isso seria dizer que eles não têm valor e fazer uma injúria mortal a um homem que teve a intenção de nos fazer uma civilidade.

A meu respeito, se uma vaga lembrança dos meus versos lhe ocorreu tanto tempo depois ao escrever essa graciosa ironia, o grande escritor enganou-se em um ponto: ele não me teria apunhalado dizendo que os meus versos não valiam nada, em vez de dizer-me que eram admiráveis. George Sand escreveu-me também a respeito do meu livro: "Il est d'une rare distinction et les nobles pensées y parlent une noble langue", e, curiosamente, Madame Caro igualmente se referia a "l'œuvre qui exprime dans un nobre style la plus noble sympathie pour notre malheureuse patrie". Todos esses cumprimentos, toda essa *nobreza,* eu a recolhia e guardava preciosamente como provas da generosa amabilidade e cortesia do caráter francês. Quanto ao valor dos meus versos, porém, a impressão que me ficou e apagou todas as outras, foi o silêncio frio, impenetrável, entretanto polido, atencioso, simpático, de Edmond Scherer. Contei esse episódio para acautelar o talento que se estréia contra a perigosa sedução da *eutrapelia* literária. Conheço entre nós um mestre dessa arte do espírito, Machado de Assis, mas este, espero, não fará confissões. "Quem se não pode conformar à perda da própria honra", diz São Felipe Néri, "nunca avançará na vida espiritual". O escritor juvenil que não se resignar ao sacrifício da sua *honra* literária não fará progressos em literatura.

VIII

A CRISE POÉTICA

AGORA, as razões pelas quais eu naufragaria sempre no verso. Se o que estava nas páginas de *Amour et Dieu* fosse novo, eu poderia, decerto, orgulhar-me do meu pensamento; ainda assim, entretanto, não seria poeta. Não era novo, porém. Tomem-se essas quadras:

La terre est une triste et bien sombre demeure:
Pour que l'homme s'attache à ce terrible lieu,
Il faut que le poète avec lui souffre et pleure,
Et lui fasse espérer l'adoption de Dieu.

Car Dieu toujours est loin, et notre humble prière
Ne le fait point descendre à ce séjour du mal;
En vain nous l'appelons et crions: Notre Père!
Il n'est encore pour nous qu'un soupir, l'idéal.

Se ninguém tivesse dito o mesmo antes, essa *humanidade esperando a adoção de Deus,* que é ainda, por enquanto, *um suspiro do seu coração,* seria o gérmen de uma sedutora filosofia; aquele trecho, porém, é a tradução, em verso fraco e mal trabalhado, do que Renan mesmo tomara aos alemães e tinha expressado de modo perfeito na mais elegante das prosas. O que me enganava nos meus versos, parecendo-me sonoro e elevado, não pertencia à poesia, pertenceria à eloqüência. Aqui está uma ode à França; é a Alsácia-Lorena que fala à Alemanha:

Tu penses arrêter le sang de notre vie,
En t'emparant des rails de nos chemins de fer;
Nous avons cinquante ans pour changer de patrie,
Pour nous enrôler, tous, contents, dans la landwehr?

Ah! la force t'inspire autant de confiance
Que nous en puiserons dans le droit éternel?
Nous sommes les deux bras mutilés de la France,
Qu'elle tend toujours vers le ciel!

Madame Caro, no agradecimento que me manda, escreve: "Os dois braços mutilados levantados para os Céus acabarão, tenho confiança, por vencer o destino." Os *dois braços mutilados* podiam ser os dois joelhos dobrados em oração, os dois pés acorrentados, ou o fígado do Prometeu dos Vosges devorado pela águia negra da Prússia e renascendo sempre. Tudo isto é do domínio da retórica e do panfleto político: é um libelo em hemistíquios como a *Némésis* de Barthélemy. Nada é mais contrário à poesia do que a ênfase, o lugar-comum e o patético da oratória. Onde começa o advogado ou o tribuno, acaba o poeta.

O fato é que não possuo a forma do verso, na qual a idéia se modela por si mesma e donde sai com o timbre próprio da verdadeira rima, que nenhum artifício nem esforço pode imitar. Isto, por um lado, quanto à pequena poesia, à poesia solta, ao que se pode chamar a música da poesia. Quanto à grande poesia, à poesia de imaginação e criação, poema, romance, balada que fosse, para essa eu seria incapaz, além da insuficiência do talento, pela falta de coragem para habitar a região solitária dos espíritos criadores, os quais vivem naturalmente entre figuras tiradas de si mesmos, sem vida própria, autômatos da sua inteligência e da sua vontade, como em um sonho acordado. Nessa altura, onde tudo é fictício, tudo irreal, tudo fantástico, a poesia tem para mim o terror do *adytum* da Pítia. Mesmo quando as figuras sejam meigas, suaves, humanas, a criação envolve sempre alguma coisa de misterioso e terrível; a completa abstração, que ela supõe, da realidade exterior, do mundo dos sentidos, me daria vertigem.

Há, além da poesia de sentimento e da poesia de criação, outra poesia. O verso é a mais nobre forma do pensamento, a mais pura cristalização da idéia, e, como se tem dito, o que não se pode expressar em verso não vale quase a pena ser conservado. Essa poesia, porém, que engasta as belas idéias na mais durável e perfeita das cravações, pertence quase à espécie dos provérbios, em que se condensa e perpetua a sabedoria humana. Em Homero ela confunde-se com a história; em Dante com o catolicismo; em Goethe com a arte e com a ciência. Essa é do domínio dos mais altos gênios.

A poesia ao meu alcance só podia ser a humilde nota individual; mas, como eu disse, não encontrei em mim a tecla do verso, cuja ressonância interior não se confunde com a de nenhum timbre artificial. Quando mesmo, porém, eu tivesse recebido o dom do verso, teria naufragado, porque não nasci artista. Acredito ter recebido como escritor, tudo é relativo, um pouco de sentimento, um pouco de pensamento, um pouco de poesia, o que tudo junto pode dar, em quem não teve o verso, uma certa medida de prosa rítmica; mas da arte não recebi senão a aspiração por ela, a sensação do órgão incompleto e não formado, o pesar de que a natureza me esquecesse no seu coro, o vácuo da inspiração que me falta... *Ustedes me entienden.* "O artista — disse Novalis — deve querer e poder representar tudo". Dessa faculdade de *representar*, de criar a menor *representação* das coisas — quanto mais uma realidade mais alta do que a realidade, como queria Goethe — fui inteiramente privado. Nem todos os que têm o dom do verso são por natureza artistas, e nem todos os artistas têm o dom do verso; a prosa os possui como a poesia; a mim, porém, não coube em partilha nem o verso nem a arte.

É singular como entre nós se distribui o título de artista. Muitas vezes tenho lido e ouvido falar de Rui Barbosa como de um *artista*, pelo modo por que escreve a prosa. No mesmo sentido poder-se-ia chamar a Krupp artista: a fundição é de alguma forma uma arte, uma arte ciclópica, e de Rui Barbosa não é exagerado dizer, pelos blocos de idéias que levanta uns sobre outros e pelos raios que funde, que é verdadeiramente um ciclope intelectual. Mas o artista? Existirá nele a camada da arte? Se existe, e é bem natural, ainda jaz desconhecida dele mesmo por baixo das superposições da erudição e das leituras. Eu mesmo já insinuei uma vez: ninguém sabe o diamante que ele nos revelaria, se tivesse a coragem de cortar sem piedade a *montanha de luz,* cuja grandeza tem ofuscado a república, e de reduzi-la a uma pequena pedra. Aqui está outro, José do Patrocínio, que não é também um *artista,* ainda que em sua prosa se encontre o veio de ouro da poesia, filão, é certo, fugitivo, e que se perde a cada instante na rocha política. Dela poder-se-ia extrair verdadeira poesia; fazer com as palhetas da sua frase pelo menos uma imagem, a da *loura mãe dos cativos,* assim como com o sopro da sua eloqüência de combate se faria um baixo-relevo para um arco de triunfo: o *Chant du Départ* da abolição. Também ele não tem a faculdade do verso, no qual naufragaria como naufragou no romance, porque o seu reflexo intelectual tem a vibração e a rapidez do relâmpago, e o verso é por natureza diamantino. Por isso mesmo também sua prosa, em que por vezes há o toque da poesia, e quase o calor do sentimento criador, ainda não pertence à arte, como pertence a de Chateaubriand, a de Renan, por exemplo, porque não é um estilo. Não tem governo, tem apenas medida; reflete a ação confusa, a agitação perpétua de uma época desequilibrada, sem um instante de calma, de eternidade, em sua obra, no todo, genial. Agora outro muito diverso. Haverá quem não sinta a música inata de Constâncio Alves? Este é bem da ordem dos pássaros, tem o canto; a prosa dele gorjeia, sobe, trina; no entanto, se quisesse reduzir a uma obra de arte a ironia melodiosa que tem em si, que restaria dela?

Eu disse que me faltava o dom do verso. O timbre do verso reconhece-se em qualquer quadra. Tome-se Olavo Bilac, por exemplo. Não posso falar de Luís Murat, que tem maior voadura de imaginação, porque tenho até hoje respeitado instintivamente o caos da sua arte; sinto que há no seu talento os elementos da poesia, menos a ordem, o principal de todos, mas que, felizmente para ele, se adquire, ao passo que os outros são de herança. Suas formas confusas e intricadas parecem-me de muda, e eu o aguardo na época em que a mocidade tiver gastado a sua violência e ele entrar no bosque das Musas levando o silêncio e a tranqüilidade na alma. "Ele ensinou-me, disse Goethe falando de Oeser, que a beleza é simplicidade e repouso, do que se segue que nenhum jovem pode tornar-se um mestre". De Murat esperarei para falar que primeiro ele encontre o seu Oeser. Tome-se Bilac, porém. Basta ler a *Profissão de Fé*, em *Panóplias*, para ver que o verso nasceu com ele, que não é um esforço, um trabalho, mas a expressão livre, franca, natural do pensamento:

> Invejo o ourives quando escrevo;
> Imito o amor
> Com que ele em ouro o alto-relevo
> Faz de uma flor.

Não me cabe inquirir se o artífice se cingiu sempre em sua obra às regras do ofício, que tão perfeitamente esculpiu; o buril da rima, porém, está em sua mão e ninguém se pode enganar sobre a espécie de metal que ele é digno de lavrar.

O fato que eu queria assinalar é somente que contraí em França neste ano de 1873-74 a aspiração de autor, a qual se desenvolveu ao contacto de grandes espíritos da época, que me acolheram como eu podia desejar, especialmente Renan, Scherer, George Sand.

Renan me dera o conselho, que transmito à nova geração de literatos, de entregar-me a estudos históricos. Não há em regra nada mais ingrato, mais fútil, do que a produção que o indivíduo tira toda de si, e é o que acontece quando o talento não tem uma profissão literária séria. Há estudos, como as humanidades, que são apenas a habilitação do espírito para a carreira das letras; quem os tem pode dizer que possui a ferramenta do seu ofício; além da ferramenta, há, porém, que escolher o material. O material em que trabalham os nossos homens de letras são os costumes, a sociedade, quando são romancistas ou dramaturgos; as leituras, quando são críticos, a própria vida ou impressões, quando são poetas.

O material preferido é, como se vê, todo ele pouco consistente, efêmero, em parte grosseiro, em parte imprestável ou insuficiente, e assim a produção é quase toda fácil, improvisada, sem trabalho anterior, sem investigações, sem esforço, sem tempo, sem nenhum elemento que revele continuidade, ambição. Faltando a disciplina e a emulação de uma especialidade, que acontece? A inteligência contrai o hábito da dissipação, da indolência, do parasitismo; o talento relaxa-se, perde todo o peso específico. Temos por isso uma literatura desocupada; o nosso campo literário é composto de *flâneurs*... A verdade é que vai aumentando consideravelmente em nosso tempo o que Matthew Arnold traduziu por *inacessibilidade às idéias*, e que esse novo filistinismo reduzirá a arte dos nossos banquetes literários a um só gênero de iguarias, o gênero *nature*. O público, o protetor moderno das letras, cuja generosidade tem sido tão decantada, não passa de um mecenas de meia cultura, mesmo em França e na Inglaterra. Aconselhar a jovens brasileiros que se dediquem a estudos históricos desinteressados é aconselhar-lhes a miséria; mas as leis da inteligência são inflexíveis e a produção do espírito que não se alimenta senão de sua própria imaginacão tem que ser cada dia mais frívola e sem valor.

Não me aproveitei do conselho de Renan senão tarde demais na vida, quando comecei a preparar a biografia de meu pai, que é uma perspectiva da época toda de Dom Pedro II. O aviso, porém, aí fica para os que quiserem desenvolver e aperfeiçoar o talento literário que possuem, em vez de dispersá-lo e nada apurar dele. O conselho não deixou, entretanto, de influir no meu espírito, senão para me disciplinar a mim mesmo, ao menos para me fazer aquilatar o valor do trabalho e da indagação e sentir a inutilidade, a vacuidade do que é puramente pessoal e espontâneo, desde que não seja característico.

Das minhas conversas com Scherer, o que me contagiou foi a sua admiração pelo romance inglês, que parecia ser a literatura da casa — *Adam Bede, Jane Eyre* etc. Em mim a conquista anglo-saxônia começou por Thackeray, que li então, como já disse, no retiro de Fontainebleau. A respeito dos meus versos, o grande crítico manteve esse silêncio desanimador dos médicos que não sabem enganar, quando os doentes ingênuos que se fizeram auscultar querem surpreender e penetrar com perguntas insidiosas a realidade do seu estado.

A febre poética que se tinha apossado de mim com esse primeiro ensaio de *Amour et Dieu* não devia ceder facilmente; eu queria resgatar esse esboço, que me parecia inferior e imperfeito, substituí-lo, e uma idéia, que estava em gérmen em uma de suas poesias, desprendeu-se dele e tomou em meu espírito as proporções extravagantes de um grande drama em verso. Deste falarei mais tarde. Como se vê, bem pouco do político dominante restava depois dessa primeira viagem à Europa; eu trocara em Paris e na Itália a ambição política pela literária: voltava cheio de idéias de poesia, arte, história, literatura, crítica, isto é, com uma espessa camada *européia* na imaginação, camada impermeável à política local, a idéias, preconceitos e paixões de partido, isoladora de tudo o que em política não pertencesse à estética, portanto também do republicanismo — porque a minha estética política tinha começado a tornar-se exclusivamente monárquica.

IX

ADIDO DE LEGAÇÃO

DURANTE OS cinco anos que seguem (1873-78), a política é para mim secundária, quase indiferente, mas esse mesmo estado de espírito é, com relação à monarquia, um processo de consolidação, porquanto, graças a todas essas fascinações de arte e de poesia, a minha estética política, segundo a expressão de que me servi, encerrava-se, isolava-se, cristalizava-se na forma monárquica. Quem me acompanha pode estar certo de que não existe no que vou dizendo nenhuma sombra dessa admiração pela própria imagem, a que Jules Lemaître deu o nome de *narcisismo moral*. A verdade é que, entre as molas do meu mecanismo, nenhuma teve a elasticidade e a força da que eu chamaria a mola estética. O meu juízo estético foi, em todas as épocas, ainda o é hoje, imperfeito, instintivo, oscilante, como uma agulha que girasse por todo o mostrador: para seguir algumas das suas indicações, faltou-me a resolução, a força de caráter, a coragem e o espírito de sacrifício precisos; mas, em compensação, posso dizer que, através da vida, aspirei ao Absoluto, naufragando sempre, porque na vida da inteligência, ao contrário da vida espiritual, onde, no dizer de um de seus grandes guias, não há nada que se pareça com ancoradouro, há um ancoradouro, mas esse é a religião, e a religião me pareceu, até bem pouco atrás, o remanso das mulheres e das crianças. Durante toda a minha carreira movi-me sempre por algum magneto moral; meus erros foram desvios de idealização; eu nunca teria podido confessar uma idéia, uma crença, um princípio, que não fosse para mim um ímã estético. Sendo assim, se a minha estética fosse republicana, isto é, ateniense, romana, florentina, nunca a monarquia me teria feito despregar a sua bandeira no campo da imaginação, como um cavaleiro andante. Para sentir, sempre que a hasteei, a minha dignidade, a minha altivez, o meu espírito expandir-se, era preciso que o signo monárquico atuasse em mim, como uma parcela da arte que está misturada com a história e que de algum modo a diviniza.

Esse processo de idealização pelo qual a forma monárquica se incorporou à minha consciência estética se associou à minha idéia de arte, é o principal trabalho político que se opera em mim desde o ano de 1873 até o ano de 1879, em que tomei assento na Câmara. Nesse intervalo, eu tinha voltado à Europa e vivido um ano nos Estados Unidos. Entram neste período as influências da Inglaterra e da sociedade inglesa, da América do Norte e da carreira diplomática, além do desenvolvimento da influência literária, sob a qual voltei de Paris em 1874.

Esta última foi tão forte que, nos dois anos que passei novamente no Rio de Janeiro, não me ocupei de política; fiz, a pedido do Imperador, algumas conferências na Escola da Glória sobre o que tinha visto de Miguel Ângelo, de Rafael e dos grandes pintores venezianos; fui colaborador literário de *O Globo* e travei com José de Alencar uma polêmica, em que receio ter tratado com a presunção e a injustiça da mocidade o grande escritor (digo *receio*, porque não tornei a ler aqueles folhetins e não me recordo até onde foi a minha crítica, se ela ofendeu o que há profundo *nacional*, em Alencar: o seu brasileirismo); escrevi numa revista que apareceu e logo morreu no gênero da *Vie Parisienne*, a *Época*, e, desde os fins de 1875, entreguei-me à composição de um drama, em verso francês, cuja fatura me absorveu durante mais de dois anos.

A idéia do meu drama era o problema da Alsácia-Lorena. Isso revelava bem o fundo político da minha imaginação. A política, felizmente para a inteligência que nasceu com essa diátese, tem lados ainda indefinidos que confinam com a arte, a religião e a filosofia, isto é, para falar a linguagem hegeliana, com as três esferas em que se manifesta o espírito do mundo. O meu drama com ser francês, de procedência, de motivo sentimental, elevava-se, como composição literária, acima do espírito de nacionalidade, visava à unidade da justiça, do direito, do ideal entre as nações, e baseava-se no seu entrecho sobre as afinidades e simpatias que ligaram a França intelectual moderna à Alemanha de Klopstock, Wieland, Lessing, Schiller, Goethe e Heine, de Herder, Winckelmann, Jean-Paul Richter, Johannes Müller, de Novalis e dos Schlegels, de Kant, Fichte, Hegel, Schelling, de Bach, Gluck, Haydn, Mozart, Schubert, Schumann e Beethoven, em uma palavra, à *alma parens* do século XIX.

Por uma aparente anomalia, ao passo que eu era politicamente, como disse, thierista ou republicano em França, o meu drama saía todo legitimista e católico; os personagens eram tirados para mim, não por mim (a produção intelectual é involuntária), da *velha rocha* em que se estratificaram as grandes tradições francesas. Isso quer dizer que o inconsciente, que é em qualquer de nós o nosso único talento, o nosso único poder criador, era em mim, qualquer que fosse a causa, fosse ela o instinto, fosse a cultura, distintamente monárquico.

Uma composição literária assim caracterizada não podia deixar de ser para o meu espírito uma forte modelação política. Para não voltar a falar desse drama, cuja única qualidade é, talvez, ser inédito, contarei desde já que, depois de o fazer e refazer, copiá-lo e tornar a copiá-lo, acabei-o em 1877, em Nova York. Tenho do meu Diário desse ano a data em que, depois de um jantar, com egoísmo inflexível de autor, infligi a leitura desses cinco atos a um pequeno comitê de amigos de que fazia parte o barão Blanc, então ministro da Itália em Washington, ultimamente ministro de Estrangeiros. Ele me terá perdoado esse sacrifício, ao qual ele mesmo se ofereceu. O enigma europeu da Alsácia-Lorena, que é o fundo da Tríplice Aliança, lhe terá imposto na Consulta serões mais penosos e fatigantes do que aquela assentada do Buckingham Hotel.

A indiferença política em que me achava, a predisposição literária que acabo de descrever, fez-me entrar para a diplomacia em 1876. Eu tinha perdido cinco anos desde a formatura, mas nesses cinco anos não me teria ocorrido aceitar qualquer posto das mãos de um ministro conservador, eu liberal. O preconceito, o extremo partidário, impediam essa *apostasia*. Nesse intervalo, porém, a intransigência se tinha gastado toda e agora me parecia plausível a idéia, que nunca antes me viera, de que os cargos públicos não são monopólio do partido que está no poder e devem ser confiados a quem melhor os pode desempenhar. Nem era pretensão da minha parte pensar que um lugar de adido de legação estava ao nível da minha capacidade e situação social. Era, pelo contrário, uma sensível redução de pretensões anteriores, porque, ao sair da Academia, creio que só o lugar de ministro me teria contentado. A ambição em mim foi-se progressivamente restringindo à medida que fui vivendo. Não quero dizer que se tenha deslocado do pessoal para o real, do efêmero para o duradouro, isto é, que se tenha gradualmente elevado; graças a Deus, porém, na esfera das competições que formam a luta pela vida ela nunca deu combate a ninguém.

Talvez eu tenha sentido um pouco a desdenhosa voluptuosidade do provérbio: "as glórias que vêm tarde já vêm frias". Como a ambição foi em mim toda de imaginação e despontou pelos meus dezoito ou vinte anos, nada podia ter vindo para mim que não chegasse tarde. Do ponto de vista em que me coloco hoje, sinto bem que o pouco que me tocou veio a tempo, no momento em que eu estava apto para o receber, e que o que não veio deixou de vir porque não me convinha ainda, e eu teria naufragado. A impaciência da mocidade, porém, não me deixava apreciar então a generosidade do veto da Fortuna, que me excluía do que eu não estava interiormente preparado para aproveitar. Nesse tempo, eu não tinha a menor idéia de que uma grande vida pública precisa ser alumiada, como a arquitetura de Ruskin, entre outras pelas lâmpadas do sacrifício, da verdade, da imaginação, da beleza, e da obediência. O talento, a forma, a eloqüência, o que tinha brilho exterior, tinha para mim maior valor do que o espírito interior de fé, continuidade e submissão, que, único, inspira e forma os verdadeiros padrões humanos.

Como quer que seja, tenho daquele cargo de adido de legação, único que exerci, a mais reconhecida e afetuosa lembrança. Nunca mais teria eu podido aceitar outro; com efeito, pouco depois entrava para a Câmara, e dava-se a minha incompatibilidade de abolicionista militante com o sistema político da escravidão, e, acabada esta, logo em seguida, surgia para mim outra abstenção forçada: a da defesa da monarquia contra os partidos. O signatário daquele decreto foi o barão de Cotegipe. A nomeação não era decerto escandalosa; em qualquer ministério de Estrangeiros onde não existisse patronato, eu tiraria o meu lugar de adido em concurso: não tenho, porém, em mim essa medida da gratidão com que outros apuram por milímetros o favor ou o serviço que recebem; não conheço a arte de analisar, de decompor, pelas intenções secretas e circunstâncias fortuitas, o obséquio, a distinção, o benefício que nos é feito, de modo a ser o aceitante às vezes quem generosamente cativa e obriga o doador. Se o barão de Cotegipe me tivesse nomeado de vez Ministro Plenipotenciário, o seu crédito contra mim não teria sido maior do que foi com essa designação para o primeiro degrau da carreira diplomática.

X

LONDRES

TALVEZ EU PUDESSE resumir o processo da minha solidificação política, dizendo somente que a monarquia faz parte da atmosfera moral da Inglaterra e que a influência inglesa foi a mais forte e mais duradoura que recebi.

Quando pela primeira vez desembarquei em Folkestone, entrando na Inglaterra, eu tinha passado meses em Paris, tinha atravessado a Itália, de Gênova a Nápoles, tinha parado longamente à margem do lago de Genebra, e não me podia esquecer da suave perspectiva, à beira do Tejo, de Oeiras a Belém, cuja tonalidade doce e risonha nunca outro horizonte me repetiu. Por toda a parte eu tinha passado como viajante, demorando-me às vezes o tempo preciso para receber a impressão dos lugares e dos monumentos, o molde íntimo da paisagem e das obras de arte, mas desprendido de tudo, na inconstância contínua da imaginação. Quando avistei, porém, da janela do vagão, por uma tarde de verão, o tapete de relva que cobre o chão limpo e as colinas macias de Kent, e no dia seguinte, partindo do pequeno *apartment* que me tinham guardado perto de Grosvenor Gardens, fui descortinando uma a uma as fileiras de palácios do West End, atravessando os grandes parques, encontrando em St. James' Street, Pall Mall, Piccadilly, a maré cheia da *season*, essa multidão aristocrática que a pé, a cavalo, em carruagem descoberta, se dirige duas vezes por dia para o *rendez-vous* de Hyde Park, e, dias seguidos, penetrei em outras regiões da cidade sem fim, conhecendo a população, a fisionomia inglesa toda, raça, caráter, costumes, maneiras — posso dizer que senti minha imaginação excedida e vencida. A curiosidade de peregrinar estava satisfeita, trocada em desejo de parar ali para sempre.

Às vezes me distraio a pensar que povo eu salvaria, podendo, se a humanidade se devesse reduzir a um só. Minha hesitação seria entre a França e a Inglaterra — aliás, sei bem que no começo do século quem eliminasse a Alemanha do movimento das idéias, da poesia, da arte, eliminaria o que ele teve de melhor. Entre a França e a Inglaterra, porém, fico sempre incerto. O meu dever seria, talvez, socorrer a França. "Se Madame Récamier e eu estivéssemos a nos afogar, qual de nós duas o senhor salvaria?", perguntou uma vez Madame de Staël ao seu amigo Talleyrand. *"Oh! madame, vous savez nager"*. A Inglaterra, também, sabe nadar.

O gênio francês tem todos os raios do espírito humano, principalmente os raios estéticos; o gênio inglês não os tem todos, tem até uma opacidade singular nos focos do espírito, que merecem o nome de franceses, em quase todos os que merecem o nome de atenienses. A Inglaterra — a associação de idéias tem sido muitas vezes feita — é a China da Europa; isto é, tem uma individualidade inamolgável, incapaz de tomar a fisionomia comum. Latinos, alemães, eslavos formarão uma só família, por muitíssimos traços comuns, antes que o inglês deixe de ser um tipo *sui generis*, à parte do tipo coletivo europeu. Por esse motivo, a França, só, representaria melhor a humanidade do que a Inglaterra; há nela mais atributos universais, maior número de faculdades criadoras, de qualidades de tronco, maior soma de hereditariedade humana, de possibilidades evolutivas portanto, do que no particularismo e no exclusivismo inglês. Em compensação, a raça inglesa parece ser mais sã, mais elástica; tem maior vigor mesmo de gênio e de criação; maior provisão de vida e de força — ainda que a força sem a imaginação e a cultura (que na Inglaterra tem sido, em grande parte pelo menos, estrangeira), possa degenerar em brutalidade e egoísmo. Estão aí as razões da minha hesitação, quando imagino um novo dilúvio universal e me pergunto que país, nos mais altos interesses da inteligência humana, mereceria o privilégio de construir a arca.

Qualquer que seja a explicação, o fato é que nunca experimentei esse prazer de viver em Paris, que foi e é a paixão cosmopolita dominante em redor de nós. A grande impressão que recebi não foi Paris, foi Londres. Londres foi para mim o que teria sido Roma, se eu vivesse entre o século II e o século IV e um dia, transportado da minha aldeia transalpina ou do fundo da África romana para o alto do Palatino, visse desenrolar-se aos meus pés o mar de ouro e bronze dos telhados das basílicas, circos, teatros, termas e palácios; isto é, para mim, provinciano do século XIX, foi, como Roma para os provincianos do tempo de Adriano ou de Severo: *a Cidade*. Essa impressão *universal*, da cidade que campeia acima de todas, senhora do mundo pelo *milliarum aureum*, o qual no século XIX tinha que ser marítimo; essa impressão *soberana*, tive-a tão distinta como se a humanidade estivesse ainda toda centralizada. O efeito dessa impressão de domínio foi uma sensação de *finalidade*, que somente Londres me deu — não de finalidade intelectual, como dá a Atenas de Péricles, a Florença dos Médicis, a Roma de Leão X, ao homem de arte, a Versalhes do século XVII ao homem de corte, a Roma das catacumbas ao homem de fé, a Roma antiga ao homem do passado, Niebuhr, Chateaubriand, Ampère, a pequena Weimar do fim do século XVIII ao homem de letras, ou Paris, ainda neste século, até Renan e Taine, ao homem de cultura; finalidade material, se me posso expressar assim, de grandeza esmagadora e império ilimitado.

Donde procede essa impressão universal de Londres, seguida dessa sensação de finalidade, que talvez seja toda subjetiva? (Não me parece entretanto.)

O que dá à *metrópole* esse ascendente *imperial*, quero crer, é a sua massa gigantesca, as suas perspectivas infindas, a solidez eterna, egipcíaca, das construções, as imensas praças, e os parques que se abrem de repente na embocadura das ruas, como planícies onde poderiam errar grandes rebanhos, à sombra de velhas árvores, à beira de lagos que merecem pertencer ao relevo natural da Terra. Este último é, para mim, o traço dominante de Londres: o estrangeiro suporia ter entrado no campo, nos subúrbios, quando está no coração da cidade; é a mesma impressão, porém, incalculavelmente mais vasta, que dava a Casa de Ouro: "O ouro e as pedras preciosas não causavam tanta maravilha, por serem já muito vulgares, e uma ostentação ordinária do luxo, como os campos e os lagos, e por uma parte as artificiais solidões e desertos, formados por bosques espessos, e por outra, as largas planícies e longas perspectivas, que dentro do seu imenso círculo se viam".*

Nem pára aí o assombro. E a larga faixa do Tâmisa, com as pontes colossais que o atravessam e os monumentos assentados à sua margem desde Chelsea até à Ponte de Londres, principalmente o maciço dos edifícios de Westminster, a extensa linha das Casas do Parlamento, a mais grandiosa sombra que construção civil projeta sobre a terra. É, por outro lado, a City, em roda do Banco de Inglaterra, com o Royal Exchange ao lado, e Lombard Street defronte, o mercado monetário, o verdadeiro *comptoir* do mundo. Aqui, nas ruas calçadas a madeira, para ainda mais amortecer o ruído, causa uma impressão singular a multidão que não perde um minuto, indiferente a si mesma, à qual nada distrairia o olhar nem arrancaria uma sílaba, e que transporta debaixo do braço, em suas carteiras, massas de capital que seriam precisos vagões para carregar em dinheiro, os cheques que vão para a Clearing House, os bilhões esterlinos, que por ela passam, transferidos de banco a banco, importados, reexportados, pelo telégrafo, para os confins do mundo donde vieram. O transeunte pára no meio de todo esse fluxo e refluxo do ouro, sentindo não ouvir o tinido das libras; as oscilações contínuas, subterrâneas, dessas correntes contrárias de metal ele só as conhecerá pelo seu efeito sensível: a taxa do desconto.

O que dá também a Londres o seu tom de majestade e soberania é a dignidade, o silêncio que a envolve; a calma, a tranqüilidade, o repouso, a confiança que ela respira; é o ar concen-

---

* *Tácito*, tradução Freire de Carvalho.

trado, recolhido, severo por vezes, da sua fisionomia, e, ao mesmo tempo, a urbanidade das suas maneiras; é o retiro em que se vive no seio dela, no centro das suas ruas mais populosas; o isolamento em que se está nas suas catedrais, como no British Museum, nos seus parques, como nos seus teatros ou nos seus clubes. Esse traço de seriedade e de reserva define, a meu ver, uma raça imperial, enérgica e responsável, cônscia da sua força, viril e magnânima. Além disso, há uma feição notável, característica, expressão suprema de força e de domínio; não é uma cidade cosmopolita essa metrópole do mundo: é uma cidade inglesa.

Paris ao lado de Londres é uma obra de arte, imortalmente bela, ao lado de uma muralha pelásgica; é um Erectéion, em frente ao Memnonium de Tebas. Decerto não há no mundo uma perspectiva arquitetural igual à que se estende do Arco do Triunfo pelos Campos Elísios até o Louvre e do Louvre pelo cais do Sena até apanhar Notre-Dame. Em Londres não se tem essa impressão de arte que corre por cima da velha Paris toda como um friso grego. Para o artista que precisa inspirar-se exteriormente nas formas da edificação, viver no meio do belo realizado pelo gênio humano, Londres está para Paris como Khorsabad para Atenas. O gênio francês alegre e festivo é em tudo diferente da grande apatia inglesa, e em Paris se está defronte da obra-prima da arte francesa. Por aí não há que comparar. Para o intelectual que precise diariamente de um passeio artístico para vitalizar-se, assim como para o homem de espírito e de salão, Paris é a primeira das residências, porque é a que reúne à arte o prazer de viver em suas formas mais delicadas e elegantes. Não há nada em Londres que corresponda à aspiração francesa, hoje decadente e muito esvaecida, de fazer da vida toda uma arte, aspiração cuja obra-prima foi a polidez do século XVII e o espírito do século XVIII. Deixando a grande arte que tem cometido infidelidades ao gênio francês, como a de produzir fora de França Goethe, Beethoven e Mozart, as pequenas artes — e não chamo pequena arte à obra dos grandes ebanistas, incrustadores, cinzeladores do móvel, de Riesener, Boulle, Beneman, Gouthière — as pequenas artes são ainda exclusivamente francesas, como na Roma de Cícero eram gregas. O que há em Londres como prazer da vida, não é a arte, é o conforto; não é a regra, a medida, o tom das maneiras, é a liberdade, a individualidade; não é a decoração, é o espaço, a solidez. Paris é um teatro em que todos, de todas as profissões, de todas as idades, de todos os países, vivem representando para a multidão de curiosos que os cercam; Londres é um convento, em forma de clube, em que os que se encontram no silêncio da grande biblioteca ou das salas de jantar não dão fé uns dos outros, e cada um se sente indiferente a todos. Em Paris a vida é uma limitação; em Londres uma expansão; em Paris um cativeiro, cativeiro da arte, do espírito, da etiqueta, da sociedade, cativeiro agradável como seja, mas sempre um cativeiro, exigindo uma vigilância constante do ator sobre si mesmo diante do público que repara em tudo, que nota tudo; em Londres é a independência, a naturalidade, a despreocupação. *Ceci tuera cela.*

Foi, talvez, este lado da vida inglesa o que me seduziu. A impressão artística é, por sua natureza, fatigante, exclusiva, e, além de certo diapasão, inconfortável, como toda vibração demasiado forte. Eu não quisera ser condenado a passar uma hora por dia diante da *Gioconda,* nem mesmo diante de *Vênus de Milo.* Para renovar a minha curta faculdade de admirar e de gozar da obra de arte, preciso de longos intervalos de repouso, para dizer a verdade, de obtusão. Londres era essa penumbra que quadra admiravelmente à minha fraca pupila estética; ali tinha à minha disposição, *excusez du peu,* os mármores de Fídias; não havia época artística ou literária que, querendo viver nela meia hora — de mais não me sentiria capaz — eu não achasse representada no British Museum, na National Gallery, em South Kensington, e nas outras grandes coleções nacionais. Essa proximidade bastava-me; quanto a tudo mais que faz o prazer da vida, eu preferia, como disse, a naturalidade, a calma, o descanso, as grandes perspectivas, o isolamento, o esquecimento de Londres à constante vibração de Paris, vibração cosmopolita de espírito, de prazer, de arte, através de uma atmosfera de luxo, de combate e de teatro.

Eu sei bem que há ali outra vida; que há indiferentes, solitários, reclusos na grande capital, pequenos claustros de silêncio e de meditação, onde não chegam até ao pensador e ao artista os ruídos de fora. Sem isso, Paris não produziria o grande pensamento; mas a viver isolado do movimento de Paris, antes estar separado dele pela Mancha do que pelo Sena, como o meu amigo Rio Branco, que se fechava na margem esquerda, com a sua biblioteca brasileira, as suas provas a corrigir, e os seus íntimos do Instituto.

O fato é que amei Londres acima de todas as outras cidades e lugares que percorri. Tudo em Londres me feria nota íntima de longa ressonância: as suas extensas campinas e os seus bosques, como o tijolo enegrecido das suas construções; o movimento atordoador de Regent Circus ou Ludgate Hill, como os recessos de Kensington Park, à sombra do arvoredo secular; os seus dias quentes de verão, quando o asfalto amolece debaixo dos pés, a folhagem se cobre de poeira, e o ar tem o calor seco das termas, como os seus deliciosos dias de maio e junho, quando as mais altas janelas se transformam em jardins suspensos, e as grandes cestas dos parques se enchem de tulipas e jacintos; as suas noites de luar, que faziam Park Lane parecer-me às vezes na névoa, com a sua rua de palácios, um trecho de Veneza, e que de Piccadilly, olhando por cima da bruma de Green Park para a iluminação em roda de Buckingham Palace, me davam sempre a ilusão do outro lado da baía do Rio, visto da esplanada da Glória, como os seus dias escuros e tristes de nevoeiro, que eu não teria então trocado pelo azul do Mediterrâneo nem pela pureza do céu da Ática; os seus traços de maior cidade do mundo, a esplêndida beleza da sua raça, e os menores detalhes de sua fisionomia própria; os mostradores das lojas de luxo de Piccadilly e New Bond Street, como os *hansoms* que paravam em frente; o *Times*, a *Pall Mall Gazette*, o *Spectator*, como o papel aveludado, o tipo, grande e claro, o couro liso, macio, dourado dos livros; a tranqüilidade dos clubes, o recolhimento das igrejas, o silêncio dos domingos, como a confusão, o movimento, o atropelo em Charing Cross e Victoria Station, da onda imensa de todas as classes e de todas as idades, que se espalha de Londres, à tarde dos sábados, para as praias de mar, para as casas de campo, para as margens do Tâmisa.

Tudo isso, eu vejo bem, não era senão a minha própria mocidade... com a diferença talvez de que os outros lugares, era ela que os coloria, os animava, os assimilava a si, ao passo que em Londres ela transbordava naturalmente pelo jorrar de todas as suas fontes.

Esse sentimento paguei-o caro depois, porque foi em Londres que senti definhar mortalmente a planta humana que há em cada um de nós e sobre a qual o nosso espírito apenas pousa, como o pássaro no mais alto da ramagem: as suas raízes físicas e morais precisavam do solo em que ela se tinha formado; as suas folhas do nosso sol. Ainda assim, foi a Londres que vim a dever, anos mais tarde, uma restituição que bem compensou aquele deperecimento. Foi em Londres, graças a uma concentração forçada, a qual não teria sido possível para mim senão em sua bruma, que a minha inteligência primeiro se fixou sobre o enigma do destino humano e das soluções até hoje achadas para ele, e, insensivelmente, na escondida igreja dos Jesuítas, em Farm Street, onde os vibrantes açoites do padre Gallway me fizeram sentir que a minha anestesia religiosa não era completa, depois no Oratório de Brompton, respirando aquela pura e diáfana atmosfera espiritual impregnada do hálito de Faber e de Newman, pude reunir no meu coração os fragmentos quebrados da cruz e com ela recompor os sentimentos esquecidos da infância.

XI

32, GROSVENOR GARDENS

FALEI DE LONDRES como se fosse para mim a cidade única, porque Londres reuniu em uma só impressão as sensações diferentes que me causaram, ou vieram a causar, Paris, Roma, Pisa, Veneza, Nova York, Boston, Washington. É preciso, para cada um desses nomes, fazer um *transporte*, de raça, clima, arte, passado, para se ter a impressão inglesa equivalente; mas eu pretendo ter tido em Londres a sensação de vida suprema que se tem em Paris, de encantamento que se tem em Roma ou Florença, de morte radiante que se tem em Pisa, de poder marítimo e solidez aristocrática que se tem em Veneza, de opulência, mocidade e beleza humana que se tem em Nova York, de silêncio, distinção intelectual que se tem em Boston, de instituições civis indestrutíveis e gigantescas que se tem em Washington diante do Capitólio. Tudo isso transportado, eu já disse, fazendo-se, por exemplo, a redução da impressão do Fórum para a da Torre de Londres, ou do catolicismo para o protestantismo, como quem dissesse do Papa para o arcebispo de Cantuária, ou do Vaticano para Lambeth Palace.

Não pertenço ao número dos solitários, dos fortes, que bastam a si mesmos e podem viver consigo só de arte, de história, de paisagem, de pensamento. Londres com a sua grandeza, o seu império, os seus vastos horizontes interiores, as suas estátuas, o seu friso do Partenon, os seus touros alados da Assíria, os seus cartões de Rafael, teria sido para mim uma solidão asfixiante, se eu não tivesse encontrado no meio dela um círculo íntimo onde descansar a imaginação da acuidade, da plenitude de todas aquelas impressões. Sem um mediador plástico, eu não teria ficado ali, apesar de todas as minhas afinidades. Se eu tivesse que definir a felicidade, diria que é a admiração, o sentimento do que é belo em conta de participação com os que nos são harmônicos. O elo de união foi para mim 32, Grosvenor Gardens.

Não tenho espaço nestas páginas para colocar os retratos do dono e da dona da casa. Só direi do primeiro, nas suas roupas de doutor de Oxford, que o seu molde diplomático está para o Brasil tão irreparavelmente perdido como para Veneza o dos seus embaixadores dos séculos XVI e XVII. Da baronesa de Penedo basta-me dar este traço: vivendo por mais de trinta anos com a corte e a sociedade inglesa, ela não pôs nunca no segundo plano as suas amizades ainda as mais humildes e exerceu sempre a hospitalidade da sua *mansão* de Londres à boa moda do nosso país, com a mais igual afabilidade para todos, o que bem mostra a altivez de raça de uma Andrada.

Entre os íntimos de Grosvenor Gardens eu vinha encontrar Rancés, marquês de Casa la Iglesia, o mais belo homem do seu tempo, que não sei se não terá fundado, em expiação do seu perfil, alguma trapa na Andaluzia; o marquês Fortunato, que representava a realeza extinta de Nápoles tão fielmente como se Francisco II ainda habitasse Capodimonte; o velho John Samuel, que nos contava histórias do velho Brasil, tendo vivido e dirigido a moda no Rio de Janeiro no tempo de Pedro I; outro velho, Saraiva, o dicionário português de Londres, verão e inverno em um casacão que lhe descia até os pés, a longa barba inculta, a pele entalhada como um retábulo espanhol, com um montão de livros debaixo do braço e em cada bolso, primeiro e último amigo de Dom Miguel na Inglaterra, e que desde 1834 se consolava do desterro, da pobreza, do frio de Londres com os seus alfarrábios e os seus ouvintes.

Encontrei ali ainda Mr. Clark, o famoso correspondente do *Jornal do Commercio*, a quem depois sucedi, a *bête noire* de Zacarias, um desses *old gentlemen* que a Inglaterra pode mandar ao estrangeiro, com certificado, como espécimen nacional, porque nada do que é essencialmente inglês, perfil, caráter, tradição, maneira, preconceito, *humour,* orgulho insular, deixaria de estar representado neles; Pellegrini, o caricaturista de *Vanity Fair,* um dos artistas napolitanos que invadiram com a sua loquacidade alegre, o seu riso comunicativo, a sua mímica irresistível, a fria e reservada sociedade inglesa e tomaram conta dela.

Devo também citar Mr. Youle. Este há cinqüenta anos serve em Londres de correspondente aos seus amigos do Brasil e de Portugal; a todos hospeda, agasalha, enche de obséquios, dando-se o incômodo de ir até à Alemanha por um rapaz que o pai quer colocar em uma casa de Hamburgo; tomando o trem de Calais, mal acaba de chegar da Escócia ou de Manchester, para deixar no Sacré Cœur de Paris uma menina que não quer continuar em Roehampton; indo a Lisboa, e, se preciso for, à Madeira para acompanhar um doente que foge do inverno inglês; pronto sempre, incansável nas suas funções de provedor de brasileiros e portugueses na Inglaterra, há meio século, e além disso o oráculo na City, nos grandes bancos, quando se trata de interesses comerciais dos dois países.

Esses eram alguns dos íntimos de 1874-76, período a que me refiro, sem contar os brasileiros que ali se achavam no Brasil. Em períodos anteriores sei que o foram entre outros Musurus Pachá e o infante D. Juan, pai de D. Carlos de Espanha; o dr. Gueneau de Mussy, médico fiel da família de Orléans desterrada, e o republicano Dupont, proscrito do império, companheiro de Ledru-Rollin e de Louis Blanc, o velho barão Leonel de Rothschild, o marquês do Lavradio, modelo dessa distinção e urbanidade portuguesa que parece requintar sobre a de todas as outras aristocracias.

A Legação do Brasil estava naquele tempo no seu maior brilho: pertencia ao número das casas que tinham o privilégio de receber a realeza, isto é, o príncipe e a princesa de Gales. Muitos argumentos me foram apresentados na mocidade em favor da monarquia; nenhum, porém, teve para mim a força persuasiva, a evidência, destes dois, um que me foi formulado no

Píncio, outro que me foi formulado em Hyde Park: a princesa Margarida de Sabóia e a princesa de Gales. A republicanos de boa-fé estética — ponhamos tanto os bárbaros como os anacoretas de parte — eu não quisera apresentar outros. A monarquia moderna faria bem para sustentar-se em promulgar a lei sálica em sentido contrário, isto é, em neutralizar ainda mais o poder neutro, estabelecendo a realeza exclusiva das mulheres. Seria isso fazer política experimental, que não se basearia somente no esplêndido e pacífico jubileu da rainha Vitória e na calma relativa em tempos cruéis para a Espanha da regência de D. Maria Cristina, mas no profundo interesse das massas pelos dramas de que a primeira figura é uma mulher. A entrada triunfal em Paris dos restos de Napoleão nunca fará um quadro como o que Tácito nos deixou do Campo de Marte, no *"dia maravilhoso"* em que foram depositadas no túmulo de Augusto as cinzas de Germânico trazidas por Agripina. Se ao prestígio da posição se alia na mulher a irradiação da mocidade e da beleza, pode-se dizer que ela tem, no cetro, um condão de fada. A formosura das rainhas tem, quando é perfeita, um reflexo seu exclusivo, combinação de bondade e soberania, de encanto pessoal e grandeza nacional, de dependência, temor mesmo, do Destino, e proteção e amparo para os que se acolhem ao seu manto, que forma a dupla projeção, ascendente e descendente do povo para o trono e do trono para o povo, que na ordem espiritual fez a Rainha dos Anjos comparar-se a si mesma com o arco-íris. Além da família real de Inglaterra e da alta sociedade de Belgrávia e Mayfair que a cerca, vinham à legação príncipes estrangeiros reinantes ou destronados, como esse jovem príncipe imperial, azagaiado na Cafraria e cuja morte, tão inglória que parece predestinada, me faz sempre lembrar a de Saldanha em Campo Osório.

Era para tal sociedade que o famoso Cortais, inspirando-se nas glórias dos grandes cozinheiros, formava o cortejo dos seus pratos arquitetônicos, verdadeiras obras-primas com que depois pretendeu, segundo me disseram, arruinar a coroa de Itália. Ouvi também que ele, seguindo ainda nisso as tradições dos mestres da arte, mostrara uma vez o seu reconhecimento servindo em um dos banquetes do Quirinal uma composição sua inscrita no cartão real — *à la Penedo*. Naquele dia o diplomata brasileiro há de ter dito, como Chateaubriand, quando deram o seu nome a um *beefsteak:* "Agora, sim, não posso mais morrer".

Uma dessas representações de Monsieur Cortais diante de testas coroadas com toda a encenação que reclamava, inclusive o grupo de *belezas profissionais* da alta sociedade inglesa, não podia deixar de apagar de todo no espírito de um jovem adido de legação brasileiro o prestígio, se o conservavam, das decapitações reais da Convenção ou de Whitehall.

Não me tomem por um sibarita, porque me inclinei diante de um grande *chef* como diante de um artista. *Il en faudrait au moins un à l'Institut,* dizia Talleyrand. Entre o festim de Trimalcião e um *menu* composto por um estilista francês, há, como entre a dança das alméias e o minuete, a longa distância de civilização que separa a sensualidade da elegância.

De todos os sentidos é realmente o paladar o menos intelectualizável, o que admite menor grau de ascetismo. Mesmo a taça de *bouillon* servida a Madame de Maintenon em Saint-Cyr ou a taça de chá preto que conforta a rainha Vitória no terraço de Osborne é sempre um gozo material; não pode sofrer a transformação por que passa até tornar-se uma pura saudade o aroma das rosas e das violetas. O idealismo de que é suscetível a cozinha artística revela-se em não ser principalmente ao sabor que ela visa: a sua ambição seria deixar ao paladar uma sensação vaga, leve, imaterial, quase apenas de um perfume, como a do buquê no vinho, à vista, porém, a impressão durável de um quadro, de uma natureza-morta pintada por um mestre. Que ingrato colorido, porém, o dos seus molhos, dos seus cremes nevados, das suas gelatinas e *primeurs*!

Há, entretanto, poesia real, verdadeira, no alimento são, natural, pátrio; há sentimento, tradição, culto de família, religião, no prato doméstico, na fruta ou no vinho do país. A nós, do norte do Brasil, criados em engenhos de cana, o aroma que recende das grandes caldeiras de mel nos embriaga toda a vida com a atmosfera da infância. E assim como há poesia na cozinha de cada país, há um *quid* de arte na cozinha ornamental, cozinha de refinamento, que se procura elevar pelo desenho e pela forma até o motivo do banquete — e fazer história, fazer política...

O leitor me perdoará a confissão, mas eu não devia calar em minha formação política a influência mundana estrangeira, a influência aristocrática, artística, suntuária que descrevi. Assim como a notei em um banquete real em Grosvenor Gardens, poderia notá-la em um baile dos Astors em Nova York; é a mesma impressão de uma tarde de corso na Villa Borghese, de uma manhã de *drawing room* em Londres, do grande dia de corridas em Ascot; a mesma do jubileu da rainha em Westminster e do jubileu de Leão XIII no Vaticano. Não posso negar que sofri o magnetismo da realeza, da aristocracia, da fortuna, da beleza, como senti o da inteligência e o da glória; felizmente, porém, nunca os senti sem a reação correspondente; não os senti mesmo, perdendo de todo a consciência de alguma coisa superior, o sofrimento humano, e foi graças a isso que não fiz mais do que passar pela sociedade que me fascinava e troquei a vida diplomática pela advocacia dos escravos.

O fato, entretanto, é este: se eu fosse somente capaz da impressão política, social, a escravidão, a oligarquia dos partidos, e minha falsa compreensão do papel do imperador e da função monárquica, ter-me-iam talvez, depois da morte de meu pai, feito queimar o meu Bagehot e alistar-me sob a bandeira norte-americana. Se, por outro lado, no momento de que dependia a minha carreira, eu tivesse tido exclusivamente a impressão de arte, teria, quem sabe, igualmente inclinado em política para a república. É como explico em Portugal o republicanismo de Ramalho Ortigão, Bordalo Pinheiro, Oliveira Martins, em suas estréias: como uma revolta contra o caráter inestético da instituição, do reinado em que desabrocharam; é assim que explico entre nós o republicanismo de Castro Alves, de Ferreira de Meneses, do meu Pedro de Meireles, de Salvador de Mendonça, de Quintino Bocaiúva, de Lafayette Rodrigues Pereira, de Pedro Luís, e outros. O que me impediu de ser republicano na mocidade, foi muito provavelmente o ter sido sensível à impressão aristocrática da vida.

XII

A INFLUÊNCIA INGLESA

A IMPRESSÃO MUNDANA, aristocrática, era para mim uma influência política puramente negativa, como o tinha sido a impressão artística da Itália ou a impressão literária de Paris. O efeito da sociedade, como o das artes e das letras, não era outro senão o de impedir o desenvolvimento do gérmen revolucionário que as leituras francesas dos vinte anos tinham deixado em meu espírito. Sem aquelas influências, entregue a meus próprios impulsos, do mesmo modo que o meu liberalismo inato degenerou em radicalismo — o qual foi em mim um puro fenômeno de estagnação em um espaço político fechado — o radicalismo teria degenerado em republicanismo.

Um distinto escritor, que costumo encontrar na *Revista Brasileira,* o dr. Pedro Tavares, dessa ordem de republicanos a que chamarei *prematuros,* mais de uma vez me tem estranhado o que chama o desvio de minha evolução política. Para ele o liberalismo desenvolve-se, completa-se, termina, naturalmente, pelo republicanismo. Terá ele, porém, certeza de que Mirabeau, se vivesse, havia de figurar na Convenção? A crítica é igual à que se fizesse, por exemplo, a Lafayette, por não ter abraçado a república em França depois de ter ajudado a fundá-la na América. O fato é que no republicanismo, falo do sincero, do verdadeiro, há um ideal, mas há também um ressentimento das posições alheias, como no socialismo, no comunismo, no anarquismo há ideal, mas há também inveja, e desta é que parte, quase sempre, o impulso revolucionário.

Sem as influências *negativas* da imaginação, eu teria sido talvez levado até a república, como tantos que depois se arrependeram; aquelas influências me contiveram somente porque me desviaram, ou me distraíram da política. Eu era, porém, por natureza, um temperamento político. Cedo ou tarde, a política tornaria a seduzir-me, e só uma influência positiva, que criasse em mim uma segunda natureza e modificasse o meu temperamento em suas tendências absolutas, radicais, podia tornar-me monárquico de razão e de sentimento, como fiquei. Essa influência foi o contágio do espírito inglês, o que pude apropriar-me dele.

A minha passagem pela Inglaterra deixou-me a convicção, que depois se confirmou nos Estados Unidos, de que só há, inabalável e permanente, um *grande* país livre no mundo. A Suíça é um país livre, mas é um pequeno país; os Estados Unidos são um grande país, mas há nele, sem falar da sua justiça, da lei de Lynch, que lhe está no sangue, das abstenções em massa da melhor gente, do desconceito em que caiu a política, uma população de sete milhões, toda a raça de cor, para a qual a igualdade civil, a proteção da lei, os direitos constitucionais, são contínuas e perigosas ciladas. A França é um grande país e um país livre, mas sem espírito de liberdade arraigado, sujeito sempre às crises das revoluções e da glória.

O que deixa tão funda impressão na Inglaterra é, antes de tudo, o governo da Câmara dos Comuns: a suscetibilidade daquele aparelho, ainda perante as mais ligeiras oscilações do sentimento público, a rapidez dos seus movimentos e a força, em repouso, de reserva, que ele concentra. Mais ainda, porém, do que a Câmara dos Comuns, é a autoridade dos juízes. Somente na Inglaterra, pode-se dizer, há juízes. Nos Estados Unidos a lei pode ser mais forte do que o poder; é isto que dá à Corte Suprema de Washington o prestígio de primeiro tribunal do mundo, mas só há um país no mundo em que o juiz é mais forte do que os poderosos: é a Inglaterra. O juiz sobreleva à família real, à aristocracia, ao dinheiro, e, o que é mais do que tudo, aos partidos, à imprensa, à opinião; não tem o primeiro lugar no estado, mas tem-no na sociedade. O cocheiro e o *groom* sabem que são criados de servir, mas não receiam abusos nem violência da parte de quem os emprega. Apesar dos seus séculos de nobreza, das suas residências históricas, da sua riqueza e posição social, o marquês de Salisbury e o duque de Westminster estão certos de que diante do juiz são iguais ao mais humilde de sua criadagem. Esta é, a meu ver, a maior impressão de liberdade que fica da Inglaterra. O sentimento de igualdade de direitos, ou de pessoa, na mais extrema desigualdade de fortuna e condição, é o fundo da dignidade anglo-saxônia.

Exceto essa idéia de justiça, que se foi formando e crescendo em mim, à medida que lia no *Times* a seção dos tribunais, curso prático de liberdade que a nenhum outro se compara, posso dizer que não fiz na Inglaterra senão verificar por mim mesmo a precisão, a penetração, a agudeza de espírito de Bagehot. O seu pequeno livro, cotejado com o que eu via, ouvia e sabia, explicava-se, tornava-se claro, sensível, palpitante no que antes era obscuro, indiferente; fazia-me compreender o mecanismo de que ele formulara a teoria: passava a ser para mim, em direito constitucional, um verdadeiro evangelho. Uma coisa era ter assimilado aquelas idéias logo ao sair da Academia e outra ver funcionar o próprio sistema, receber a impressão viva do que apenas eu aprendera ou decorara.

Essa dupla influência do governo inglês e da liberdade inglesa era, por sua natureza, monárquica. Não podia deixar de inclinar-me interiormente à monarquia a idéia de que o governo mais livre do mundo era um governo monárquico. Ainda assim um estrangeiro inteligente não seria no seu país inabalavelmente monarquista somente porque o governo chegou na Inglaterra a um grau maior de perfeição do que nos Estados Unidos, que tomaram a forma republicana. Desde que não tínhamos no Brasil os elementos históricos, que a liberdade inglesa supõe, a não querer eu cometer o maior erro que se pode cometer em política — o de copiar de sociedades diferentes instituições que *cresceram* — eu não podia repelir a república no Brasil somente por admirar a monarquia inglesa de preferência à constituição americana. Era preciso alguma coisa mais, no que respeita à forma de governo, para eu não me deixar arrastar.

A transformação, ou, melhor, a modificação de ideal político que sofri na Inglaterra era, todavia, a preliminar, o preparo para a impenetrabilidade que ofereci depois à aspiração republicana. Até então, a forma republicana me parecera superior à monárquica pelo lado da dignidade humana. Foi na Inglaterra que senti que nunca nossa raça atingiu ao mesmo ponto de altivez moral que em uma monarquia. Com o privilégio dinástico, que também o meu radicalismo rejeitava, eu agora o via bem, não se fazia no século XIX senão aproveitar a tradição nacional mais antiga e mais gloriosa para neutralizar a primeira posição do estado. A concepção monárquica ficava sendo esta: a do governo em que o posto mais elevado da hierarquia fica fora de competição. Era uma concepção simples como a da balança, como a do eixo. Nenhum direito se transformou tanto no decurso deste século no Ocidente como o direito real, que de divino passou a ser puramente histórico, de ativo passou a ser passivo. O rei da Inglaterra, se quiser influir na política com as suas idéias próprias e sua iniciativa, tem primeiro que abdicar e — se a hipótese é admissível — fazer-se eleger à Câmara dos Comuns ou tomar a direção da Casa dos Lordes. Entre o czar e a rainha Vitória a diferença de autoridade é infinitamente maior do que entre a rainha Vitória e o presidente dos Estados Unidos. O governo pessoal é possível na Casa Branca; é impossível em Windsor Castle.

O chamado privilégio é assim um cargo honorífico, uma tradição nacional, uma conveniência pública, quase uma fórmula algébrica de equilíbrio de forças, de conservação de energia, de moto-contínuo. É tão absurdo ressentir-se alguém em sua dignidade da existência desse ponto fixo no sistema político, como seria o ressentir-se da existência do eixo da Terra ou da estrela polar. A muitos é impossível deixar de ver no ocupante do trono o homem ou a mulher, o acidente, a pessoa, para ver a função, a existência tradicional, a lei do movimento político. Desses pode-se dizer que são deficientes em imaginação simbólica; mas, desaparecendo o simbolismo, podemos estar certos de que desaparecerá também o ideal na religião, na poesia, na arte, na sociedade, no estado.

A monarquia constitucional ficava sendo para mim a mais elevada das formas de governo: a ausência de unidade, de permanência, de continuidade no governo, que é a superioridade para muitos da forma republicana, convertia-se em sinal de inferioridade. Esse ideal republicano, de um estado em que todos pudessem competir desde o colégio para a primeira dignidade, passava a ser a meus olhos uma utopia sem atrativo, o paraíso dos ambiciosos, espécie de hospício em que só se conhecesse a loucura das grandezas. Não era este, decerto, o termo da evolução humana, pelo qual rezamos todos os dias, quando repetimos o *adveniat regnum tuum.* Desistir da idéia monárquica não é tão fácil como parece. *Mesmo o sistema planetário é monárquico,* diz Schopenhauer. O Universo é a monarquia por excelência. Em vez de *Cosmos,* Humboldt podia ter dado ao seu livro o título *De Monarchia.* A idéia central do Infinito, isto é, Deus, não podia deixar de ser em toda a esfera da inteligência e da atividade humana o verdadeiro ideal. Até hoje a força, transformada em direito e em tradição, terá sido a gênese do ideal monárquico; um dia ele sairá da ciência, da inteligência, da virtude, da santidade. O ideal humano, todo ele, toda a estética religiosa, social, artística, podemos ficar certos, está inteiro na linha: "E criou Deus o homem à sua imagem".

Eu encontrava republicanismo na Inglaterra em espíritos de primeira ordem; havia republicanismo, mais ou menos consciente, em Spencer, em Mill, em Bagehot, em Bright, em Morley, em George Eliot, em G. Henry Lewes, mas era republicanismo *sine die,* conservado no sentimento monárquico, para impedi-lo de corromper-se. A Inglaterra não seria a nação livre que é se não houvesse no seu caráter uma fibra que impede a veneração dinástica de degenerar em superstição, a *loyalty* de tornar-se servilismo... No coração inglês a fidelidade à Câmara dos Comuns precede a fidelidade à realeza, e dessa regra não faz exceção a própria dinastia, que sente como a nação. Esse fundo de republicanismo, latente, esquecido até, mas que a menor provocação faria ressuscitar o mesmo que sob os Stuarts, longe de ser incompatível com o monarquismo, é que o tem conservado, restringindo, reduzindo o poder real à função que é, hoje, puramente moderadora e, só raras vezes, provisoriamente arbitral. Esse republicanismo não impedirá — pelo contrário — os que o têm em reserva, de inclinar-se diante da rainha e defender a integridade da sua prerrogativa esvaecente.

Como eu disse, porém, não me bastaria mesmo essa profunda modificação de ideal político para impedir-me de acompanhar o movimento republicano entre nós, dadas certas contingências. Eu podia ser monarquista de ideal e julgar a república, em um momento dado, o melhor governo praticável, como se pode ser republicano de ideal — e muitos o são na própria Inglaterra — e fazer da monarquia o seu *noli me tangere.* Além disso, eu podia deixar arrastar-me por uma corrente de entusiasmo, por uma solidariedade de partido, por amizades políticas, ou, mesmo, por algum interesse que soubesse disfarçar-se e insinuar-se-me no espírito — sob a forma de um sacrifício à causa pública. As idéias para espíritos que vêem os lados opostos das coisas, o que tudo tem de bom e de mau, são pobres, frágeis, antemurais. É preciso, para sustentar a fé política, mais do que a lucidez da inteligência; a não haver um sentimento que interesse o coração, ou uma espécie de ponto de honra que se imponha ao caráter, é indispensável um espírito uniforme de conduta, uma regra certa de direção. No meu caso particular, o que me poupou da ilusão republicana foi um toque apenas do espírito inglês.

XIII

O ESPÍRITO INGLÊS

SEM ELE a convicção da superioridade do tipo político da Inglaterra não teria bastado. Quanto à sensação aristocrática da vida, de que também falei, essa, no combate dos partidos, não teria resistido ao primeiro choque. O que entendo por espírito inglês neste caso é a norma tácita de conduta a que a Inglaterra toda parece obedecer, o centro de inspiração moral que governa todos os seus movimentos. Vi quase nada da Inglaterra, sinto dizê-lo, mas vi pedaços que me impedem quase de querer ver o resto, exceto Oxford, cujo lugar tenho vago em minha galeria interior, à espera do seu pequeno quadro. Vi, por exemplo, Cantuária, e tenho no pensamento a calma, o silêncio, a grandeza daquela imponente massa recolhida em si mesma. Vi, na semana de Cowes, Southampton e a ilha de Wight, pequena sombra da Inglaterra no mar, sombra colorida, movente e alegre. Fui em carruagem — poderá haver um dia mais completo de romance? — de Stratford-on-Avon, atravessando Warwick, a Kenilworth. Passei dias à margem do Tâmisa, entre Windsor e Henley, e creio que tive reminiscência do paraíso terrestre. É realmente a vinheta mais perfeita que se podia imprimir à margem do capítulo II, v. 10, do Gênesis: "Deste lugar de delícias saía um rio que regava o paraíso". Em toda parte a impressão que tive da Inglaterra foi a mesma: ruínas cobertas de hera, antigas gravuras expostas em Pall Mall, montes de trigo nos campos ceifados, castelos recortados no meio de parques florestais, velhas estalagens à beira da estrada, botes encostados ao arvoredo de Cliveden, grandes transatlânticos nas docas de Southampton, sempre a mesma impressão, o cunho inglês estampado em tudo. A sensação foi a mesma para mim da Inglaterra, vista de dentro, na segurança de seus recursos, e vista de fora, inatacável nos seus altos *cliffs* brancos, a cujos pés o mar se abre como uma trincheira.

É, porém, na sua feição política somente que considero neste momento o espírito inglês, e, ainda mais restritamente, o modo por que ele se manifesta nos movimentos reformistas, a influência que tem sobre os espíritos inovadores. Politicamente, o espírito inglês pode decompor-se em espírito de tradição, em espírito de realidade, em espírito de ganho, em espírito de força e generosidade, em espírito de progresso e melhoramento, em espírito de ideal: supremacia anglo-saxônia e supremacia cristã no mundo.

A veneração imprime na Inglaterra aos precedentes uma autoridade quase sagrada, e tira, a tudo que tem caráter histórico ou função nacional, a feição individual em que se fixa a vista de outros povos. A rainha Vitória é mais do que a *augusta,* cuja imagem cada família venera no seu *lararium* interior; é a realeza normanda, Plantageneta, Tudor. Como a rainha, a Constituição. Esta não é mais do que uma procuração em causa própria, dada pela nação inglesa à Câmara dos Comuns, e mesmo assim, um mandato de que nunca se viu o instrumento. Nenhum grande legista a redigiu, nenhum homem de estado a ideou: formou-se espontaneamente, inconscientemente, como a língua inglesa, a arquitetura perpendicular, os cantos da *nursery.* A tradição, como base do temperamento nacional, produz no inglês a faculdade de admirar a massa histórica de uma instituição, como o arquiteto admira a grandeza e o detalhe de uma catedral gótica. Para o inglês, se a liberdade é o grande atributo do homem, se ele a sente como o desenvolvimento de personalidade, a ordem é a verdadeira arquitetura social. Ele compreende e penetra a grandeza do sistema que se perpetua mais do que a das revoluções, ao contrário do latino, que pode viver e ser feliz em um solo político oscilante, sujeito a terremotos contínuos. Daí, para ele o amor da lei e a simpatia, interesse, carinho mesmo, pela autoridade encarregada de executá-la; daí, também, o prestígio do juiz, a popularidade das sentenças que aterrorizam o criminoso, ao contrário das facilidades que este encontra nos países onde decai o instinto de conservação.

Se numa organização assim formada existe, ao lado dessa quase superstição do costume, o espírito de aperfeiçoamento e de progresso, o que resulta é que as reformas, as modificações serão governadas por algumas regras elementares. Uma destas será conservar do existente tudo o que não seja obstáculo invencível ao melhoramento indispensável; outra, que o melhoramento justifique — e para justificar não basta só compensar — o sacrifício da tradição, ou mesmo do preconceito que o embarga; outra regra é respeitar o inútil que tenha o cunho de uma época, só demolir o prejudicial; outra, substituir tanto quanto possível provisoriamente, deixando ao tempo a incumbência de experimentar o novo material ou a nova forma, para consagrá-lo ou rejeitá-lo; uma última, esta rara e extrema, será reformar, no sentido originário da instituição, o mais antigo, procurando o traçado primitivo. Dessas regras resulta o dever de demolir com o mesmo amor e cuidado com que outras épocas edificaram. Nenhum explosivo é legítimo, porque a ação não pode ser de antemão conhecida; é preciso demolir a nível e compasso, retirando pedra por pedra, como foram colocadas.

O que, porém, dirige o espírito de progresso é o espírito de realidade, espírito prático, positivo, que se manifesta pela rejeição de tudo que é teórico, *a priori*, tentativo, lógico, ou que pretenda à perfeição, à finalidade, à uniformidade, à simetria. A esse espírito corresponde, na ordem política, a idéia de crescimento: as instituições têm o seu habitat como as plantas, as suas latitudes e terreno próprios, condições especiais de aclimação, obstáculos e perigos de transplantação. Não basta que a reforma seja indicada pela experiência, baseada em uma forte verossimilhança; é preciso que tenha afinidade com as outras instituições. Esse espírito prático, positivo, é a experiência do utilitarismo, do espírito de criar e acumular riqueza, característico da raça. O utilitarismo manifesta-se em que as reformas devem ter uma vantagem econômica, pelo menos indireta, e justificar-se por algarismos. Ao lado, porém, da corrente utilitária, há a corrente imaginativa ou de ideal, moral, nacional, religiosa.

A varonilidade impõe ao reformador não fazer vítimas emissárias, responsabilizando indivíduos ou instituições pelos erros comuns da sociedade, não lavar as mãos como Pilatos das injustiças da multidão, não preferir o fraco para sobre ele descarregar o golpe, em uma palavra, o *fair-play.* O patriotismo manda não consentir que o espírito de partido suplante o de responsabilidade para com o país. O que, entretanto, na Inglaterra alimenta, renova e purifica o patriotismo, é outra espécie de responsabilidade: a do homem para com Deus. Só quando o orgulho britânico e a consciência cristã estremecem juntos e se unem em uma mesma causa, é que o sentimento inglês desenvolve a sua energia máxima. A inspiração da vida pública na Inglaterra vem em grande parte da Bíblia. A política e a religião sentem que terão sempre muito que fazer em comum, que uma e outra têm o mesmo objetivo prático — elevar a condição moral do homem, e o efeito desse último e, talvez, principal elemento do espírito inglês, em relação às reformas, é fazer o argumento moral prevalecer sobre o argumento utilitário.

Tomando-se o espírito inglês, como acabo de delinear, que é que ele inspirará na Inglaterra a republicanos de ideal, que se subordinem, entretanto, como indivíduos, à consciência coletiva, ao instinto nacional? Há uma página interessante em *On Compromise,* livro típico de casuística intelectual inglesa, escrito por John Morley. Essa página é a melhor ilustração do que eu disse antes sobre o republicanismo que pode existir por baixo do sentimento monárquico, até para dar-lhe vida e calor. Ele figura um inglês convencido de que a monarquia, mesmo meramente decorativa, tende a engendrar hábitos sociais degradantes. O dever desse republicano será deixar a monarquia de lado e abster-se de todos os atos, em público e em particular, que possam, mesmo remotamente, alimentar o espírito de servilismo. "Tal política não interfere — diz-nos Mr. Morley — com as vantagens que se diz ter a monarquia, e tem o efeito de tornar as suas supostas desvantagens tão pouco prejudiciais quanto possível..."

Desse espírito inglês eu disse que tive apenas um toque. Na questão da abolição, entretanto, não me desviei dele. A abolição era uma reforma que o espírito inglês anteporia a todas as outras por toda ordem de sentimento. Se a abolição se fez entre nós sem indenização, a responsabilidade não cabe aos abolicionistas, mas ao partido da resistência. O meu projeto primitivo, em 1880, era a abolição para 1890 com indenização. Se em qualquer tempo um ministro da Coroa chegasse às câmaras e dissesse: "A escravidão não pode mais ser tolerada no Brasil, o nosso grau de civilização repele-a, e eu venho pedir que decreteis a liberdade imediata dos escravos existentes, votando os precisos recursos para a respectiva desapropriação", poderia haver abolicionista que quisesse prolongar a escravidão? Nenhum de nós assumiria a odiosa responsabilidade. Esse homem, porém, não surgiu dentre os estadistas do Império; todos pensavam, ou que a abolição arruinaria a lavoura e o crédito do país, ou que o Brasil não era rico bastante para pagar a libertação moral do seu território. Podia haver abolicionistas contrários à indenização; de fato, os houve; mas podiam eles, acaso, votar nunca contra uma lei de abolição imediata? A responsabilidade foi assim dos partidos, que se comprometeram perante a lavoura a resistir ao movimento, e que teriam, do seu ponto de vista, feito melhor sacando sobre o futuro e desapropriando os escravos, quando o princípio da não-indenização ainda não tinha triunfado no projeto Dantas e na segunda lei de 28 de setembro. Essa intuição só a teve o meu querido amigo José Caetano de Andrade Pinto no Conselho de Estado; não lhe deram, porém, valor. Com relação à lei de 13 de maio devo dizer que em 1888 era tarde para se pleitear a eqüidade da desapropriação diante de um movimento triunfante, quando já a maior parte dos escravos tinham sido liberalmente alforriados pelos senhores e o resto da escravatura estava em fuga, depois, sobretudo, de estar por lei consagrado o princípio de que a escravidão era uma propriedade anômala, a que o legislador marcava sem ônus para o estado o prazo de duração que queria.

Em relação à monarquia do Brasil aquele toque do espírito inglês bastou para traçar-me uma linha de que eu não poderia afastar-me, mesmo querendo. Era um ponto de honra intelectual, um caso de consciência patriótico definitivamente resolvido em meu espírito, aos vinte e três anos. Suprimir a monarquia que tínhamos, ficou claro para mim desde então, era uma política a que eu não poderia nunca associar-me; eu poderia tanto banir, deportar o imperador, como atirar ao mar uma criança ou deitar fogo à Santa Casa. Quebrar o laço, talvez providencial, que ligava a história do Brasil à monarquia, era-me moralmente tão impossível, como me seria no caso de Calabar entregar Pernambuco por minhas próprias mãos ao estrangeiro. Faltar-me-iam forças para uma intervenção dessas no destino do meu país. Seria atrair sobre mim um golpe de paralisia, ferir-me eu mesmo de morte moral. Minha coragem recuava diante da linha misteriosa do Inconsciente Nacional. O Brasil tinha tomado a forma monárquica, eu não a alteraria.

O que vi dos Estados Unidos não fez senão calcar mais profundamente a impressão monárquica que eu levava da Inglaterra. Foi uma segunda chave, de segurança, que fechou em meu pensamento a porta que nunca mais se devia abrir. O espírito político americano, com certas modalidades que não quero amesquinhar, mas que me parecem secundárias, é uma variedade do espírito inglês, o qual merece antes ser chamado espírito anglo-saxônio, porque é um espírito comum de raça, de grande família humana, superior a formas e acidentes de instituições.

XIV

NOVA YORK

(1876-1877)

TALVEZ o melhor modo de mostrar o que devo aos Estados Unidos seja reproduzir páginas do meu diário de 1876-77. Cheguei pouco tempo depois da visita do Imperador; pude assim recolher o eco da impressão deixada por ele. O ano que passei na grande república foi um dos seus momentos políticos mais interessantes, porque foi o da eleição de Tilden. Como se sabe, os democratas ganharam as eleições de 1876, mas as juntas apuradoras republicanas de alguns estados do Sul manipularam as atas de forma a dar maioria aos eleitores do seu partido. Ambos os lados reclamavam a vitória, e, como a Câmara dos Representantes era democrata e o Senado republicano, a perspectiva era que o Congresso não chegaria a acordo até março, e que os Estados Unidos teriam dois presidentes com todas as probabilidades de uma guerra civil.

O espírito prático, o espírito de transação da raça anglo-saxônia interveio, e as duas casas do Congresso concordaram em entregar o julgamento a uma comissão especial, tirada de cada uma delas e do Supremo Tribunal. A diferença entre a Inglaterra e os Estados Unidos não pode ser melhor apresentada do que nesse caso: a resolução americana foi como a inglesa, o acordo em vez da guerra civil dos países latinos, mas nos Estados Unidos, ao contrário do que aconteceria na Inglaterra, a comissão não se elevou acima do espírito de facção, as votações foram todas estritamente partidárias, o que quer dizer, figurando nela cinco membros da Corte Suprema, que o mais alto tribunal da União era composto de *politicians*. Com juízes ingleses a decisão teria, talvez, sido injusta mas não seria nunca parcial, dada por motivo político; não se contariam de antemão os votos dos juízes como os dos congressistas. Em tão pouco tempo como tive, nenhum estudo comparativo da educação, da seriedade e dos costumes políticos dos dois países podia ser mais proveitoso para mim do que foi essa campanha eleitoral de 1876-1877 e o desenlace que ela teve. As qualidades e as deficiências da política americana estavam todas visíveis e patentes nessa lição de coisas. Eu tinha acompanhado a luta dos partidos para a captura da cadeira presidencial com o maior interesse, cada *boss* me era conhecido, como o era cada figura de senador, a opinião de cada jornal influente, cada nuança das duas convenções.

É realmente o momento para o estrangeiro abranger num relance a vida política dos Estados Unidos, esse ano eleitoral. Eu tinha chegado a Nova York a tempo de familiarizar-me com as questões, as alusões, a gíria política do formidável *canvass* que se ia travar e do qual a política da reconstrução no Sul devia ser o eixo. Interessava-me o Tammany Ring, o Whiskey Ring, o cisma dos Independentes, a Civil Service Reform, o Railroad Land Grants, como me interessava o encontro de Gladstone com Disraeli na questão do Oriente, ou a luta de Thiers com o duque de Broglie. Durante mais de um ano fui um verdadeiro americano nos Estados Unidos, como o provérbio manda ser romano em Roma. Era o meio de penetrar, de compreender, de sentir a vida política do país, se eu o queria, e este fora o meu motivo ao desejar ir para os Estados Unidos.

O meu diário desse ano é antes um registro de pensamentos do que de impressões americanas. Há muito pouca política nele, o que mostra que eu vivia em uma atmosfera diversa da que os homens de partido respiram, mesmo no estrangeiro. Reproduzo algumas dessas notas para mostrar isto mesmo, que o meio norte-americano teve sobre mim o efeito que muita vez tem sobre os próprios americanos, de desinteressá-los da política, exceto como espectadores. Posso dizer que vivi esses dois anos, de 1876 e 1877, na sociedade de Nova York, onde se está tão longe da política americana como em Londres ou em Paris; mas o mundo exterior, que me cercava por toda parte, a rua, a praça pública com os seus cartazes e procissões eleitorais, os jornais com as cenas do Congresso e as torrentes de eloqüência dos *meetings*, não podia deixar de atrair-me como todo espetáculo nacional curioso e único, além, está visto, do interesse intelectual que eu tinha em saber como um tão grande país era governado e dirigido, as forças sociais e influências morais que presidiam ao seu colossal desenvolvimento. Aqui estão ao acaso algumas das notas.

"22 DE OUTUBRO — O discurso de Carl Schurz, pronunciado ontem no Union League Club, expõe o sentimento *republicano* na melhor luz. O principal elemento da presente campanha começa a ser a Questão do Sul. Com a aproximação do dia 7 de novembro esse ponto de vista tornar-se-á mais importante do que todos os outros: A "camisa ensangüentada" *(bloodyshirt)* caiu em completo descrédito, mas é preciso contar com o receio de que o Sul, unido, composto dos antigos estados rebeldes e onde os candidatos são todos soldados da Confederação, possa dominar o Norte tão cedo, depois da guerra, passando o governo americano a ser representado por antigos separatistas. Esta idéia assusta os que põem acima de tudo a União, mesmo quando seja preciso reduzir os estados impenitentes a territórios sujeitos ao despotismo militar e entregues politicamente ao domínio conjunto dos *carpet-baggers* e dos negros. Este elemento decidirá, provavelmente, em favor de Hayes a luta que de outra forma seria fácil de ganhar para Tilden, porque a situação do Sul nos últimos anos desonra a política americana.

"1º DE JANEIRO — Cheguei a Washington, em Riggs House. Pela primeira vez ponho o uniforme. À Casa Branca. Apresentação ao presidente, depois à casa do secretário de estado, Mr. Fish. A chamada dinastia Grant, a filha de Mrs. Sartoris; a netinha recebendo os cumprimentos pelo avô. Vou com o capitão-tenente Saldanha da Gama visitar os membros da Corte

Suprema: através da *terrapine* e das *baked oysters* todo o dia, até que em casa do secretário da Marinha um solene *the reception is over!* põe termo à nossa peregrinação de *New-Year's day*".

Eu tinha conhecido Saldanha na exposição de Filadélfia, depois ligamo-nos muito em Nova York, onde morávamos no mesmo hotel, o Buckingham. Ele ria-se sempre muito daquele: *the reception is over!* Pobre Saldanha! nascido para o mundo, para o amor, para a glória, quem imaginaria, ao vê-lo naquele tempo em Nova York, que o seu destino seria o que foi? A esfinge da vida que lhe dera, ainda adolescente, um dos seus enigmas indecifráveis para resolver, destruindo nele a aspiração de ser feliz, reapareceu de novo a embargar-lhe o passo no momento em que podia disputar a primeira posição do país.

"11 DE JANEIRO — À casa de Mr. John Hamilton, filho de Alexander Hamilton. Um homem do passado, voltado todo para ele. Diz-me que o Brasil deve conservar o mais tempo possível a sua forma monárquica. Este *whig* não acredita que países como os nossos possam durar unidos sob outra forma de governo. Emoção ao mostrar-me o retrato de Luís XVI, presente feito ao pai...

"22 DE FEVEREIRO — Almocei com Mr. Marshall no Knickerbocker Club, hoje aniversário de Washington; almoçavam Mr. Manton Marble, ex-redator do *World*, Mr. Appleton, o grande editor, Mr. Stout, Mr. Robinson, Mr. Pell, e outros. Ao *toast* feito ao imperador respondi, como todas as saúdes eram humorísticas, com um ensaio de *humour*. Disse que nós tínhamos tido receio de que os americanos o guardassem, lembrando-se de que uma grande autoridade para eles, o general Lafayette, dissera da monarquia constitucional: "Aqui está a melhor das repúblicas". Mas, desde que eles tinham deixado o imperador partir, eu fazia votos para que os dois países conservassem suas instituições como uma aposta de liberdade perpétua entre a monarquia e a república. Quanto a Washington, fiz uma reserva à sua grande obra: a de ter fundado a capital em uma cidade, sem dúvida muito agradável, mas para a qual sempre se vai a custo, quando se tem que deixar Nova York.

"2 DE MARÇO — Hoje fui ao Congresso ver os destroços da véspera (Hayes fora proclamado presidente por um voto). Não há alegria no lado republicano; no democrata a decepção é grande; mas, em pouco tempo, quando a ferida tiver cicatrizado e se pensar no futuro, esse partido ficará contente de se terem passado as coisas como vimos ontem. O general Banks, antigo *speaker* da Câmara, cedeu-me a sua cadeira no próprio recinto do Congresso (em sessão), depois veio sentar-se nela o meu ministro, e fomos apresentados a diversos deputados notáveis, entre eles Lamar e Garfield.

"8 DE MARÇO — O presidente propõe uma emenda constitucional, tornando o prazo da presidência de seis anos, sem reeleição. Essa emenda provém do medo que se tem de que as eleições presidenciais sejam tão disputadas pelos dois partidos, que dividem em duas metades o país, como foram as do outono passado, e que os negócios de três em três anos tenham um quarto ano de interrupção e de paralisia, como se tudo perigasse e a anarquia ou a guerra civil, talvez a separação, pudesse seguir-se a uma eleição duvidosa. Os interesses do comércio e os da propriedade conseguirão um dia alongar o prazo até seis anos, e como com a maior escassez de eleições elas tendem a tornar-se mais renhidas, não há razão para o país correr todos os seis anos um risco, que não quer correr todos os quatro. Assim, a eleição crítica do chefe de estado irá sendo o mais possível espaçada, e não é impossível que a república americana se aproxime tão de perto das monarquias eletivas, que, vendo o perigo desta forma, ela prefira a tranqüilidade das longas dinastias...

"É curioso que o que há de mais perfeito nesta democracia seja a mulher, que é aqui o ente mais aristocrático do mundo.

"2 DE ABRIL — A idéia de governo hoje é inteiramente diversa da idéia de governo antigamente; tomemos, por exemplo, a liberdade de imprensa nos Estados Unidos, que representam a nova educação política, e a censura na Rússia. Há muito que dizer em favor de se deixar o pensamento inteiramente livre e sobre inconvenientes da repressão; mas o certo é que se formam duas sociedades diversas pelo respeito forçado à autoridade e pelo desprestígio dela. A dificuldade que há no caminho da tradição é que a dignidade, ou a altivez pessoal, não quer sacrificar-se aos grandes resultados morais e que os homens se consideram todos iguais por um sentimento que já é indestrutível. Eu sou seguramente igual a um rei, como indivíduo, mas, como do princípio da monarquia vêm muitos bens para a sociedade, coloco-me em plano inferior. Isso não é quebra da dignidade *humana*, ainda que a altivez pessoal tenha que se *curvar*.

"13 DE MAIO — Diz-se que Tilden não reconhece Hayes como presidente. É o caso de algum amigo ler-lhe o *Críton*. Quando Críton quer convencer a Sócrates de que deve fugir para evitar uma morte injusta, Sócrates nega-se com o fundamento de que a sentença, injusta como é, é todavia inteiramente legal. Se os juízes fizeram mal em pronunciá-la, ele faria pior em não se sujeitar às leis de Atenas, porque o cidadão que goza da proteção e dos direitos que uma cidade lhe oferece, tem com ela o pacto tácito de respeitar as suas leis. Sócrates recusava a vida por ser ilegal, ainda que soubesse que adviria da sua fuga mais bem do que mal à democracia ateniense. Não devia Tilden reler esse diálogo? Injusta como foi a decisão contra ele, foi estritamente legal, não no sentido de estar de acordo com o direito, mas por ser dada pelos intérpretes competentes da lei. Ele só pode chamar para si e o seu partido as simpatias de todos, sujeitando-se à decisão proferida, salvo o seu direito de brandir contra o novo presidente as fraudes pelas quais chegou ao poder.

"13 DE JUNHO — Ontem realizou-se no Manhattan Club a recepção dos *swallow-tails* aos candidatos democráticos eleitos e *counted out*. Tilden falou pela primeira vez depois da inauguração de Hayes, à qual chamou o "mais portentoso acontecimento na história da América". *América* quer dizer os Estados Unidos, por que no México e no Peru há, cada dia, acontecimentos desses muito mais *portentosos*. *"Os males no governo crescem com o êxito e com a impunidade. Não se restringem a si mesmos voluntariamente. Não podem ser nunca limitados senão por forças externas. Uma grande e nobre nação não separa a sua vida política da sua vida moral*". Tudo isto é muito exato. O Brasil é a prova. Deve o povo, ou não, fazer política? O adiantamento de um país prova-se pela extensão da idéia de que a política é inseparável dos mais vitais interesses da sociedade, e por aí, dos de cada um. No Brasil, essa idéia não se derramou, pelas condições especiais em que nos achamos, de território, população, trabalho escravo, etc. Aqui ela está em cada cabeça. O que mais me surpreendeu, nessa reunião de Manhattan, foi o governador de Nova York, este *de jure* e *de facto*, Mr. Robinson, chamar em público ao presidente dos Estados Unidos um *presidente fraudulento*. Depois de ter dito que não teriam que esperar até 1880 para pô-lo fora da Casa Branca, terminou assim, referindo-se a Tilden e a Hendricks: "*Fellow citizens*, tivestes a primeira oportunidade de saudar o presidente e o vice-presidente dos Estados Unidos depois da sua eleição. Eu vos felicito e acredito que este é apenas um presságio de fatos que se hão de suceder".

A alocução do governador do principal estado da União proclamando a rebelião, *legal* ou ilegal, é característico do regímen político americano, e do *laissez-faire, laissez-passer* de que goza neste país a palavra. As revoluções de língua e pena não são nunca um delito; são um desabafo. A boca do *politician* é a válvula de segurança das instituições. É o país das válvulas automáticas.

"19 DE JUNHO — Os jornais têm hoje um fato interessante: a visita feita por Frederick Douglass ao seu velho senhor, que deixou na adolescência, para começar a vida de aventuras que o levou até ser *marshal* em Washington e o grande orador da abolição que foi. *Vim antes de tudo* — disse Douglass — *ver meu velho senhor, de quem estive separado quarenta e um anos, apertar-lhe a mão, contemplar-lhe o velho rosto bondoso, brilhando com o reflexo da outra vida.*

"Esta cena dá uma idéia mais tocante da escravidão no Sul do que *A cabana do Pai Tomás*. O lugar é St. Michael, Talbot

County, Maryland. O nome do senhor, Captain Thomas Auld. *Marshal* Douglass ouviu a sua verdadeira idade da boca do seu senhor, em cujos livros ele figura assim: *Frederick Bailey, fevereiro 1818*. Provavelmente, o senhor não registrou mais a carreira agitada de Frederico desde a idade de dezoito anos (1836). Esse fato é, do que tenho lido, uma das mais profundas e penetrantes apresentações do fato moral complexo da escravidão, o laço entre escravo e senhor."

XV

O MEU DIÁRIO DE 1877

DAREI ainda alguns trechos do meu diário dos Estados Unidos; não são tanto impressões americanas que pretendo reproduzir, já antes o disse, como o meu modo de sentir naquela época:

"20 DE JUNHO — Hoje foram enforcados onze criminosos de uma associação da Pensilvânia, os Molly Naguires. Onze pessoas enforcadas em um dia no Brasil! Quantos discursos isso não daria na Câmara dos Deputados? Aqui só faz vender maior número de extras dos jornais.

"28 DE JUNHO — Há duas espécies de movimento em política: um, de que fazemos parte supondo estar parados, como o movimento da Terra que não sentimos; outro, o movimento que parte de nós mesmos. Na política são poucos os que têm consciência do primeiro, no entanto esse é, talvez, o único que não é uma pura agitação.

"8 DE JULHO — A temperatura moral do futuro, a julgar pela americana, deve ser muito baixa. O sentimentalismo resfria aqui diariamente. A Inglaterra é um forno em comparação.

"26 DE JULHO — A França parece-me a casa de Ulisses cheia de *pretendentes* a consumirem entre si a fortuna de Telêmaco, à espera que Penélope se decida por um deles. Cada um está certo de ser o preferido e, enquanto ela pede a Minerva que acabe com os seus insuportáveis perseguidores, eles continuam a devorar os bois e os carneiros, repetindo: *Não há dúvida que ela se está preparando para o casamento.* Infelizmente não parece provável que Ulisses volte para exterminá-los e tomar conta da casa".

Essa nota é, quase, puramente literária. Ulisses aí era o conde de Chambord, e os pretendentes os partidos que arrastavam a França, depois da derrota nacional, talvez para a guerra civil. Eu pensava escrever um ato, intitulado *Os pretendentes,* com a idéia do arco de Ulisses. Era, como o drama de que falei, um caso da falta de coincidência que se dava em mim, entre a imaginação literária e a simpatia política.

Há outras notas, com relação aos pretendentes. Em 16 de julho:

"O conde de Chambord representa a teoria de que a política é uma arte religiosa, e um reinado uma espécie de monumento das crenças de uma época. A concepção de que governar é um ato religioso, como o confessar, e tem um fim religioso, destrói toda liberdade de pensamento. Um homem pode fazer da sua vida uma forma de arte, mas não da vida de todo o mundo, que quer viver a seu modo. A política, se é uma arte, não é arte ascética, religiosa, — nem mesmo no seu período hierático. A política, arte religiosa, converte em crime de sacrilégio o menor ato de liberdade individual".

Em 30 de julho: "Estive a pensar nos *Pretendentes. O appel au peuple* é feito pelo candidato respectivo às rãs, e a prova real é tirada por outro que apela também para elas. A tudo elas respondem: *couac*".

"5 DE JULHO — A posição do presidente Hayes é a mais singular que já se viu neste país. Ele chegou ao poder por fraudes eleitorais sem exemplo, empurrado até a Casa Branca pelos *carpet-baggers* do Sul e *wire-pullers* do Senado, depois de uma campanha de que os empregados públicos fizeram os gastos:

deve, assim, a sua eleição, ou, melhor, o seu posto, a um sem-número de *politicians* de todos os matizes, desde os fabricadores de atas falsas até os juízes da Corte Suprema, que as apuraram. Chegando ao poder, porém, tem vergonha de tudo isso e torna-se ele o representante da pureza administrativa e eleitoral. Os últimos *carpet-baggers* do Sul, com a amputação da membrana que os ligava ao presidente eleito com eles e por eles, desaparecem para sempre da cena política. Os politiquistas são enxotados, os senadores *snubbed;* os empregados públicos, senhores da máquina eleitoral e que se cotizavam para a eleição solidária, intimados a mudar de vida e a não subscrever mais um *cent.* De tudo isso se conclui que Hayes, assim como não quer outra vez ser eleito, entende que ninguém mais deve ser eleito presidente como ele foi. Poucos homens teriam feito tão bom uso de um poder tão mal adquirido. Isto resgata, quase, a falta de coragem cívica que o levou a aceitá-lo.

"19 DE JULHO e 9 DE AGOSTO — Não se pode dizer deste país que tenha ideal. É o país prático por excelência, e que tem a admirável qualidade de, bem ou mal, governar-se a si mesmo. Não lhe falta *manhood,* mas tudo nele preenche um fim material. O americano é, acima de tudo, um homem positivo, em cuja vida a metafísica tem pequena parte; reconhece a cada instante que a vida é um *business,* que é preciso um lastro para não afundar nela; põe a arte, a ciência, a cultura, a *polity,* depois do que é essencial, isto é, do dólar, indo sempre *ahead* como a locomotiva, tratando a mulher com o maior respeito, mas na vida prática como uma *obstruction,* por isso entregando-a a ela mesma, ambicionando, acima de tudo, a riqueza de um grande *operator* de Wall Street, depois a influência de um *boss,* insensível à inveja, à má-vontade, ao comentário, a tudo o que em outros países emaranha, complica e, às vezes, inutiliza grandes carreiras; nunca procurando o prazer para si, dando-se aos hóspedes em sua casa, como se dão brinquedos às crianças, superior às contrariedades, sóbrio de dor, calmo na morte dos seus, e tratando a própria apenas como uma questão de seguro... "A *vida privada* aqui é apenas uma expressão conservada do inglês. Todo homem é um homem público, e ele todo".

São impressões de simples transeunte. Eu hoje não escreveria dos Estados Unidos que é uma nação *sem ideal;* diria que é uma nação cujo ideal se está formando. Assim como o inglês trata de adquirir fortuna e independência antes de entrar para a Câmara dos Comuns, dir-se-ia que a nação americana trata de crescer, de povoar o seu imenso território, de chegar ao seu completo desenvolvimento, *her full size,* para depois fazer falar de si e pensar no nome que deve deixar. Até hoje os Estados Unidos têm feito vida à parte e se têm ocupado de si só; mas um país que caminha para ser, se já não é, o mais rico, o mais forte, o mais bem aparelhado do mundo, tem, pela força das coisas, que ligar a sua história com a das outras nações, que se associar e lutar com elas.

"18 DE AGOSTO — Gladstone, por ter atendido às reclamações da guerra civil, é ainda mais impopular no Sul do que na Inglaterra entre os conservadores. O tempo em que se assinou o tratado de Washington era, entretanto, para o estrangeiro, de perfeita unificação americana. Há entre o Norte e o Sul mais que uma desinteligência política, há reserva tácita de uma má-vontade hereditária, um estado de guerra latente.

"O que torna os dois grandes partidos nacionais coligações acidentais e impossibilita a unidade de vistas em cada um deles, é a divergência dos interesses dos estados. O partido Democrata, por exemplo, tem que conciliar em uma fórmula negativa a política dos estados do Leste, dos pagamentos em ouro e do resgate do papel, com a política dos estados do Oeste, dos *greenbacks;* e o partido Republicano tem que harmonizar a política de intervenção de Grant com a política de Hayes de completo *self-government* para os estados do Sul.

"25 DE JULHO — As ccnas destes últimos dias (a parede das estradas de ferro) dão muito que pensar... Victor Hugo diz que o culpado de terem os comunistas pegado fogo a Paris é quem não lhes ensinou a ler. Cada um dos incendiários, porém, era provavelmente assinante do *Rappel*. Que povo calmo, o americano! A grande excitação de que se fala não passa de uma conversa particular no *bar-room* de um hotel. Nova York está, talvez, a ponto de se tornar o teatro de um *riot* amanhã, e as autoridades concedem um parque aos comunistas para o seu *meeting*. Tudo fraterniza: a tropa com os *strikers*, grevistas, os *citizens* com a *mob*, e ninguém perde a calma. O pessimista francês não existe neste país de otimistas que dizem sempre: *não haverá nada*, e se há: *isto passa logo*, e se dura: *podia ser pior*. A barba do vizinho, de que fala o ditado, não se entende aqui de cidade a cidade, nem de bairro a bairro, mas quase de casa a casa. Os próprios que perdem tudo não acham meio de queixar-se senão de si mesmos.

"1º DE SETEMBRO — Há poucos homens em política que prefiram cair por seus princípios a sofismá-los para ficar de pé. O ministro que sustenta a preeminência da Câmara dos Deputados procurará, se a Câmara lhe for contrária, provar que ela não representa o país e apoiar-se na Câmara Alta. Durante o império, Gambetta não falaria do sufrágio universal com o entusiasmo de hoje, e nenhum bonapartista se submeteria agora, como sob os Napoleões, a um *apelo ao povo*. No fundo só há duas políticas: a política de governo e a política de oposição.

"4 DE SETEMBRO — Thiers morreu ontem. Por toda a parte a notícia vai produzindo a mesma impressão. Pobre França! é o que se exclama. A perda é irreparável. O leme fica sem homem. A confiança que a Europa toda tinha no velho conselheiro da França não acha a quem se entregar... O último em França dos grandes homens do passado não nomeou sucessor...

"8 DE SETEMBRO — Bradley, o juiz da Corte Suprema, que de fato fez a Hayes presidente, tendo sido atacado pelos jornais democratas e acusado de ter mudado de opinião depois de ouvir os diretores do caminho de ferro do Pacífico, entendeu dever justificar-se pela imprensa. Nessa justificação, admitindo a possibilidade de ter expressado a seus colegas durante o processo uma opinião diversa da que deu, ele conta que escrevia razões ora em um sentido, ora em outro, sobre o voto da Flórida, tendo chegado ao voto que deu, depois de muita dúvida. Esta carta a um jornal de Nova York é curiosa em muitos pontos de vista. Um juiz que vacila, que chega a conclusões diferentes durante muitos dias, deveria considerar definitiva a opinião que ocasionalmente predomina em seu espírito no momento de ser tomado o voto? Não será provável, pelo menos possível, que ele mude ainda de juízo, depois de emitido o seu voto, isto é, de irreparável? Por outro lado, essas dúvidas não provarão a sinceridade do processo lógico de investigação, e poder-se-á exigir do juiz que tenha, desde o começo de uma causa, opinião formada? A vacilação quadra menos com a distribuição da justiça, a qual deve sempre proceder de uma convicção inabalável e inabalada, do que a obstinação, que muitas vezes é falta de percepção e exclusivismo de juízo. Quanto à força que a reflexão posterior tem dado em seu espírito ao voto que emitiu, é esse um fenômeno de assentimento da consciência, muito comum na magistratura. Cometido o erro, a inteligência o toma como verdade, porque é o interesse do bom nome do juiz.

"11 DE SETEMBRO — Muito se tem dito sobre as mudanças de Thiers. Quando se procura saber por que esse pequeno marselhês, nascido pobre, sem família, exposto ao ridículo e ao desdém dos seus competidores aristocratas, atravessou tantos governos diversos, sem nunca perder a sua importância política, até vir a ser, na extrema velhice, o Libertador do Território, encontra-se a explicação dessas mudanças. Quando tantos homens de talento, caráter, fortuna e prestígio social representavam o seu papel em um regímen e desapareciam, Thiers era sempre contado como um poder político. Foi seu destino fundar e destruir governos, mas não se pode acusá-lo de se ter divorciado da França em nenhum desses momentos. Mudou sempre com o país. A sua grande mudança final de monarquista para republicano coincidiu com o seu interesse pessoal como primeiro presidente da república, mas coincidiu também com a conversão das classes médias, não ao princípio republicano, mas à idéia de que só a república era possível. Sempre a França, nos seus movimentos liberais, o encontrou ao seu lado. Durante o império, ele fez uma oposição patriótica, que teria, talvez, evitado Sedan e conservado a dinastia, se o não considerassem orleanista. Quando concorreu para colocar Luís Felipe no trono, o pensamento era que uma monarquia republicana dispensava a república. A fraqueza da monarquia de 1830 foi que o princípio da hereditariedade a minou desde o começo. Luís Felipe destruiu o direito divino para subir e, depois, quis servir-se dele para durar, transformando-o em bom senso, princípio de autoridade, etc. O que faz a unidade da carreira de Thiers, é que ele foi sempre pelo governo parlamentar, pelo direito popular representado nas assembléias legislativas. Por esse princípio renunciou a presidência da república em mãos suspeitas. O segredo da sua fortuna política consistiu em guardar fidelidade à França.

"Muitas vezes um país percorre um longo caminho para voltar, cansado e ferido, ao ponto donde partiu. É possível que a França volte ainda à monarquia legítima, e se Thiers tivesse vivido mais tempo e a república trouxesse novas desgraças para a França, como a Comuna, talvez fosse o mesmo Thiers quem entregasse a França ao herdeiro dos seus reis. Mesmo assim, quando a França comparar os dois tipos de estadistas: Berryer, que não mudou nunca, fosse por uma convicção monárquica sempre renovada, fosse por um cavalheirismo digno do seu caráter, e ficou sempre no mesmo lugar à espera de que a França voltasse aí, e Thiers, que a acompanhou nas suas vicissitudes, eu acredito que ela se reconhecerá a si mesma no homem que encontrou sempre como seu conselheiro, que por vezes mudou para ficar ao lado dela e poder valer-lhe com a sua consumada experiência nos dias em que viesse a precisar de uma palavra amiga".

Ao reler hoje esta página do meu diário de 1877, vejo que a minha explicação da unidade da carreira política de Thiers se parece muito com a que, há alguns anos, foi publicada de Talleyrand, justificando-se em suas *Memórias* de só ter mudado com a França e por causa da França.

Esses trechos mostram que em Nova York eu não me achava sob a influência americana, mas que continuava em mim a influência européia e eu era o espectador, que tinha sido em Londres, quase desinteressado da política, desinteressado pelo menos de toda a política que não pudesse converter em assunto literário, ou em nota crítica e observação. Agora direi a minha impressão geral dos Estados Unidos, o que é hoje a minha idéia da democracia na América.

XVI

TRAÇOS AMERICANOS

DOS ESTADOS UNIDOS não vi senão muito pouco, como da Inglaterra, por isso as impressões que reproduzo devem ser entendidas como impressões de Nova York e Washington, quase exclusivamente. Por uma circunstância fortuita pude ficar em Nova York quase todo o tempo que passei na legação do Brasil. O meu ministro, o barão de Carvalho Borges, de quem conservo a mais grata recordação, estava de luto, por isso ausentara-se de Washington e vivia em Nova York, incógnito, ao contrário de outros colegas seus, contra cujo realce aos bailes e recepções da Quinta Avenida os jornais de Washington em vão reclamavam. Além das duas grandes capitais da União, a política e a cosmopolita, conheci somente Filadélfia, durante o centenário, Saratoga, durante uma convenção nacional, e Niágara e Boston, que me fizeram perder Newport. A idéia, porém, que tenho é que quem viu Nova York e Washington viu tudo que há que ver nos Estados Unidos, excetuando somente as poucas cidades a que se podem chamar cidades históricas, que têm o cunho das suas tradições próprias. Quem viu Buffalo, Saint Louis, São Francisco, Chicago, não viu porém Nova York, como quem viu Saratoga não viu Newport, ao passo que Boston, Nova Orleans, não têm semelhantes.

Para o engenheiro, para o inventor, para o arquiteto, para todo economizador de tempo e trabalho, para quem admira acima de todos o gênio industrial deste século, os melhoramentos que ele tem introduzido na ferramenta humana, os Estados Unidos são de uma extremidade a outra um país para se visitar e conhecer. É ele, talvez, o país onde melhor se pode estudar a civilização material, onde o poder dinâmico ao serviço do homem parece maior e ao alcance de cada um. Em certo sentido, pode-se dizer dele que é uma torre de Babel bem sucedida. Na ordem intelectual e moral, porém compreendendo a arte, os Estados Unidos não têm o que mostrar, e certa ordem de cultura, toda cultura superior quase, não precisa para ser perfeita e completa de adquirir nenhum contingente americano.

Da política, a impressão geral que tive e conservo é a de uma luta sem o desinteresse, a elevação de patriotismo, a delicadeza de maneiras e a honestidade de processos que tornam na Inglaterra, por exemplo, a carreira política aceitável e mesmo simpática aos espíritos mais distintos. O que caracteriza essa luta é a crueza da publicidade a que todos que entram nela estão expostos. Como antes eu disse, não há vida particular nos Estados Unidos. Para a reportagem não existe linha divisória entre a vida pública e a privada. O adversário está sujeito a uma investigação sem limites e sem escrúpulos, e não ele, somente — todos que lhe dizem respeito. Se um candidato à presidência tiver tido na mocidade a menor aventura, terá o desgosto de vê-la fotografada, apregoada nas ruas, colorida em cartazes, cantada nos *music-halls*, por todos os modos e invenções que o ridículo sugerir a parecerem mais próprios para captar o eleitorado. A campanha contra Tilden foi feita com uma revelação de que ele tinha uma vez iludido o fisco, a respeito do seu rendimento profissional. O político é entregue sem piedade aos repórteres; a obrigação destes é rasgar-lhes, seja como for, a reputação, reduzi-lo a um andrajo, rolar com ele na lama. Para isso não há artifício que não pareça legítimo à imprensa partidária; não há espionagem, corrupção, furto de documentos, intercepção de correspondência ou de confidência, que não fosse justificada pelo sucesso.

O efeito de tal sistema pode ser moralizar a vida privada, pelo menos a dos que pretendem entrar para a política, se há moralidade no terror causado por um desses formidáveis *expo-*

sures eleitorais, os franceses diriam *chantage*. A vida política, porém, ele não tem moralizado. A consciência pública americana é muito inferior à privada, a moral do estado à moral de família.

Decerto, nos Estados Unidos, os chamados *rings*, nós diríamos quadrilhas, os roubos públicos, os sindicatos administrativos, são denunciados e investigados como não o seriam talvez em nenhum país, o americano não tendo pena dos adversários, julgando-se obrigado para com o seu partido a reduzi-lo à condição mais humilhante, a expeli-los um por um, sendo possível, da vida pública. Mas, desde que a corrupção reina nos dois partidos, que ambos têm as suas chagas conhecidas, as suas ligações comprometedoras, todas as campanhas a favor da pureza administrativa têm muito de insincero, de simulado, de convencional, o que não acontece com as investigações da vida privada. Estas sim, encontram em toda a parte a unidade do sentimento e da educação religiosa do país para ecoá-las. A consciência em voga entre os *politicians* tem a sua casuística especial.

Isto não quer dizer que na política americana não haja um tipo muito diferente do *politician*, ou como os antigos lhe chamariam, do demagogo; que, ao lado da consciência elástica, insensibilizada para todas as espécies de fraude, de corrupção, de chicana, como males inevitáveis da democracia, não existia a honra, o decoro, a imaculabilidade. Há homens na política respeitados em todo o país, e que ambos os partidos reputam incapazes da menor indelicadeza no que toca à honestidade pessoal. Não há um só, na atividade e na luta partidária porém, a quem se atribua o caráter preciso para repudiar e condenar os seus correligionários ainda nos piores recursos que tiverem empregado. O homem da mais pura reputação no Senado americano votará *sólido*, sempre que se tratar do interesse geral do partido.

Não havia nada que me desse na América do Norte idéia da superioridade de suas instituições sobre as inglesas. A atmosfera moral em roda da política era seguramente muito mais viciada; a classe de homens a quem a política atraía, inferior, isto é, não era a melhor classe da sociedade, como na Inglaterra; pelo contrário, o que a sociedade tem de mais escrupuloso afasta-se

MINHA

FORMAÇAO

POR

JOAQUIM NABUCO

DA ACADEMIA BRASILEIRA

E DO INSTITUTO HISTORICO E GEOGRAPHICO

H. GARNIER, LIVREIRO-EDITOR

71-73, RUA MOREIRA CEZAR, 71-73 | 6, RUE DES SAINTS-PÈRES, 6

RIO DE JANEIRO | PARIZ

—

1900

Folha de rosto da 1ª edição.

Conselheiro José Tomás Nabuco de Araújo, pai de Joaquim Nabuco. Reprodução fotográfica de litografia de L.A. Boulanger. Rio de Janeiro.

D. Ana Benigna de Sá Barreto, esposa do conselheiro Nabuco de Araújo e mãe de Joaquim Nabuco (Joaquim Aurélio Barreto Nabuco de Araújo).

Rua do Aterro da Boa Vista, hoje rua da Imperatriz Tereza Cristina, onde nasceu Joaquim Nabuco, a 19 de agosto de 1849, no sobrado nº 39, na esquina após o bonde.

Casa-grande e capela de São Mateus, do Engenho Massangana, município do Cabo, Pernambuco. Em 1849, propriedade do sr. Joaquim Aurélio Pereira de Carvalho e de sua esposa d. Ana Rosa Falcão de Carvalho, padrinhos de Joaquim Nabuco. Neste Engenho, Nabuco viveu os seus primeiros oito anos de vida.

Joaquim Nabuco aos 15 anos, em 1864.

Joaquim Nabuco estudante (1868).

Joaquim Nabuco em 1876, nomeado adido de primeira classe junto à Legação do Brasil, em Washington.

D. Evelina Torres Soares Ribeiro Nabuco de Araújo, esposa de Joaquim Nabuco.

Joaquim Nabuco de Araújo Filho, Maurício, Maria Carolina, Maria Ana e José Tomás, filhos de Joaquim Nabuco. Fotografia tirada no sul da França, em 1903, quando Nabuco era ministro plenipotenciário do Brasil, em Londres.

A Legação Brasileira em Londres, em março de 1901, vendo-se da esquerda para a direita: Graça Aranha, Silvino Gurgel do Amaral, Joaquim Nabuco, Domício da Gama e Oliveira Lima.

Joaquim Nabuco em Roma (1904).

Joaquim Nabuco e Silvino Gurgel do Amaral, durante um passeio pelo lago Lomond, em Inverness, Escócia, setembro de 1902.

Joaquim Nabuco no Hotel Saint Petersburg, onde se instalou para trabalhar na questão da Guiana Inglesa. Nice, França, 1904.

Joaquim Nabuco em Washington, 1905.

Da esquerda para a direita: Aníbal Velloso Rabello, Joaquim Nabuco e Richard Cutes Shannon, nas White Mountains, Estados Unidos, em 1905.

Nabuco, doutor honoris causa *pela Universidade de Yale, 1908.*

Joaquim Nabuco em Washington, a 1º de janeiro de 1910 — sua última foto.

O cortejo fúnebre atravessando o largo do Paço (hoje praça 15 de Novembro). Abril de 1910.

Exéquias de Joaquim Nabuco no Rio. Tropas de terra e mar nas proximidades do Palácio Monroe, onde ficou exposto o corpo.

Mausoléu de Joaquim Nabuco no Cemitério de Santo Amaro, Recife. Projeto iniciado em 1911 pelo escultor italiano Giovanni Nicolini, sendo encarregado de montá-lo no Brasil o escultor italiano Renato Baretta, em novembro de 1914. Foto de Edmond Dansot.

Joaquim Nabuco em 1901.

Touro alado assiriano que o autor adaptou como ex libris.

naturalmente da política. A luta não se trava no terreno das idéias, mas no das reputações pessoais; discutem-se os indivíduos; combatem-se, pode-se dizer, com raios Roentgen; escancaram-se as portas dos candidatos; expõe-se-lhes a casa toda como em um dia de leilão. Com semelhante regímen, sujeitos às execuções sumárias da calúnia e aos linchamentos no alto das colunas dos jornais, é natural que evitem a política todos os que se sentem impróprios para o pugilato na praça pública, ou para figurar em um *big show*.

A grandeza do espetáculo que dão os Estados Unidos é tanto maior, eu sei bem, quanto mais baixo o nível do político de profissão. A degradação dos costumes públicos do país, coincidindo com o seu desenvolvimento e cultura, com a sua acumulação de riqueza e de energia, com os seus recursos ilimitados, não quer dizer outra coisa senão que a nação americana não se importa que administrem mal os seus negócios, porque não tem tempo para tomar contas. É como uma fazenda de imensa safra, em que o proprietário ausente fechasse os olhos às dilapidações do administrador, levando-as à conta de lucros e perdas, inevitável em todo gênero de negócios. Os americanos deixam-se tratar pelos seus *politicians* do mesmo modo que os reis da França pelos seus *fermiers-généraux*. Sejam causados pela ignorância e incapacidade, ou pela corrupção e venalidade, prejuízos há de sempre haver em toda administração; para impedi-los seria preciso montar um sistema de fiscalização ruinoso para o país, não só pelo seu custo, como porque seria preciso distrair para ele dos negócios e de outras profissões o que o país tivesse de melhor.

Que pode acontecer de pior entregando-se o país à direção de partidos organizados como associações de seguro mútuo e que para isso recolhem uma porcentagem do rendimento nacional? Uma agravação de impostos? Que importa ao americano pagar mais alguns *cents* no dólar e não se incomodar com a política? Envolverem os *politicians* a nação em uma guerra estrangeira? O perigo é muito problemático e a varonilidade do país não teme que o envolvam em uma guerra sem ele a querer e a achar legítima ou vantajosa. O americano sabe que há no seu país uma opinião pública, desde que cada americano tem uma opinião sua. É uma força latente, esquecida, em repouso, que não se levanta sem causa suficiente, e esta raro se produz; mas é uma força de uma energia incalculável, que atiraria pelos ares tudo o que lhe resistisse, partidos, legislaturas, congresso, presidente.

É nesse sentido um grande espetáculo. O governo tem uma capacidade limitada de fazer mal; a parte de influência e de lucros que a nação abandona à classe política está circunscrita a uma escala móvel, isto é, proporcional ao rendimento público, o que permite à profissão vantagens crescentes e progressivas, mas, como quer que seja, está circunscrita; a nação deixa-se dividir em partidos, forma e manobra em campos eleitorais, e, apesar da massa das abstenções, acompanha os maus administradores dos seus interesses; mas todos sentem que de repente a opinião pode mudar, tornar-se unânime, adquirir a força de um impulso irresistível, destruir tudo. Nos Estados Unidos o governo não tem assim a importância que tem nos países onde ele governa; o governo na América é uma pura gestão de negócios, que se faz, mal ou bem, honesta ou desonestamente, com a tolerância e o conhecimento do grande capitalista que a delega. A corrupção política é, por isso, na América do Norte, já uma vez citei esta imagem de Boutmy, uma simples erupção na pele, enquanto em outros países ela é um mal profundo, visceral.

O fato é que nenhuma impressão guardei dos Estados Unidos de ordem equivalente à impressão inglesa, nem mesmo a de liberdade individual. É certo que o americano, comparado com o inglês, tem o sentimento da altivez individual mais forte, porque não há classe, nem hierarquia a que ele se curve. O inglês tem reverência pela posição, pela classe, pelo nascimento; o americano não tem, e isto faz naturalmente que este se considere mais independente no seu modo de sentir do que o inglês. É incontestável que a democracia, introduzindo na educação a idéia da mais perfeita igualdade, levanta no homem o sentimento do orgulho próprio. A questão é saber, tomando o conjunto dos resultados, se as sociedades antigas onde as influências tradicionais não se apagaram de todo, como a inglesa, antes são por assim dizer artificialmente mantidas, não produzem com as limitações de classe uma dignidade pessoal moralmente superior a essa altivez da igualdade. É preciso não esquecer, tratando-se do norte-americano, que a igualdade humana para ele fica dentro dos limites da raça; já não falando do chim ou do negro — que seria classificado, se vencesse o instinto americano, em uma ordem diferente da do homem — nunca ninguém convenceria o livre cidadão dos Estados Unidos, como ele se chama, de que o seu vizinho do México ou de Cuba, ou os emigrantes analfabetos e os indigentes que ele repele dos seus portos, são seus iguais. Para com estes o seu sentimento de altivez converte-se no mais fundo desdém que ente humano possa sentir por outro.

Não quisera eu negar a inspiração superior que há no sentimento da igualdade na América, como no antigo Israel e na antiga Grécia, onde ele foi um sopro de liberdade, de heroísmo, de independência, de que procederam os mais perfeitos tipos na arte e na religião. É evidente que nesse caminho é a Inglaterra que avança na direção dos Estados Unidos e não os Estados Unidos que retrocedem a encontrar a Inglaterra. Ninguém que conheça o tipo americano, desde o *news-boy,* que grita os jornais na rua, até o *king,* o rei, de algum imenso monopólio ou especulação, estradas de ferro, minas de carvão ou de prata, mercado de algodão ou de farinha de trigo, desconhecerá que a característica, por excelência, do americano é a convicção de que *melhor* do que ele não existe ninguém no mundo. A matéria-prima dos discursos feitos às multidões, ou dos artigos de propaganda eleitoral, posso dizer que se contém toda nesta frase, que ouvi a um dos oradores de um *monster-meeting:* "Nos Estados Unidos (ele disse, como sempre, *in America)* cada homem é um rei, e cada mulher uma rainha". Talvez fosse paradoxo dizer eu que o efeito de tal sentimento não pode ser senão gerar um ilimitado orgulho, e que do orgulho renascerá senão a desigualdade, porquanto a igualdade pode ficar entranhada no sangue da raça, o servilismo. Não foi assim sempre com as mais livres de todas as raças e as mais soberbas de todas as democracias?

O sentimento, entretanto, da igualdade perante a lei, e perante a justiça, qualquer que possa ser o sentimento da igualdade de condição, é maior, é mais seguro na Inglaterra do que nos Estados Unidos. É mais provável que o *groom* do marquês de Salisbury obtenha justiça contra seu amo do que o caixeiro de um grande estabelecimento de Nova York contra o patrão, se este tiver qualquer influência no City Hall.

Nos Estados Unidos não seria necessário anunciar hoje: "Precisa-se de uma aristocracia". Essa aristocracia já existe, ou, pelo menos, se está formando rapidamente, como tudo se forma ali: aristocracia de nascimento, aristocracia de fortuna, aristocracia de inteligência, aristocracia de beleza. O que distingue essa aristocracia sem títulos nem pergaminhos de nobreza, toda de convenção, mas, apesar disso, uma aristocracia, o que a distingue das outras aristocracias do mundo é não ser política, ser mesmo o resultado da abstenção política. E em segundo lugar — e este é o ponto mais delicado da *sociedade* americana — a idéia, que se insinuou entre as mulheres desse círculo estreitíssimo, de que o *gentleman* inglês é um tipo superior ao dos seus patrícios de maior cultura e distinção. É certo que as americanas que preferem casar com estrangeiro para pertencerem às rodas mais exclusivas da aristocracia européia são poucas em relação às que casam com compatriotas seus; mas a aristocracia é, em si mesma, uma minoria, e são as suas minorias que melhor lhe representam o espírito. Essa preferência pelo estrangeiro, por parte da mulher americana, quer me parecer um desastre sensível para o sentimento da igualdade dos americanos. Se o resultado desse sentimento, e é claro que o efeito não é de outra causa, é criar uma aristocracia em que o homem é considerado abaixo do nível da mulher, e menos próprio para inspirar-lhe amor e desposá-la do que o lord ou o *honourable* inglês, pode-se dizer que, na mais alta esfera da sociedade, aquele sentimento faliu desastrosamente.

Nesse ponto, nenhuma alta sociedade sofre de um mal tão deprimente, como é a consciência que o homem do mundo americano tem de que a sua jovem patrícia, bela e muitas vezes milionária, reputa o duque inglês ou o conde francês um ente superior a ele. Não é o título necessariamente o que constitui a vantagem do estrangeiro que telegrafa para Londres ou Paris o seu *veni, vidi, vici,* dias depois de ter desembarcado; é em parte o prestígio, a sedução do mundo europeu e a idéia de que só excepcionalmente o americano chegaria a afinar-se com a sociedade inglesa, francesa ou romana, como ela, americana, se afina; mas é principalmente o tipo aristocrático de homem que exerce sobre ela essa fascinação desoladora para os seus compatriotas. Há famílias, e as haverá cada dia mais nos Estados Unidos, que são famílias patrícias, seja pela imensa riqueza, como os Astors e os Vanderbilts, pela magistratura consular que exerceram, como os Adams, os Hamiltons, os Jays, pelas gerações que representam de nomes conhecidos e de proeminência social, e é evidente que nessa aristocracia, que tende a ter o seu espírito de classe, a idéia de casamento com estrangeiro, ou de superioridade do estrangeiro, não pode ser senão a exceção. Mas em uma sociedade é preciso levar em conta o sentimento do grupo que atrai nela a maior soma de interesse público, não há dúvida que, no último degrau da sociedade americana, o prestígio do nobre inglês, dos bons títulos franceses, dos príncipes romanos, vence toda a competição nacional. Está aí uma terrível concorrência, contra a qual é impotente o gênio protecionista do país. Apenas, como compensação, poder-se-ia imaginar um *drawback* em favor dos americanos que casassem na alta sociedade ou finança européias. Uma aristocracia, onde as mulheres mais ambicionadas, as que têm a primazia da beleza, da fortuna, da sedução, julgam o estrangeiro, quando se trata de amor ou de união, mais ao seu nível do que o seu compatriota, sofre de um desequilíbrio de ideal entre os dois sexos. Não é senão justo apreciar as sociedades pela sua flor, pela sua elite, isto é, pelo que elas mais profundamente admiram em si mesmas e o mundo mais admira nelas.

XVII

INFLUÊNCIA DOS ESTADOS UNIDOS

EU NÃO podia, entretanto, ter vivido quase dois anos nos Estados Unidos sem em algum ponto ser modificado pela influência norte-americana. Uma coisa é a Europa, outra a América do Norte. Entre os americanos, o metal do caráter, o fundo de experiência humana, o tato da vida é, falando do país como uma só pessoa moral, anglo-saxônio. Os Estados Unidos, como a Austrália e o Canadá, não podem esconder a sua procedência. O fundo anglo-saxônio revela-se, aumentado ou diminuído na coragem e tenacidade, na dureza e impenetrabilidade, no espírito de empresa e de independência da raça, também na brutalidade e crueldade do instinto popular, nas rixas de sangue, na bebida, nos linchamentos, na sede insaciável de dinheiro, e também, outros traços, na necessidade de limpeza física e moral, no espírito de conservação, na emulação e amor-próprio nacionais, na religião, no respeito à mulher, na capacidade para o governo livre.

Que homem diferente, porém, é o americano do inglês! Os moldes são tão diversos que, para explicar a diferença, é preciso admitir uma influência modificadora mais forte do que a de instituições sociais, uma influência de região — cada grande região do globo produzindo com o tempo uma raça sua, diferente das outras. As instituições modificam o caráter de um povo, mas não se provou ainda que lhe modificassem o tipo e o temperamento físico. Qual seria a diferença entre o grego do tempo de

Milcíades e do tempo de Alexandre ou de Trajano? Qual a diferença do napolitano do tempo de Afonso, o Grande, para o do rei Umberto, ou do português manuelino para o de hoje?

A comparação do maquinismo político-social entre a América do Norte e a Inglaterra é, em quase tudo, favorável a esta. As instituições inglesas, tanto as políticas como as judiciárias, tanto as públicas como as privadas, têm mais dignidade, mais seriedade, mais respeitabilidade. Na Câmara dos Comuns não se imagina o processo do *lobbying*, não há na administração inglesa o *spoils system*, ninguém pensaria em *squaring* um tribunal inglês, não há na Inglaterra um trecho de território em que os cidadãos só tenham confiança na justiça que fazem por suas mãos, como nos *lynchings* americanos. A todos os que têm que tratar com a administração, que estão na dependência da justiça, a organização americana oferece muito menos garantias de eqüidade e menor proteção do que a inglesa.

Isto, por um lado; por outro, quem entra na vida pública tem que procurar nos Estados Unidos as boas graças de indivíduos muito diferentes dos que na Inglaterra abrem aos principiantes as portas da política; além disso, tem que aprender por um catecismo muito mais relaxado. A intervenção do grande pensador, do grande escritor, do homem competente, faz-se sentir na Inglaterra mais do que nos Estados Unidos, onde as massas obedecem a influências que não têm nada de intelectual e não têm apreço por nenhuma espécie de elaboração mental. Tudo o que é superior tem, com efeito, o cunho da individualidade; envolve, portanto, desdém pela sabedoria das massas. O gênio político, qualquer que seja, está para elas eivado de rebeldia. Singularmente, o cidadão vale menos nos Estados Unidos do que na Inglaterra. Para ser uma unidade na política americana, é preciso que o indivíduo se matricule em um partido, e, desde esse dia, renuncie à sua personalidade. Na Inglaterra não há semelhante escravidão do partido. O país é governado, como os Estados Unidos, por dois partidos que se alternam e se equilibram, mas os partidos ingleses são partidos de opinião, não são *machines*, como os americanos, das quais certo número de *bosses* governam e dirigem os movimentos.

Tomando-se, porém, o indivíduo sem relação ao maquinismo político, o homem que não tem dependência da administração nem da justiça e que renuncia o direito de desgovernar ele também os seus concidadãos, os Estados Unidos são o país livre por excelência. Os americanos são uma nação que quisera viver sem governo e agradece aos seus governantes suspeitarem-lhe a intenção. Daí, a popularidade de seus presidentes: eles não fazem sombra ao país, não pesam sobre a nação. A pressão de cima para baixo, do governo sobre a sociedade, a que a humanidade se habituou de tempos imemoriais, de forma a não poder viver sem ela, faz-se sentir nos Estados Unidos menos do que em outra qualquer parte, menos do que na Inglaterra, onde a proteção governamental está sempre presente. A coluna da autoridade é menor sobre os ombros do americano do que sobre os de qualquer outro povo; a sua respiração é a mais franca, a mais larga, a mais profunda de todas. O governo pode ser melhor, mais perfeito na Inglaterra: que lhe importa isso, se o que ele quer é mesmo que a ação do governo se vá cada dia restringindo e ele a sinta menos e tenha menos que ver com ela? A questão é saber se a coluna de autoridade, que é hoje tão leve nos Estados Unidos, não virá um dia a ser a mais pesada de todas. O sistema americano pode bem corresponder, dada a diferença de época e adiantamento, à liberdade pessoal de que gozaram sempre mais ou menos as raças que tinham espaço ilimitado para se estenderem e escassa vizinhança em país novo. No fundo, essa extrema liberdade é uma forma de individualismo, de isolamento, de vida à parte, de responsabilidade ainda não formada, do homem na sociedade. Isoladamente, o americano será, como eu disse, o mais livre de todos os homens; como cidadão, porém, não se pode dizer que o seu contrato de sociedade esteja revestido das mesmas garantias que o do inglês, por exemplo. A autoridade é menor sobre os seus ombros, mas a responsabilidade humana é também mais frouxa em sua consciência.

Uma coisa o governo americano não é: não é o governo do melhor homem, como pretendiam ser as democracias antigas. Governo pessoal, as presidências podem ser, pelo menos foram algumas acusadas de o ser; não se pode, porém, apontar neste século o homem de influência nos Estados Unidos, o Gladstone ou o Gambetta americano. A nação dispensa tutores, diretores, conselheiros, rejeita tudo o que pareça *patronizing*, ares de proteção e condescendência para com ela. Aos seus olhos, o que faz um estadista considerável e importante é a soma de confiança que ele lhe merece, é o reflexo da satisfação que causa a Uncle Sam.

A idéia de que o seu governo é o mais forte do mundo e o que mais economiza e oculta a sua força, é o orgulho por excelência do americano. Entre o militarismo europeu e a democracia desarmada dos Estados Unidos pode um dia rebentar um conflito que hoje parece quase um paradoxo figurar, mas, até se experimentar em uma grande guerra estrangeira, como se provou em uma grande rebelião, a solidez e a elasticidade da americana, não se a pode considerar superior à velha textura européia.

O que se pode dizer é que os Estados Unidos não tiveram ainda os mesmos perigos de que se acautelar que a Europa. Esse governo que muda todos os quatro anos pode ser o mais forte do mundo, mas não foi experimentado nas mesmas condições que os outros, e está para estes, que são governos armados e em constante vigia pelo risco das coalizões estrangeiras, como os magníficos transatlânticos, de vastos salões iluminados, cobertas altas, camarotes espaçosos e arejados, verdadeiras cidades flutuantes, estão como habitação para os navios de combate.

A União, comparada à Inglaterra, é como a *prairie* americana comparada ao pátio interior de um castelo normando. Em uma, há de todos os lados o espaço descortinado, a planície sem fim; em outro, o espectador está fechado por altas paredes, que lhe contam sempre a história de outras épocas. O passado pesa sobre o presente na Inglaterra e o limita; na América, não há vista retrospectiva. De tudo isto resulta para o americano um sentimento de independência, que o faria, como fazia o grego, sentir-se metade escravo, se lhe dessem um rei, mesmo quando o efeito da realeza fosse aumentar a sua parte efetiva de direitos e de influência na comunhão. É nisto que consiste a maior "liberdade" americana: no sentimento da igualdade hierárquica entre governantes e governados.

Não havia perigo de que eu adquirisse essa idiossincrasia americana: era evidente para mim que ela era o resultado das condições em que o país crescera e que, se a independência tivesse sido feita com um príncipe inglês, como a nossa foi feita com o herdeiro do trono, os Estados Unidos, em um século de progresso e de adiantamento, teriam desenvolvido para com a sua casa reinante o mesmo sentimento de *loyalty* dos ingleses. Se a realeza, na Inglaterra, passou, no nosso tempo, pela metamorfose que se observa do reinado de Jorge IV para o reinado de Vitória, teria passado na América do Norte por uma transformação ainda maior. Mr. King ou Mrs. Queen seria uma pessoa muito mais popular do que Mr. President, e diariamente receberia mais esmagadores *shake-hands* ou mais familiares cartões-postais. No Brasil a monarquia foi o que vimos, uma pura magistratura popular; como não seria nos Estados Unidos, onde o princípio ativo, a força corrosiva da democracia é ainda mais enérgica? A monarquia, na Nova Inglaterra, teria, provavelmente, exercido maior influência sobre as velhas monarquias européias do que exerceu a grande república, e outra espécie de influência sobre o resto da América.

Depois da recepção e do acolhimento que Dom Pedro II teve nos Estados Unidos em 1876, não era mais lícito duvidar de que para a inteligência culta do país a monarquia constitucional, representada por uma dinastia como a brasileira, era um governo muito superior às chamadas repúblicas da América Latina. Perante multidões americanas nem sempre conviria, talvez, ao orador dizer isso; ele poderia às vezes declamar que a pior das repúblicas é um progresso sobre a melhor das monarquias, mas eu sentia que falar assim era o privilégio do demagogo irresponsável, e que esse não fora o sentimento dos Washingtons, dos Hamiltons, dos Jeffersons, nem é o dos que procuram seguir-lhes as tradições. O efeito do republicanismo norte-americano só podia ser para mim o de corrigir o que houvesse de supersticioso no meu monarquismo, tirar-lhe tudo o que parecesse direito divino, consagração super-humana. Entre os dois espíritos, o inglês e o norte-americano, eu não via oposição, como não há oposição entre as duas raças e as duas sociedades; não havia nada mais fácil de compreender e conciliar do que a admiração com que Gladstone fala dos Estados Unidos e a admiração dos escritores mais respeitáveis da América pela constituição inglesa.

Nenhuma das minhas idéias políticas se alterou nos Estados Unidos, mas ninguém aspira o ar americano sem achá-lo mais vivo, mais leve, mais elástico do que os outros saturados de tradição e autoridade, de convencionalismo e cerimonial. Essa impressão não se apaga na vida. Aquele ar, quem o aspirou uma vez, prolongadamente, não o confundirá com o de nenhuma outra parte; sua composição é diferente da de todos.

Quanto a mim, fui tratado com tanta benevolência, encontrei tão generoso acolhimento nos Estados Unidos, que ainda hoje me reconforto nessas doces recordações. A impressão geral que me deixou o que vi na América do Norte é uma impressão de nitidez; tudo é nítido de contorno perfeito e incisivo, como uma medalha antiga. O inglês fará tudo sólido; o francês, elegante; o americano procura fazer nítido, *clean cut*. Isso reconhece-se logo em qualquer estampa americana. Há uma perfeição à parte, que é a perfeição americana, distinta do último toque que o inglês ou o francês dá às coisas, perfeição real, incontestável, como é a japonesa. Pode-se preferir o modo de ver, ou, antes, o modo de olhar — a arte não é no fundo senão um modo de olhar, uma questão de ângulo visual — do europeu ao do americano, é também isso em grande parte uma questão de raça, mas não há dúvida que o traço americano é um traço que alcançou, por sua vez, a perfeição. Tudo o que vi me pareceu feito, desenhado com esse traço, que eu não confundiria com outro. O que o distingue é que ele não exprime, como os outros, um estado de espírito ou aspiração de ordem puramente estética; que exprime uma resolução, uma vontade, um caráter. Se não fosse a imaginação histórica, de que eu não poderia, nem quisera, desfazer-me, nenhuma residência, nenhum espetáculo me teria nunca parecido tão encantador como o de Nova York. Não sei se o céu de Nova York não me pareceu o mais belo do mundo; o que sei é que ele derrama em ondas de luz a alegria, a vida, a coragem, sobre a mais admirável procissão de mocidade e de beleza humana que jamais passou diante dos meus olhos, a que flui e reflui todas as tardes e manhãs da Quinta Avenida para o Central Park.

Ao americano, ao homem, não à mulher, e ao homem que não pertence à elite do país, faltará o que se tem convencionado chamar maneiras, os toques ou sinais, desconhecidos dos profanos, pelos quais os iniciados nos segredos mundanos se reconhecem entre si; isto quer dizer somente que a americana é uma raça que ainda está crescendo na mais perfeita igualdade e ganhando a vida em desenfreada competição. Não há, porém, no mundo uma escola igual a essa para se aprender o que, de ora em diante pelo menos, é o mais importante dos preparatórios da vida — a arte de contar consigo só. O menino americano, e quando se diz o menino nos Estados Unidos entende-se a menina também, é metido desde quase a primeira infância em um banho químico que lhe dá a cada fibra da vontade a rijeza e a elasticidade do aço. Qualquer que seja o valor da cultura, nenhum pai preferirá deixar ao filho mais um sentido intelectual a deixar-lhe o poderoso *pick-me-up* americano, o cordial que impede a enervação nos grandes transes morais. É que o jogo da vida nos tempos modernos — muito mais nos séculos que vão vir, em que a concorrência será ainda mais numerosa e implacável — não se parece com figuras de minuete ou com divertimentos campestres do século passado, como os vemos em um Boucher ou em um Goya; parece-se com as chamadas *montanhas-russas:* é um incessante despenhar a toda a velocidade, montanha abaixo, de trens que com o impulso da descida transpõem as escarpas fronteiras para se precipitarem de novo e de novo reaparecerem mais longe, e para essa contínua sensação de vertigem é principalmente o coração que precisa ser robustecido. Segundo toda probabilidade, os Estados Unidos hão de um dia parar, e então terão tempo para produzir a sua sociedade culta, como os velhos países da Europa. Já há nos Estados Unidos porções da sociedade que pararam e querem permanecer em repouso: essas formam o primeiro indício de uma aristocracia, que um dia será um grande poder da União, uma grande influência ou conservadora ou artística.

Em uma entrevista que concedeu há anos a um repórter americano, Herbert Spencer concluiu com esta previsão sobre o futuro dos Estados Unidos:

> De verdades biológicas deve-se inferir que a mistura eventual das variedades aliadas da raça ariana que formam a população hão de produzir um mais poderoso tipo de homem do que tem existido até hoje, e um tipo de homem mais plástico, mais adaptável, mais capaz de suportar as modificações necessárias para a completa vida social. Por maiores que sejam as dificuldades que os americanos tenham que vencer e as tribulações por que tenham que passar, eles podem razoavelmente contar com uma época em que hão de produzir uma civilização mais grandiosa do que qualquer que o mundo tenha visto.

É possível que seja aquela a lei biológica da mistura ariana, mas até hoje ainda nenhum galho americano de tronco europeu mostrou poder dar a mesma flor de civilização que a da velha estirpe. É possível que a civilização americana venha um dia a ser mais grandiosa do que qualquer que o mundo conheceu, mas eu consideraria perigoso, por enquanto, renunciar a Europa nos Estados Unidos a tarefa de levar a cabo a obra da humanidade. Reduzida esta aos atuais elementos americanos, muita nobre inspiração talvez nunca mais se pudesse renovar e o gênio da raça humana não viesse nunca a reflorir. A educação americana parece a única que não é convencional, que não é uma pura galvanização de estados de espírito de outras épocas, de ideais clássicos e literários, que homens que vivem entre livros insinuam aos que não têm tempo para ler. A idéia tem na América do Norte muito menor papel na vida do que nos outros países, onde tudo está escrito e convertido em regra, e dos quais se pode dizer, invertendo a célebre frase, que nada lhes cai sob os sentidos que não tenha estado primeiro na inteligência. Os americanos, em grande escala, estão inventando a vida, como se nada existisse feito até hoje. Tudo isto sugere grandes inovações futuras, mas não existe ainda o menor sinal de que a elaboração do destino humano ou a revelação superior feita ao homem tenha um dia que passar para os Estados Unidos. A sua missão na história é ainda a mais absoluta incógnita. Se ele desaparecesse de repente, não se pode dizer o que é que a humanidade perderia de essencial, que raio se apagaria do espírito humano; não é ainda como se tivesse desaparecido a França, a Alemanha, a Inglaterra, a Itália, a Espanha.

XVIII

MEU PAI

POR ONDE quer, entretanto, que eu andasse e quaisquer que fossem as influências de país, sociedade, arte, autores, exercidas sobre mim, eu fui sempre interiormente trabalhado por outra ação mais poderosa, que apesar, em certo sentido, de estranha, parecia operar sobre mim de dentro, do fundo hereditário, e por meio dos melhores impulsos do coração. Essa influência, sempre presente por mais longe que eu me achasse dela, domina e modifica todas as outras, que invariavelmente lhe ficam subordinadas. É aqui o momento de falar dela, porque não foi uma influência propriamente da infância nem do primeiro verdor da mocidade, mas do crescimento e amadurecimento do espírito, e destinada a aumentar cada vez mais com o tempo e a não atingir todo o seu desenvolvimento senão quando póstuma. Essa influência foi a que exerceu meu pai.

Quando eu o vi pela primeira vez, em 1857, ele tinha quarenta e quatro anos e acabava de deixar o ministério da Justiça. O gabinete Paraná-Caxias (1853-57) fora o mais longo que o império até então tinha tido e ficou sendo a mais brilhante escola de estadistas do reinado. O grupo dos *moços* que o marquês de Paraná reuniu em torno de si mostra de que maneira ele lia os homens e o futuro. Paranhos, Wanderley, Pedreira, Nabuco estavam todos destinados a representar primeiros papéis em política. Esse gabinete foi conhecido como o Ministério da Conciliação. Ele correspondia ao pensamento, aceito pelo imperador depois do choque da última guerra civil do império, de abrir a política aos elementos liberais proscritos, sem tirar a direção dela ao espírito conservador. Antes de entrar para o ministério, fora Nabuco quem melhor definira o alcance e os limites dessa nova política da qual devia ficar depois da morte de Paraná, e por muito tempo, quase que o solitário continuador. Citarei um trecho desse seu discurso de 1853 como simples deputado, discurso-programa, pode-se dizer, pelo muito que será interpretado e invocado depois que por ele é feito ministro, porque basta esse trecho para dar idéia do seu modo de insinuar nos espíritos uma direção nova, um rumo diverso do que se ia levando.

É dos seus discursos o chamado *a ponte de ouro*. Os discursos de Nabuco tinham entre os contemporâneos cada um o seu nome, ou, como esse, tirado pelos adversários do alcance, da intenção que lhe atribuíam, ou dado pela imagem ou frase mais expressiva, ou compreensiva, de que ele se servira para caracterizar a situação. "Eu entendo", dizia ele falando da idéia de conciliação, a qual estava no ar, "que é preciso fazer alguma concessão no sentido que o progresso e a experiência reclamam, para que mesmo o orgulho e o amor-próprio não se embaracem ante a idéia da apostasia; para que a transformação seja explicada pelo novo princípio, pela modificação das idéias. A conciliação como coalizão e fusão dos partidos, para que se confundam os princípios, para que se obliterem as tradições, é impraticável, e mesmo perigosa, e por todos os princípios inadmissível; porque, destruídas as barreiras do antagonismo político que as opiniões se opõem reciprocamente, postas em comum as idéias conservadoras e as exageradas, estas hão de absorver aquelas; as idéias exageradas hão de triunfar sobre as idéias conservadoras; as idéias exageradas têm por si o entusiasmo, as idéias conservadoras somente a reflexão; o entusiasmo é do maior número, a reflexão é de poucos: aquelas seduzem e coagem, estas somente convencem... A história nos diz que nestas coalizões a opinião exagerada ganha mais que a opinião conservadora..." E em seguimento: "Ouvi com repugnância uma idéia proferida nesta casa, que os partidos por si é que se deviam conciliar. Entendo ao contrário que a conciliação deve ser a obra do governo e não dos partidos, porque no estado atual, se os partidos por si mesmos se conciliarem, será em ódio e despeito ao governo, e a transação, versando sobre o princípio da autoridade, não pode deixar de ser funestíssima à ordem pública e ao futuro do país..."

Esses quatro anos de ministério foram para ele extremamente trabalhosos, mas por igual fecundos. Meu pai vinha da magistratura e da Câmara com uma reputação feita de jurisconsulto. No ministério da Justiça ele a consolidou. Não tento agora um resumo de sua obra, que extensamente recompus em *Um estadista do império*. Escolho alguns traços somente para definir a sua individualidade e a sua influência. Coube-lhe em primeiro lugar acabar inteiramente com o tráfico de africanos que Eusébio de Queirós, seu antecessor, ferira de morte, mas que não queria desaparecer senão mui lentamente; a menor fraqueza da parte de uma futura administração fá-lo-ia renascer com dobrada ânsia de aproveitar a monção, porque seus quadros e material conservavam-se intactos no Brasil e em África. Nabuco propõe como recurso extremo tirar-se o julgamento do crime aos jurados. Esse golpe na "instituição popular" parecia uma enormidade aos idólatras do preconceito liberal: ele, porém, sustentou-o com razões de uma coerção moral e social absoluta. "Em 1850, vós o sabeis", disse ele à Câmara,

> o grande mercado dos escravos era nas costas; é aí que havia grandes armazéns de depósito onde todos iam comprar. Mediante essa lei de 4 de setembro de 1850 [a lei de Eusébio de Queirós] essas circunstâncias se tornaram outras, os traficantes mudaram de plano. Apenas desembarcados os africanos são para logo, por caminhos impérvios e por atalhos desconhecidos, levados ao interior do país. À face destas novas circunstâncias que pode o governo fazer com a lei de 4 de setembro de 1850, cuja ação é somente restrita ao litoral? Se desejamos sinceramente a repressão, se não queremos sofismá-la, devemos seguir os africanistas em seus novos planos... Não é para abusar que o governo quer estas disposições, porque para abusar eram bastantes e poderosos os meios que estão hoje à sua disposição... Um governo, a menos que des-

conheça a sua missão, não pode por amor de um interesse comprometer os outros interesses da sociedade: é na combinação de todos eles que consiste o grande problema da administração pública... Eu vos disse que o governo tinha o desejo sincero de reprimir o tráfico e não queria sofismar a repressão: não será sofismar a repressão o encarregar ao júri o julgamento deste crime?... Os africanistas não hão de deixar de procurar para o desembarque aqueles sítios em que a opinião for favorável ao tráfico? Não hão de internar os africanos senão para os lugares em que acham proteção, e o júri desses lugares, os cúmplices, os interessados, os coniventes no crime, podem julgá-lo?...

O governo triunfou, a lei proposta foi votada pelas câmaras... Ter ousado propor a derrogação da competência do júri, quando o tráfico estava expirante, era a coragem do verdadeiro homem de estado, cuja divisa deve ser o *nil actum reputans* de César. A glória não seria mais da repressão depois do golpe de Eusébio; este a tinha tirado toda a antecessores e sucessores igualmente; o que restava a quem viesse depois dele era somente o dever. Mais de uma vez meu pai teve que fazer frente aos defensores teóricos da intangibilidade do júri para fazer triunfar o princípio superior da defesa social. Assustava-o a estatística da impunidade, e entre as causas desse estado de coisas ele contava o poderio das influências do interior que dominavam o júri e por esse meio aumentavam e mantinham em obediência a sua vassalagem. Como remédio propunha a concentração do júri nos lugares povoados bastante para terem uma opinião independente.

Essa era a sua qualidade principal de político: adaptar os meios aos fins e não deixar periclitar o interesse social maior por causa de uma doutrina ou de uma aspiração. Como se mostrou com o júri, mostrou-se, ele, magistrado, com a magistratura. A distribuição da justiça foi um de seus maiores empenhos na ordem administrativa; uma boa magistratura, eficiente, instruída, prestigiada, era para ele a solução de metade dos nossos problemas; levantar a vocação de juiz por todos os meios ao alcance do estado seria o complemento do seu outro *desideratum:* levantar a vocação religiosa, formar um clero a cujas mãos se pudesse entregar a guarda dos dez mandamentos, o depósito da moral e dos costumes. No entanto será ele o principal sustentador das aposentadorias forçadas de magistrados vitalícios; ele quem transformará em máxima do governo, em inspiração para os homens de estado, as palavras de um antigo chanceler francês, quando disse: "Prefiro mil vezes ser julgado por um magistrado venal, porém, capaz, a sê-lo por um magistrado honesto, porém, ignorante, porque o magistrado venal não faltará à justiça senão nas causas em que tiver interesse em fazê-lo, enquanto que o magistrado ignorante só por um mero acaso pronunciará uma boa sentença".

Da mesma forma com o clero. Como ministro da Justiça, ele dá um forte impulso à educação do clero, propõe a criação de faculdades teológicas; é dele o decreto que confere aos bispos o poder *ex informata conscientia* sobre os seus sacerdotes, sem o qual não seria praticável a arregimentação passiva da milícia eclesiástica; e no entanto é ele quem interrompe no Brasil o noviciado monástico. Seu pensamento, longe de ser suprimir as ordens religiosas, era regenerá-las, restituí-las à desejada pureza, ou, como ele disse em uma frase que se gravou na memória de Pio IX, "levantar um muro de bronze entre o novo e o velho clero". Assim também serviu à monarquia com lealdade e desinteresse; jovem ainda, acadêmico de Olinda, partiu dele o primeiro grito ouvido e repercutido no Norte contra as tendências republicanas de 7 de abril, mas a prerrogativa monárquica não encontrou entre nós mais forte barreira do que fosse o seu espírito liberal fortemente imbuído do preconceito constitucional. É característico do seu modo de compreender a posição de conselheiro de estado a franqueza com que perante o próprio Imperador ele sustenta a máxima — *o rei reina e não governa*.

De 1868 a 1871, em que a idéia foi abraçada pelo visconde do Rio Branco, que a converteu em lei, meu pai foi o principal agitador da libertação das gerações futuras. Em 1866 ele votara por essa reforma em despacho de ministros e em 1867 fora o seu mais estrênuo defensor no Conselho de Estado, como relator do projeto que depois se converteu em lei de 28 de setembro. Distribuindo no dia da vitória os louros do triunfo, Francisco Otaviano render-lhe-á este tributo: "Ao seu nobre colega o sr. Nabuco de Araújo também é indisputável a glória pelo zelo com que no Conselho de Estado, na correspondência com os fazendeiros e na tribuna por meio de eloqüentes discursos, fez amadurecer a idéia e tomar proporções de vontade nacional".

Essa foi a reforma a que ele se dedicou com maior interesse e amor... Também desde 1866 o meu sonho, minha ambição para ele era que o seu nome ficasse associado ao primeiro ato de emancipação do reinado... Quantas cartas minhas escritas da Academia, e conservadas, como ele fazia com todos os papéis que recebia, encontrei depois exprimindo aquela esperança íntima de que ele viesse a ser o Lincoln brasileiro! E decerto de sua carreira nenhum traço me é mais precioso do que esse que reconstruí com fidelidade em sua *Vida* e que faz dele, assim como Rio Branco foi o Robert Peel, o Cobden daquele primeiro movimento abolicionista. Assim, se ao entrar eu para a Câmara em 1879 ele vivesse ainda, ao passo que sua presença no Senado modificaria em muita coisa a minha liberdade de ação, em um ponto, tenho a mais completa certeza, o meu papel teria sido o mesmo, ainda mais acentuado: na questão dos escravos. Nessa ele não me corrigiria nem me conteria. A sua atitude seria, como havia de ser a de Rio Branco se assistisse a mais uma sessão legislativa, francamente favorável à abolição. Se um e outro vivessem, o caráter revolucionário do movimento teria talvez sido evitado, porque em ambos os partidos haveria no momento decisivo — depois foi tarde — quem se identificasse com a propaganda, impedindo assim no futuro a aspiração liberal humana de tornar-se em fermento político... Eu não tenho, graças a Deus, dúvida que esta seria a sua atitude, e posso assim dizer que em 1879 não fiz como deputado senão continuar do ponto em que ele ficara, substituir-me a ele, com a diferença natural entre minha mocidade e sua velhice, desenvolvendo em favor dos escravos existentes o pensamento que ele assinalara como um dever nacional, tanto no preparo como na discussão da lei que libertou as gerações futuras.

Para o fim da vida seu liberalismo tinha tomado um tom muito acentuado, mas era sempre sob formas concretas que ele encarava a liberdade. Assim ocupava-se sobretudo das garantias judiciais da liberdade individual. Ele tinha um certo número de fórmulas constitucionais, de máximas políticas, que faziam parte de sua lealdade tanto à causa monárquica como à causa liberal. Conservador na mocidade e em toda a parte da carreira em que a vida se expandia e a emulação o inspirava, foi na idade do retraimento que ele rompeu com o partido da tradição, que a seu ver se tornara uma oligarquia, tomando a forma de um triunvirato; chefe liberal, porém, mostrou sempre preferir a maneira, o compasso, a compostura da velha escola à lufa-lufa, promiscuidade e indisciplina do seu novo campo.

Estes traços bastariam para desenhar o homem de estado: era uma natureza liberal, com um impulso imaginativo muito pronunciado, vendo distintamente o ideal político, mas querendo realidades e não fantasmas, preferindo um pouco de liberdade que se pudesse deixar como a herança aos filhos, um bem-estar relativo, a grandes direitos ilusórios, em cuja posse não se pudesse entrar, ou a grandes reformas do mecanismo político que em nada melhorassem a condição do país. Tinha um fundo de idealismo, formado de princípios inflexíveis, mas corrigido sempre pela intuição nítida dos efeitos práticos da lei. Era um chefe de partido alheio à pequena política, o que quer dizer que exercia uma espécie de autoridade moral que os amigos e adversários compararam por vezes ao poder espiritual dos antigos mikados.

Vivendo no meio de uma elite verdadeiramente notável de homens de estado, oradores, legisladores, a mais rica dos dois reinados em talento parlamentar, tradições políticas e conhecimentos administrativos, ele teve longo tempo entre eles por admissão geral o papel de oráculo. Para o fim falava raramente e uma tristeza invencível misturava-se às suas adivinhações patrióticas. Hoje dir-se-ia, lendo-o, que a uma distância de doze ou quinze anos o fim das instituições liberais projetava na frente a sua sombra e que ele a via avançar sobre a tribuna do Senado.

Foi muitos anos depois da sua morte, estudando-lhe a vida, meditando sobre o que ele deixou do seu pensamento, compulsando o vasto arquivo por ele acumulado, a sua correspondência política, os testemunhos, as controvérsias, suscitadas pela sua ação individual e as conseqüências a ela atribuídas por amigos e adversários, que abrangi a personalidade política de meu pai. Na mocidade ser-me-ia impossível ter dele a compreensão que depois formei; eu não teria as faculdades para isso, a calma necessária para admirar o que só fala à razão, o espírito de sistema, o gênio construtor. Mas se o estadista só podia ser medido e avaliado por mim em outra fase do meu desenvolvimento, não sofri, toda a vida, influência direta e positiva como a admiração que tive pelo homem. Sua grande ciência eu sabia bem, eu via, estar nele e não nos livros, que literalmente não eram senão autoridades de que ele se servia para o público, juízes, colegas... Mais, porém, do que sua ciência, o que me dominava nele era a harmonia visível da sua estrutura mental e moral, manifestada por uma serenidade e uma doçura sem igual.

Em 1860 meu pai mudou-se do Catete para a praia do Flamengo, onde residiu até à morte. A casa era uma dessas construções maciças ainda do bom tempo da edificação portuguesa no Rio de Janeiro, com proporções no interior de um trecho de palácio ou de convento. Ali, naqueles salões e quartos que eram salas, ele estava à vontade, tinha o espaço, e, com o mar em frente de suas janelas, a variedade e o movimento exterior, precisos a um recluso dos livros. A sociedade do Rio de Janeiro vinha às suas partidas e recepções; vizinhos, nos domingos, à missa rezada em seu oratório; durante a sessão das câmaras, deputados pernambucanos, e sempre os íntimos, como o marquês de Abrantes, Quaraim, os antigos colegas. Isto, além das vezes que ia de carruagem ao Senado ou ao escritório, constituía toda a distração que ele tinha fora do seu gabinete. Sua vida, pode-se dizer, era exclusivamente cerebral, e nunca teve tempo (nem um dia, talvez, em toda ela) de interromper, de suspender, esse labor contínuo, que era todo ele um serviço forçado, nenhuma parte, nem a mais insignificante sequer, sendo de sua própria escolha ou inclinação... Desse modo de viver, encerrado entre altas muralhas de livros, saindo da sua cela somente para se encontrar em presença da família com os que a simpatia ou a fidelidade reunia em torno dele, resultou aquela bondade cativante, que foi o seu principal traço.

É para mim hoje uma causa de arrependimento e compunção o não ter tido como principal aspiração saciar-me, saturar-me dele, fazer do meu espírito uma cópia, um borrão mesmo, do que havia impresso e gravado no seu quando mais não fosse, das notações que um instante retive, mas deixei apagar... Há lacunas que não me seria possível reparar... Estou-me lembrando agora dos grandes volumes encadernados que faziam companhia no degredo do escritório à duplicata dos velhos praxistas... Era a coleção dos periódicos em que colaborara ou que redigira no Recife... Estavam ali vinte anos de sua vida... Toda essa série dispersou-se, desapareceu... Por que não coincidiu o interesse profundo, incomparável, que tudo isso depois me inspirou com o tempo em que vivi ao lado dele? Este desejo de recolher os menores vestígios do seu pensamento, os traços mais fugitivos da sua reflexão, que sempre era, na esfera em que ele produzia, pessoal, criadora, transformadora do assunto que tratava, só me veio quando já não podia recorrer a ele, pedir-lhe esclarecimentos, fazê-lo animar para mim aquela poeira com a vida que estava só nele, dar-me a chave, o espírito da época, o caráter, o alcance, a verdade real do que ali se representava, e de que só ele possuía as limitações, a escala, o padrão definitivo, em que tudo devia ser tomado... E em relação aos personagens que conhecera, com quem vivera! Por que não fiz passar diante dele, sem cansá-lo nem forçá-lo, a galeria dos seus contemporâneos para apanhar o vestígio que lhe ficara de cada um?... No entanto, quanto não conversei com ele! Anos inteiros meu maior prazer eram as horas que ele nos dava cada dia e em que me embebia em ouvi-lo e, ainda mais, em vê-lo... Hoje sinto não ter tido a ambição de não ser senão o aparelho que recebesse para conservar o mais que fosse possível dele, e cuja presença contínua ao seu lado lhe fosse recolhendo as reminiscências, os pontos de vista, as imagens representativas, que cinqüenta anos de atividade cerebral traçaram em seu pensamento.

Feito este ato de contrição pelo que deixei de aproveitar dele para minha própria formação e pelo que deixei perder ao seu espólio intelectual, a verdade é que nenhuma sanção moral foi tão forte para mim como a consciência da relação que me prendia a ele e que em todo o tempo estive sempre pronto a renunciar a uma palavra dele — que a não disse — a minha inspiração pela sua, o papel que eu ambicionasse pelo que ele me desse. Como eu disse, só muito mais tarde, vinte anos depois de o ter visto pela última vez, pude avaliar o que chamo hoje o seu gênio político e sentir por ele toda a admiração consciente, objetiva, de que sou capaz. Mas ainda assim o sentimento da sua superioridade no seu tempo foi para mim instintivo. Longe dele, na minha esfera intelectual independente, eu exprimia muitas opiniões, diversas das suas, teria muito exagero da linha que ele levava; não haveria hipótese, porém, de não ceder à menor pressão que ele julgasse preciso exercer sobre mim, a uma persuasão que me quisesse incutir. A pretensão da mocidade, que se inspira em si mesma e decreta a sua infalibilidade, porque só vê o lado das coisas ao seu alcance, desaparecia sem hesitação a um apelo da sua ternura, a um toque da sua razão superior. Prouvera a Deus tivesse sido assim nos primeiros anos da curiosidade intelectual insaciável, quando primeiro travei conhecimento com a *terra incógnita* assinalada no mapa da fé como o limite da própria imaginação.

O espetáculo da sua devoção concorreu mais do que nenhuma outra influência para conservar durante anos intacta a minha crença; depois esta passou por grandes abalos, mas aquela impressão predominante fez-me sempre tratar o que me parecia essencial na religião como a esfera superior ou a fonte mais elevada da inspiração humana... Alguma vez, entretanto, pensando nele e na sua grande autoridade sobre mim, não deixei de sentir a vantagem que os espíritos emancipados se atribuem em relação aos que nunca saíram da fé. Era no tempo em que eu perguntava a mim mesmo se um homem, mesmo tendo o gênio de um Santo Tomás de Aquino, podia ser chamado superior, se não tinha, em nosso século, outro horizonte intelectual senão o da revelação... Talvez pensasse eu então como consolo que meu pai também tivera dúvidas que não deixara perceber, ou que tinha voltado à fé como a uma síntese já pronta da vida humana em todas as suas relações depois de ter debalde procurado construir outra por si mesmo. Só mais tarde alcancei compreender que a inteligência pode trabalhar até ao fim inteiramente alheia aos graves problemas religiosos que confundem o pensador que os quer resolver segundo a razão, se nenhum choque exterior veio perturbar para ela a solução recebida na infância. A dúvida não é sinal de que o espírito adquiriu maior perspicuidade, é às vezes um simples mal-estar da vida. Uma existência ocupada por grandes trabalhos pode não ter um momento para dar à dúvida religiosa. Se não é exato dizer que a dúvida nunca ajudou nenhum dos grandes gênios da humanidade no traço ou no aperfeiçoamento de sua obra, o número dos que ela assistiu é seguramente pequeno comparado ao dos que não precisaram de um sopro de negação para os inspirar e souberam criar, crendo. Uma coisa pelo menos é certa, a saber, que as faculdades criadoras devem estar solidamente construídas para que a dúvida não as faça produzir uma obra menos considerável ou menos bela do que o faria a fé. A dúvida pode ser o indício de um novo destino humano, o esboço de uma inteligência ainda por vir, mas ela levará muito tempo para chegar a formar um sentido superior à religião. As minhas idéias sobre o que constitui a superioridade intelectual mudaram felizmente muito desde esse tempo em que eu procurava pretextos para atribuí-la a espíritos destituídos da faculdade da dúvida, mas que em tudo mais me impunham admiração, como meu pai. Eu tomaria por vezes então um literato, um escritor, como superior a um desses pensadores ásperos, cuja idéia só se pode colher depois de quebrar o invólucro resistente que a protege. É como se a flor que dura uma manhã devesse ser a última expressão do mundo vegetal de preferência ao cedro milenário, pai da floresta.

XIX

ELEIÇÃO DE DEPUTADO

ATÉ 1878 foi propriamente o período da minha formação política; o que se segue, de 1879 a 1889, é o do papel que me tocou representar; o final — já agora devo esperar todo ele assim — será o do amortecimento do interesse político e de sua substituição por outros, talvez ainda mais irreais e quiméricos, porém, que de algum modo quadram melhor com o crepúsculo da vida, quando o espírito começa a ouvir ao longe o toque de recolher. Durante aqueles dez anos a que me tenho referido, não fui senão um curioso, atraído pelas viagens, pelo caráter dos diferentes países, pelos livros novos, pelo teatro, pela sociedade. Uma vida invejável para mim teria sido então o assistir dos bastidores aos grandes fatos contemporâneos, conviver com os personagens, e, como distração do presente, ter direito de entrada nas escavações de Atenas ou de Roma. No fim desta fase de lazaronismo intelectual, quando sou pela primeira vez eleito para o parlamento, eu tinha necessidade de outra provisão de sol interior; era-me preciso, não mais o diletantismo, mas a paixão humana, o interesse vivo, palpitante, absorvente, no destino e na condição alheia, na sorte dos infelizes; aproveitar a minha vida em qualquer obra de misericórdia nacional; ajudar o meu país, prestar os ombros à minha época, para algum nobre empreendimento. Nenhuma causa política, dados os elementos que descrevi, poderia causar-me esse entusiasmo, inspirar-me esses arroubos; a política seria sempre a emoção partidária, incerta, negativa, o temor de edificar desconfiado da solidez dos materiais e do terreno. Era preciso que o interesse fosse humano, universal; que a obra tivesse o caráter de finalidade, a certeza, a inerrância do absoluto, do divino como têm as grandes redenções, as revoluções da caridade ou da justiça, as auroras da verdade e da consciência sobre o mundo. No Brasil havia ainda no ano em que comecei minha vida pública um interesse daquela ordem, com todo esse poder de fascinação sobre o sentimento e o dever, igualmente impulsivo e ilimitado, capaz do *fiat,* quer se tratasse da sorte de criaturas isoladas, quer do caráter da nação... Tal interesse só podia ser o da emancipação, e por felicidade da minha hora, eu trazia da infância e da adolescência o interesse, a compaixão, o sentimento pelo escravo — bolbo que devia dar a única flor da minha carreira...

O fato que me lançou na política foi a morte de meu pai, em março de 1878, ano em que serei eleito pela primeira vez deputado... Ele morreu a tempo ainda de assegurar a minha eleição que tinha ficado resolvida entre ele e o barão de Vila Bela, chefe político de Pernambuco. Sousa Carvalho, que muito impugnou, depois de morto meu pai, a minha candidatura, foi a Vila Bela e, referindo-se àquela morte, disse-lhe: *Sublata causa, tollitur effectus.* Domingos de Sousa Leão, porém, tinha a religião da amizade e da lealdade, e a morte de Nabuco, em vez de delir o seu compromisso, tornara-o de honra... Meu desejo íntimo era então continuar na diplomacia... Minha mãe, porém, conservava a ambição de meu pai, de me ver entrar na política, para um dia substituí-lo, sentar-me na sua cadeira de senador, como ele se sentara na de meu avô, que já não fora o primeiro senador Nabuco, porque encontrara no Senado seu tio José Joaquim Nabuco de Araújo, o primeiro barão de Itapoã. Eu representaria assim no parlamento a quarta geração da mesma família, o que não aconteceu, suponho, a nenhum outro. Com Martim Francisco Júnior, filho, neto, e bisneto de parlamentares, as gerações políticas foram três, por serem irmãos o avô e o bisavô, Martim Francisco e José Bonifácio.

Não me custou nada essa eleição... Custou sim a Vila Bela na corte e na província a Adolfo de Barros, que passou pela política como um perfeito *gentleman*, seu presidente, incluírem-me na lista... Meu nome afastava os de outros que eram antigos lutadores, como o dr. Aprígio Guimarães, popular na Academia pelo seu liberalismo republicano e sua eloqüência tribunícia. Eu não tinha que ter remorso disso, *fata viam invenient*... Não era só meu nome que postergava o direito de antigüidade; a chapa estava cheia de nomes novos; eu representava uma tradição de serviços ao partido, os de meu pai, que valiam bem os de qualquer outro, e tinha confiança de que justificaria na Câmara a minha promoção rápida. Se não me deu trabalho algum essa eleição, que foi feita pelo partido, dispondo de todos os elementos oficiais, não deixou de ter para mim o seu episódio... Numa sessão acadêmica de 11 de agosto, no teatro Santa Isabel, quando eu proferia, do camarote do presidente, as primeiras palavras, fui acolhido pelos protestos e vozeria de um grupo numeroso, que se tornou dominante, e que depois transferia para uma praça da cidade o seu *meeting* de indignação contra mim... O tema do meu improviso, em resposta aos epigramas e diatribes contra São Cristóvão que tinham soado no palco, fora este: a grande questão para a democracia brasileira não é a monarquia, é a escravidão. Posso dizer que experimentei por vezes a doçura da popularidade; nada, porém, iguala o prazer de uma dessas tempestades levantadas contra si pelo orador que se sente de posse da verdade e ao serviço da justiça, quando antevê que esses que o injuriam naquele momento estarão com ele no dia seguinte... Eu deixava passar aquela onda raivosa e espumante, que a intriga, explorando a suscetibilidade própria da democracia pernambucana, as reminiscências praieiras, e com imperfeito conhecimento do indivíduo, do papel que ele ia representar, impeliam contra a minha candidatura... Eu sabia que a palinódia havia de ser completa, que se desfaria o *mal-entendu* criado entre mim e o povo de Recife, desde que ele visse o fim para o qual eu aspirava ao seu mandato... Na verdade, a opinião do partido popular, ciumento dos seus foros e tradições, mudou a meu respeito logo na primeira sessão em que tomei a palavra na Câmara... Desde esse dia estabeleceu-se entre mim e o Recife uma afinidade que nunca se interrompeu e que ainda hoje, em que estou quanto à política retirado de tudo, estou certo, será a mesma, porque foi como que o encontro de duas opiniões que se miraram uma na outra até às fontes do sentimento e reconheceram na transparência do seu fundo a sinceridade de cada uma.

Foi um ano de atividade e de expansão único em minha vida esse de 1879, em que fiz a minha estréia parlamentar. Posso dizer que ocupei a tribuna todos os dias, tomando parte em todos os debates, em todas as questões... O favor com que era acolhido, os aplausos da Câmara e das galerias, a atenção que me prestavam, eram para embriagar facilmente um estreante... Como hoje seria diverso, e quanto tudo aquilo está desvalorizado para mim como prazer do espírito! Hoje é a gota cristalina que mana da rocha do ideal — fonte oculta que todos temos em nós — e não os grandes chafarizes e aquedutos da praça pública, que única me desaltera. Então tudo me servia para assunto de discurso; eu falava sobre marinha e imigração, como sobre a iluminação ou o imposto de renda, sobre o arrendamento do vale do Xingu ou a eleição direta... Tinha o calor, o movimento, o impulso do orador; não conhecia o *valerá a pena?* do observador que se restringe cada vez mais... O público, os grandes auditórios eram para mim o que é hoje a minha cesta de papel, ou a labareda que dá conta da exuberância supérflua do pensamento. Só muito tarde compreendi por que os que vieram antes de mim se retraíam, quando eu me expandia: em muitos era a saciedade, o enojo que começava; em alguns a troca da aspiração por outra ordem de interesses mais utilitária; em outros, porém, era a consciência que chegava à madureza, o amor da perfeição... Desses discursos sem exceção que figuram em meu nome nos *Anais* de 1879 e 1880 eu não quisera salvar nada senão a nota íntima, pessoal, a parte de mim mesmo que se encontre em algum. Não assim com os que proferi na Câmara na semana de maio de 1888, nem com os do Recife em 1884-1885, pronunciados no teatro Santa Isabel. Esses são o melhor da minha vida.

Quando disse que o período que vai até 1879 é o de minha formação política, quis somente dizer que é o período em que adquiro a ferramenta com que hei de trabalhar em política; ainda assim a limitação do tempo não é precisamente exata, porque é na própria política, na Câmara, sob o influxo e determinismo do papel que escolho, que a verdadeira formação se opera, isto é, que as contradições se conciliam, a subordinação dos impulsos e das tendências se dá, as afinidades essenciais se pronunciam, os atritos interiores, as vacilações, as atrações ou repulsões prejudiciais se eliminam, e o destino uma vez conhecido cria a vocação, a tarefa mesma perfaz o instrumento.

Com efeito, quando entro para a Câmara, estou tão inteiramente sob a influência do liberalismo inglês, como se militasse às ordens de Gladstone; esse é em substância o resultado de minha educação política: sou um liberal inglês — com afinidades radicais, mas com aderências *whigs* — no parlamento brasileiro; esse modo de definir-me será exato até o fim, porque o liberalismo inglês, gladstoniano, macaulayiano, perdurará sempre, será a vassalagem irresgatável do meu temperamento ou sensibilidade política; no entanto, depois do primeiro ensaio, a feição política tornar-se-á secundária, subalterna, será substituída pela identificação humana com os escravos e esta é que ficará sendo a característica pessoal, tudo se fundirá nela e por ela. Nesse sentido é a emancipação a verdadeira ação formadora para mim, a que toma os elementos isolados ou divergentes da imaginação, os extremos da curiosidade ou da simpatia intelectual, os contrastes, os antagonismos, as variações de faculdades sensíveis à verdade, à beleza, que os sistemas mais opostos refletem uns contra os outros, e constrói o molde em que a aspiração política é vazada, e não ela somente, a inteligência, a imaginação, os próprios sonhos e quimeras do homem.

Como eu disse, porém, há pouco, eu trazia da infância o interesse pelo escravo... Esse episódio não será talvez descabido nestas recordações.

XX

MASSANGANA*

O TRAÇO todo da vida é para muitos um desenho da criança esquecido pelo homem, mas ao qual ele terá sempre que se cingir sem o saber... Pela minha parte acredito não ter nunca transposto o limite das minhas quatro ou cinco primeiras impressões... Os primeiros oito anos da vida foram assim, em certo sentido, os de minha formação, instintiva ou moral, definitiva... Passei esse período inicial, tão remoto, porém, mais presente do que qualquer outro, em um engenho de Pernambuco, minha província natal. A terra era uma das mais vastas e pitorescas da zona do Cabo... Nunca se me retira da vista esse pano de fundo que representa os últimos longes de minha vida. A população do pequeno domínio, inteiramente fechado a qualquer ingerência de fora, como todos os outros feudos da escravidão, compunha-se de escravos, distribuídos pelos compartimentos da senzala, o grande pombal negro ao lado da casa de morada, e de rendeiros, ligados ao proprietário pelo benefício da casa de barro que os agasalhava ou da pequena cultura que ele lhes consentia em

* A razão que me fez não começar pelos anos da infância foi que estas páginas tiveram, ao serem primeiro publicadas, feição política que foram gradualmente perdendo, porque já ao escrevê-las diminuía para mim o interesse, a sedução política. A primeira idéia fora contar minha formação monárquica; depois, alargando o assunto, minha formação político-literária ou literário-política; por último, desenvolvendo-o sempre, minha formação humana, de modo que o livro confinasse com outro, que eu havia escrito antes sobre minha reversão religiosa. É deste livro, de caráter mais íntimo, composto em francês há sete anos, que traduzo este capítulo para explicar a referência feita às minhas primeiras relações com os escravos.

suas terras. No centro do pequeno cantão de escravos levantava-se a residência do senhor, olhando para os edifícios da moagem, e tendo por trás, em uma ondulação do terreno, a capela sob a invocação de São Mateus. Pelo declive do pasto árvores isoladas abrigavam sob sua umbela impenetrável grupos de gado sonolento. Na planície estendiam-se os canaviais cortados pela alameda tortuosa de antigos ingás carregados de musgos e cipós, que sombreavam de lado a lado o pequeno rio Ipojuca. Era por essa água quase dormente sobre os seus largos bancos de areia que se embarcava o açúcar para o Recife; ela alimentava perto da casa um grande viveiro, rondado pelos jacarés, a que os negros davam caça, e nomeado pelas suas pescarias. Mais longe começavam os mangues que chegavam até a costa de Nazaré... Durante o dia, pelos grandes calores, dormia-se a sesta, respirando o aroma, espalhado por toda a parte, das grandes tachas em que cozia o mel. O declinar do sol era deslumbrante, pedaços inteiros da planície transformavam-se em uma poeira de ouro; a boca da noite, hora das boninas e dos bacuraus, era agradável e balsâmica, depois o silêncio dos céus estrelados, majestoso e profundo. De todas essas impressões nenhuma morrerá em mim. Os filhos de pescadores sentirão sempre debaixo dos pés o roçar das areias da praia e ouvirão o ruído da vaga. Eu por vezes acredito pisar a espessa camada de canas caídas da moenda e escuto o rangido longínquo dos grandes carros de bois...

Emerson quisera que a educação da criança começasse cem anos antes dela nascer. A minha educação religiosa obedeceu certamente a essa regra. Eu sinto a idéia de Deus no mais afastado de mim mesmo, como o sinal amante e querido de diversas gerações. Nessa parte a série não foi interrompida. Há espíritos que gostam de quebrar todas as suas cadeias, e de preferência as que outros tivessem criado para eles; eu, porém, seria incapaz de quebrar inteiramente a menor das correntes que alguma vez me prendeu, o que faz que suporto cativeiros contrários e menos do que as outras uma que me tivesse sido deixada como herança. Foi na pequena capela de Massangana que fiquei unido à minha.

As impressões que conservo dessa idade mostram bem em que profundezas os nossos primeiros alicerces são lançados. Ruskin escreveu esta variante do pensamento de Cristo sobre a infância: "A criança sustenta muitas vezes entre os seus fracos dedos uma verdade que a idade madura com toda sua fortaleza não poderia suspender e que só a velhice terá novamente o privilégio de carregar". Eu tive em minhas mãos como brinquedos de menino toda a simbólica do sonho religioso. A cada instante encontro entre minhas reminiscências miniaturas que por sua frescura de provas *avant la lettre* devem datar dessas primeiras tiragens da alma. Pela perfeição dessas imagens inapagáveis pode-se estimar a impressão causada. Assim eu via a *Criação* de Miguel Ângelo na Sistina e a de Rafael nas *Loggie*, e, apesar de toda a minha reflexão, não posso dar a nenhuma o relevo interior do primeiro paraíso que fizeram passar diante dos meus olhos em um vestígio de antigo Mistério popular. Ouvi notas perdidas do *Angelus* na campanha romana, mas o *muezzin* íntimo, o timbre que soa aos meus ouvidos à hora da oração, é o do pequeno sino que os escravos escutavam com a cabeça baixa, murmurando o *Louvado seja Nosso Senhor Jesus Cristo*. Este é o Millet inalterável que se gravou em mim. Muitas vezes tenho atravessado o oceano, mas se quero lembrar-me dele, tenho sempre diante dos olhos, parada instantaneamente, a primeira vaga que se levantou diante de mim, verde e transparente como um biombo de esmeralda, um dia que, atravessando por um extenso coqueiral atrás das palhoças dos jangadeiros, me achei à beira da praia e tive a revelação súbita, fulminante, da terra líquida e movente... Foi essa onda, fixada na placa mais sensível do meu *kodak* infantil, que ficou sendo para mim o eterno clichê do mar. Somente por baixo dela poderia eu escrever: *Thalassa! Thalassa!*

Meus moldes de idéias e de sentimentos datam quase todos dessa época. As grandes impressões da madureza não têm o condão de me fazer reviver que tem o pequeno caderno de cinco a seis folhas apenas em que as primeiras hastes da alma aparecem tão frescas como se tivessem sido calcadas nesta mesma manhã... O encanto que se encontra nesses *eidola* grosseiros e ingênuos da infância não vem senão de sentirmos que só eles conservam a nossa primeira sensibilidade apagada... Eles são, por assim dizer, as cordas soltas, mas ainda vibrantes, de um instrumento que não existe mais em nós...

Do mesmo modo que com a religião e a natureza, assim com os grandes fatos morais em redor de mim. Estive envolvido na campanha da abolição e durante dez anos procurei extrair de tudo, da história, da ciência, da religião, da vida, um filtro que seduzisse a dinastia; vi os escravos em todas as condições imagináveis; mil vezes li *A cabana do Pai Tomás*, no original da dor vivida e sangrando; no entanto a escravidão para mim cabe toda em um quadro inesquecido da infância, em uma primeira impressão, que decidiu, estou certo, do emprego ulterior de minha vida. Eu estava uma tarde sentado no patamar da escada exterior da casa, quando vejo precipitar-se para mim um jovem negro desconhecido, de cerca de dezoito anos, o qual se abraça aos meus pés suplicando-me pelo amor de Deus que o fizesse comprar por minha madrinha para me servir. Ele vinha das vizinhanças, procurando mudar de senhor, porque o dele, dizia-me, o castigava, e ele tinha fugido com risco de vida... Foi este o traço inesperado que me descobriu a natureza da instituição com a qual eu vivera até então familiarmente, sem suspeitar a dor que ela ocultava.

Nada mostra melhor do que a própria escravidão o poder das primeiras vibrações do sentimento... Ele é tal, que a vontade e a reflexão não poderiam mais tarde subtrair-se à sua ação e não encontram verdadeiro prazer senão em se conformar... Assim eu combati a escravidão com todas as minhas forças, repeli-a com toda a minha consciência, como a deformação utilitária da criatura, e na hora em que a vi acabar, pensei poder pedir também minha alforria, dizer o meu *nunc dimittis*, por ter ouvido a mais bela nova que em meus dias Deus pudesse mandar ao mundo; e, no entanto, hoje que ela está extinta, experimento uma singular nostalgia, que muito espantaria um Garrison ou um John Brown: a saudade do escravo.

É que tanto a parte do senhor era inscientemente egoísta, tanto a do escravo era inscientemente generosa. A escravidão permanecerá por muito tempo como a característica nacional do Brasil. Ela espalhou por nossas vastas solidões uma grande suavidade; seu contato foi a primeira forma que recebeu a natureza virgem do país, e foi a que ele guardou; ela povoou-o como se fosse uma religião natural e viva, com os seus mitos, suas legendas, seus encantamentos; insuflou-lhe sua alma infantil, suas tristezas sem pesar, suas lágrimas sem amargor, seu silêncio sem concentração, suas alegrias sem causa, sua felicidade sem dia seguinte... É ela o suspiro indefinível que exalam ao luar as nossas noites do norte. Quanto a mim, absorvi-a no leite preto que me amamentou; ela envolveu-me como uma carícia muda toda a minha infância; aspirei-a da dedicação de velhos servidores que me reputavam o herdeiro presuntivo do pequeno domínio de que faziam parte... Entre mim e eles deve ter-se dado uma troca contínua de simpatia, de que resultou a terna e reconhecida admiração que vim mais tarde a sentir pelo seu papel. Este pareceu-me, por contraste com o instinto mercenário da nossa época, sobrenatural à força de naturalidade humana, e no dia em que a escravidão foi abolida, senti distintamente que um dos mais absolutos desinteresses de que o coração humano se tenha mostrado capaz não encontraria mais as condições que o tornaram possível.

Nessa escravidão da infância não posso pensar sem um pesar involuntário... Tal qual o pressenti em torno de mim, ela conserva-se em minha recordação como um jugo suave, orgulho exterior do senhor, mas também orgulho íntimo do escravo, alguma coisa parecida com a dedicação do animal que nunca se altera, porque o fermento da desigualdade não pode penetrar nela. Também eu receio que essa espécie particular de escravidão tenha existido somente em propriedades muito antigas, administradas durante gerações seguidas com o mesmo espírito de humanidade, e onde uma longa hereditariedade de relações fixas entre o senhor e os escravos tivessem feito de um e outros uma espécie de tribo patriarcal isolada do mundo. Tal aproximação entre situações tão desiguais perante a lei seria impossível nas novas e ricas fazendas do Sul, onde o escravo, desconhecido do proprietário, era somente um instrumento de colheita, os engenhos do Norte eram pela maior parte pobres explorações industriais, existiam apenas para a conservação do estado do senhor, cuja importância e posição avaliava-se pelo número de seus escravos. Assim também encontrava-se ali, com uma aristocracia de maneiras que o tempo apagou, um pudor, um resguardo em questões de lucro, próprio das classes que não traficam.

Fiz há pouco menção de minha madrinha... Das recordações da infância a que eclipsa todas as outras e a mais cara de todas é o amor que tive por aquela que me criou até aos meus oito anos como seu filho... Sua imagem, ou sua sombra, desenhou-se por tal modo em minha memória, que eu a poderia fixar se tivesse o menor talento de pintor... Ela era de grande corpulência, inválida, caminhando com dificuldade, constantemente assentada — em um largo banco de couro que transportavam de peça em peça da casa — ao lado da janela que deitava para a praça do engenho, e onde ficava a estrebaria, o curral, e a pequena casa edificada para o meu mestre e que me servia de escola... Ela não largava nunca suas roupas de viúva. Meu padrinho, Joaquim Aurélio de Carvalho, fora conhecido na província pelo seu luxo e liberalidade, de que ainda hoje se contam diversos rasgos. Estou vendo, através de tantos anos, a mobília da entrada, onde ela costumava passar o dia. Nas paredes algumas gravuras coloridas representando o episódio de Inês de Castro, entre as gaiolas dos curiós afamados, pelos quais seu marido costumava dar o preço que lhe pedissem... ao lado em um armário envidraçado as pequenas edições portuguesas dos livros de devoção e das novelas do tempo. Minha madrinha ocupava sempre a cabeceira de uma grande mesa de trabalho, onde jogava cartas, dava a tarefa para a costura e para as rendas a um numeroso pessoal, provava o ponto dos doces, examinava as tisanas para a enfermaria defronte, distribuía as peças de prata a seus afilhados e protegidos, recebia os amigos que vinham todas as semanas atraídos pelos regalos de sua mesa e de sua hospitalidade, sempre rodeada, adorada por toda sua gente, fingindo um ar severo que não enganava a ninguém quando era preciso repreender alguma mucama que deixava a miúdo os bilros e a almofada para chalrear no gineceu, ou algum morador perdulário que recorria demasiado à sua bolsa. Parece que seu maior prazer era trocar uma parte das suas sobras em moedas de ouro que ela guardava sem que ninguém o soubesse senão o seu liberto confidente para me entregar quando eu tivesse idade. Era a isso que ela chamava o seu *invisível*. Por ocasião da morte do servo de sua maior confiança, ela escrevia à minha mãe pela mão de outros:

> Dou parte a V. Ex.ª e ao meu compadre que morreu o meu Elias fazendo-me uma falta excessiva aos meus negócios. De tudo tomou conta, e sempre com aquela bondade e humildade sem parelha, e ficou a minha casa com ele no mesmo pé em que era no tempo do meu marido. Nem só fez falta a mim como a nosso filhinho que tinha um cuidado nele nunca visto. Apesar de eu ter parentes a ele era a quem eu o entregava, porque se eu morresse para tomar conta do que eu lhe deixava para entregar a V. Ex.ªˢ... Mas que hei de fazer se Deus quis?

Em outra carta, mais tarde, a última que possuo, ela volta à morte de Elias:

> ... o meu Elias, o qual fez-me uma falta sensível, tanto a mim como ao meu filhinho, porque tinha um cuidado nele maior possível, como pelas festas que ele gosta de passear ia sempre entregue a ele... Deus me dê vida e saúde até o ver mais crescido para lhe dar alguma coisa invisível, como dizia o defunto seu compadre, pois só fiava isso do Elias apesar de ter ficado o Vítor, mano dele, que faço também toda a fiança nele...

Ah! querida e abençoada memória, o tesouro acumulado parcela por parcela não veio a minhas mãos, nem teria podido vir por uma transmissão destituída das formas legais, como talvez tenhas pensado... mas imaginar-te, durante anos, nessa tarefa agradável aos teus velhos dias de ajuntar para teu afilhado que chamavas teu filho um pecúlio que lhe entregarias quando homem, ou outrem por ti a meu pai, se morresses deixando-me menor; acompanhar-te em tuas conversas com o teu servo fiel, nessa preocupação de amor de teus derradeiros anos, será sempre uma sensação tão inexprimivelmente doce que só ela bastaria para destruir para mim qualquer amargor da vida...

A noite da morte de minha madrinha é a cortina preta que separa do resto de minha vida a cena de minha infância. Eu não imaginava nada, dormia no meu quarto com a minha velha ama, quando ladainhas entrecortadas de soluços me acordaram e me comunicaram o terror de toda a casa. No corredor, moradores, libertos, os escravos, ajoelhados, rezavam, choravam, lastimavam-se em gritos; era a consternação mais sincera que se pudesse ver, uma cena de naufrágio; todo esse pequeno mundo, tal qual se havia formado durante duas ou três gerações em torno daquele centro, não existia mais depois dela: seu último suspiro o tinha feito quebrar-se em pedaços. A mudança de senhor era o que havia mais terrível na escravidão, sobretudo se se devia passar do poder nominal de uma velha santa, que não era mais senão a enfermeira dos seus escravos, para as mãos de uma família até então estranha. E como para os escravos, para os rendeiros, os empregados, os pobres, toda a *gens* que ela sustentava, a que fazia a distribuição diária de rações, de socorros, de remédios... Eu também tinha que partir de Massangana, deixado por minha madrinha a outro herdeiro, seu sobrinho e vizinho; a mim ela deixava um outro dos seus engenhos, que estava de fogo morto, isto é, sem escravos para o trabalhar... Ainda hoje vejo chegar, quase no dia seguinte à morte, os carros de bois do novo proprietário... Era a minha deposição... Eu tinha oito anos. Meu pai pouco tempo depois me mandava buscar por um velho amigo, vindo do Rio de Janeiro. Distribuí entre a gente da casa tudo que possuía, meu cavalo, os animais que me tinham sido dados, os objetos do meu uso. "O menino está mais satisfeito", escrevia a meu pai o amigo que devia levar-me, "depois que eu lhe disse que a sua ama o acompanharia". O que mais me pesava era ter que me separar dos que tinham protegido minha infância, dos que me serviram com a dedicação que tinham por minha madrinha, e sobretudo entre eles os escravos que literalmente sonhavam pertencer-me depois dela. Eu bem senti o contragolpe da sua esperança desenganada, no dia em que eles choravam, vendo-me partir espoliado, talvez o pensassem, da sua propriedade... Pela primeira vez sentiram eles, quem sabe, todo o amargo da sua condição e beberam-lhe a lia.

Mês e meio depois da morte de minha madrinha, eu deixava assim o meu paraíso perdido, mas pertencendo-lhe para sempre... Foi ali que eu cavei com as minhas pequenas mãos ignorantes esse poço da infância, insondável na sua pequenez, que refresca o deserto da vida e faz dele para sempre em certas horas um oásis sedutor. As partes adquiridas do meu ser, o que devi a este ou àquele, hão de dispersar-se em direções diferentes; o que, porém, recebi diretamente de Deus, o verdadeiro eu saído das suas mãos, este ficará preso ao canto de terra onde repousa aquela que me iniciou na vida. Foi graças a ela que o mundo me recebeu com um sorriso de tal doçura que todas as lágrimas imagináveis não mo fariam esquecer. Massangana ficou sendo a sede do meu oráculo íntimo: para impelir-me, para deter-me e, sendo preciso, para resgatar-me, a voz, o frêmito sagrado, viria sempre de lá. *Mors omnia solvit...* tudo, exceto o amor, que ela liga definitivamente.

Tornei a visitar doze anos depois a capelinha de São Mateus onde minha madrinha, dona Ana Rosa Falcão de Carvalho, jaz na parede ao lado do altar, e pela pequena sacristia abandonada penetrei no cercado onde eram enterrados os escravos... Cruzes, que talvez não existam mais, sobre montes de pedras escondidas pelas urtigas, era tudo quase que restava da opulenta *fábrica,* como se chamava o quadro da escravatura... Embaixo, na planície, brilhavam como outrora as manchas verdes dos grandes canaviais, mas a usina agora fumegava e assobiava com um vapor agudo, anunciando uma vida nova. A almanjarra desaparecera no passado. O trabalho livre tinha tomado o lugar em grande parte do trabalho escravo. O engenho apresentava do lado do "porto" o aspecto de uma colônia; da casa velha não ficara vestígio... O sacrifício dos pobres negros, que haviam incorporado as suas vidas ao futuro daquela propriedade, não existia mais talvez senão na minha lembrança... Debaixo dos meus pés estava tudo o que restava deles, defronte dos *columbaria* onde dormiam na estreita capela aqueles que eles haviam amado e livremente servido. Sozinho ali, invoquei todas as minhas reminiscências, chamei-os a muitos pelos nomes, aspirei no ar carregado de aromas agrestes, que entretém a vegetação sobre suas covas, o sopro que lhes dilatava o coração e lhes inspirava a sua alegria perpétua. Foi assim que o problema moral da escravidão se desenhou pela primeira vez aos meus olhos em sua nitidez perfeita e com sua solução obrigatória. Não só esses escravos não se tinham queixado de sua senhora, como a tinham até o fim abençoado... A gratidão estava ao lado de quem dava. Eles morreram acreditando-se os devedores... seu carinho não teria deixado germinar a mais leve suspeita de que o senhor pudesse ter uma obrigação para com eles, que lhe pertenciam... Deus conservara ali o coração do escravo, como o do animal fiel, longe do contacto com tudo que o pudesse revoltar contra a sua dedicação. Esse perdão espontâneo da dívida do senhor pelos escravos figurou-se-me a anistia para os países que cresceram pela escravidão, o meio de escaparem a um dos piores taliões da história... Oh, os santos pretos! Seriam eles os intercessores pela nossa infeliz terra, que regaram com seu sangue, mas abençoaram com seu amor! Eram essas as idéias que me vinham entre aqueles túmulos, para mim, todos eles, sagrados, e então ali mesmo, aos vinte anos, formei a resolução de votar a minha vida, se assim me fosse dado, ao serviço da raça generosa entre todas que a desigualdade da sua condição enternecia em vez de azedar e que por sua doçura no sofrimento emprestava até mesmo à opressão de que era vítima um reflexo de bondade...

XXI

A ABOLIÇÃO

QUANDO a campanha da abolição foi iniciada, restavam ainda quase dois milhões de escravos, enquanto que os seus filhos de menos de oito anos e todos os que viessem a nascer, apesar de *ingênuos*, estavam sujeitos até aos vinte e um anos a um regímen praticamente igual ao cativeiro. Foi esse imenso bloco que atacamos em 1879, acreditando gastar a nossa vida sem chegar a entalhá-lo. No fim de dez anos não restava dele senão o pó. Tal resultado foi devido a muitas causas... Em primeiro lugar, à época em que foi lançada a idéia. A humanidade estava por demais adiantada para que se pudesse ainda defender em princípio a escravidão, como o haviam feito nos Estados Unidos. A raça latina não tem dessas coragens. O sentimento de ser a última nação de escravos humilhava a nossa altivez e emulação de país novo. Depois, à fraqueza e à doçura do caráter nacional, ao qual o escravo tinha comunicado sua bondade e a escravidão o seu relaxamento. Compare-se nesse ponto o que ela foi no Brasil com o que foi na América do Norte. No Brasil, a escravidão é uma fusão de raças; nos Estados Unidos, é a guerra entre elas. Nossos proprietários emancipavam aos centos os seus escravos, em vez de se unirem para linchar os abolicionistas, como fariam os criadores do Kentucky ou os plantadores da Louisiana. A causa abolicionista exercia sua sedução sobre a mocidade, a imprensa, a democracia; era *um imperativo categórico* para os magistrados e os padres; tinha afinidades profundas com o mundo operário e com o exército, recrutado de preferência entre os homens de cor; operava como um dissolvente sobre a massa dos partidos políticos, cujas rivalidades incitava com a honra que podia conferir aos estadistas que a empreendessem, e à própria dinastia inspirava de modo espontâneo o sacrifício indispensável para o sucesso.

Cinco ações ou concursos diferentes cooperaram para o resultado final: -1º. a ação motora dos espíritos que criavam a opinião pela idéia, pela palavra, pelo sentimento, e que a faziam valer por meio do parlamento, dos *meetings*, da imprensa, do ensino superior, do púlpito, dos tribunais; -2º. a ação coerciva dos que se propunham a destruir materialmente o formidável aparelho da escravidão, arrebatando os escravos ao poder dos senhores; -3º. a ação complementar dos próprios proprietários, que, à medida que o movimento se precipitava, diminuíam diante dele as resistências, libertando em massa as suas *fábricas;* -4º. a ação política dos estadistas, representando as concessões do governo; -5º. a ação dinástica.

As duas primeiras categorias formavam círculos concêntricos, compostos como eram em grande parte dos mesmos elementos. É a elas que pertence o grosso do partido abolicionista, os líderes do movimento. Para colocar cada figura no plano que lhe convém com seu tamanho relativo seria preciso outro juiz. Tendo visto na luta e no esforço cada um dos veteranos dessa campanha, eu não me perdoaria a mim mesmo a menor injustiça involuntária que fizesse a qualquer deles. Dissentimentos profundos me separaram de muitos depois da vitória, mas o espírito de imparcialidade que me anima a respeito de cada um faz ainda parte da lealdade que acredito ter mantido perfeita durante a abolição para com todos os auxiliares dela, os da primeira como os da undécima hora. Não farei tampouco o livro de ouro da grande propriedade brasileira nessa quadra. Na categoria dos chefes políticos posso destacar, porém, três estadistas que prestaram ao movimento em épocas diferentes um concurso decisivo: Dantas, que primeiro colocou ao serviço dela um dos partidos constitucionais do país, o liberal, serviço da ordem do que Gladstone prestou à causa irlandesa; Antônio Prado, que retirou o veto de São Paulo à abolição, quebrando assim a resistência até então compacta do Sul, a porção mais rica do país; e João Alfredo, que levou o partido Conservador a apresentar a lei da extinção imediata, ato que mesmo nessa época foi uma grande audácia, e que pelo estado e disposição geral da política só podia ter sido obra dele mesmo. José Bonifácio, cuja adesão à idéia foi um contingente igual à libertação do Ceará, Cristiano Ottoni, Silveira da Mota, e outros, eu os contaria na primeira classe, a dos propagandistas.

É-me quase impossível falar hoje da abolição senão por incidentes e figuras destacadas... Tudo o que digo é sob a ressalva de que teria muito mais que dizer; quando pronuncio um nome está subentendido que é apenas um de um extenso calendário, e que os dípticos de um e outro lado estão cheios... Quem fará dentre os contemporâneos essa história com imparcialidade, justeza e penetração, sem deixar entrar nela a paixão política, preconceito sectário, a fascinação ou sujeição pessoal? Ninguém, decerto, o que quer dizer que haverá no futuro diversas histórias. A minha contribuição para o assunto há de um dia ser o meu arquivo, e alguns fragmentos a respeito de diversos fatos em que estive envolvido ou de que tive conhecimento direto... Esse trabalho, essa desobriga, ao mesmo tempo que depoimento pessoal, espero que Deus me dará tempo e modo de o fazer como planejo. Seria uma espécie de chave para o período que encerra a era monárquica.

Dentre aqueles com quem mais intimamente lidei em 1879 e 1880 e que formavam comigo um grupo homogêneo, a nossa pequena igreja, as principais figuras eram André Rebouças, Gusmão Lobo e Joaquim Serra... A igreja fronteira era a de José do Patrocínio, Ferreira de Meneses, Vicente de Sousa, Nicolau Moreira, depois João Clapp com a Confederação Abolicionista. Se eu estivesse escrevendo neste momento um escorço do movimento abolicionista de 1879 1888, já teria citado Jerônimo Sodré, que foi quem pronunciou o *fiat*, e passaria a citar os meus companheiros de Câmara, Manuel Pedro, Correia Rabelo, S. de

Barros Pimentel, e outros, porque o movimento começou na Câmara em 1879, e não, como se tem dito, na *Gazeta da Tarde* de Ferreira de Meneses, que é de 1880, nem na *Gazeta de Notícias*, onde então José do Patrocínio, escrevendo a "Semana Política", não fazia senão nos apoiar e ainda não adivinhava a sua missão. Decerto pelos escravos já vinham trabalhando Luís Gama e outros, mesmo antes da lei de 1871, como trabalharam todos os colaboradores dessa lei; mas o movimento abolicionista de 1879 a 1888 é um movimento que tem o seu eixo próprio, sua formação distinta, e cujo princípio, marcha, velocidade são fáceis de verificar; é um sistema fluvial do qual se conhecem as nascentes, o volume de água e valor de cada tributário, as quedas, os rápidos, o estuário, e esse movimento começa, fora de toda dúvida, com o pronunciamento de Jerônimo Sodré em 1879 na Câmara... Esse pronunciamento vem resolvido da Bahia e rebenta na Câmara como uma manga de água, repentinamente. Nada absolutamente o fazia suspeitar... Ao ato de Jerônimo Sodré filia-se cronologicamente a minha atitude dias depois... Mais tarde é que entram Rebouças, Patrocínio, Gusmão Lobo, Meneses, Joaquim Serra... Isto não é apurar a data dos primeiros escritos abolicionistas de cada um; os meus, por exemplo, datavam da Academia... É reivindicar para a Câmara, para o parlamento, a iniciativa que se lhe tem querido tirar nesta questão, dando-se-a ao elemento popular, republicano... É uma pura questão de datas; desde que se der a data certa a cada fato alegado, verificar-se-á o *autem genuit* acima... Reconheço que a minha inscrição vem na ordem do tempo depois da de Jerônimo Sodré... As outras, porém, vieram depois da minha... Foi o movimento popular talvez que mais tarde incubou o gérmen parlamentar, não o deixando morrer nas sessões seguintes, mas que o gérmen foi parlamentar, que o *liber generationis* começou em 1879 com Jerônimo Sodré, é o que se pode demonstrar com os próprios documentos, mesmo com aqueles em que se pretenda o contrário, uma vez que sejam autênticos... A questão de iniciativa aliás tem um interesse todo secundário, sobretudo quando a idéia está no ar e o espírito do tempo a agita por toda a parte. Não há nada mais difícil do que avaliar a importância relativa dos diversos fatores de um movimento que se torna nacional. O último dos apóstolos pode vir a ser o primeiro de todos, como São Paulo, em serviços e em proselitismo. Tudo na abolição prende-se, não se pode escrever-lhe a história suprimindo qualquer dos seus elos... É um fato a reter: a compensação vai sempre além, muito além, dos prejuízos que ela sofre, e, desse modo, até eles a favorecem... Assim morre Ferreira de Meneses, mas Patrocínio toma a *Gazeta da Tarde;* a minoria abolicionista de 1879 não é reeleita, surge a Confederação Abolicionista; quando o Ceará conclui a sua obra, o Amazonas começa a dele; demitido um presidente de província (Teodureto Souto), é nomeado um presidente do Conselho (Dantas); organizada a ação da polícia, aparece a agitação no exército; às sevícias da Paraíba do Sul e de Cantagalo sucede o combate do Cubatão; morto José Bonifácio, toma o seu lugar, em São Paulo, Antônio Prado; repelido pela Câmara José Mariano, o Recife derrota o ministro do império; vacilando o partido Liberal, move-se o partido Conservador; parte o imperador, fica a princesa... Ninguém afinal sabe quem fez mais pela abolição: se a propaganda, se a resistência; se os que queriam tudo, se os que não queriam nada... Nada há mais ilusório que as distribuições de glória... As lendas hão de sempre viver, como raios de luz na treva amontoada do passado, mas a beleza delas não está em sua verdade, que é sempre pequena; está no esforço que a humanidade faz para assim reter alguns episódios de uma vida tão extensa que para abrangê-la não há memória possível...

Não posso senão dar ao acaso algumas impressões, por isso deixo, não sem constrangimento, de referir-me a nomes que entrariam em qualquer resumo, por mais curto que fosse, note-se bem, do começo da propaganda... Os dois grupos de que falei encontravam-se, trabalhavam juntos, misturavam-se, mas a linha divisória era sensível: um representava a ação política, o outro a revolucionária, ainda que cada um refletisse por vezes a influência do outro. Isso no tempo em que a idéia está sendo lançada, pois dentro de pouco o movimento torna-se geral, e então há o influxo das províncias, há o Ceará, o Amazonas, o Rio Grande do Sul, Pernambuco, a Bahia, São Paulo, que surgem como grandes focos de propaganda... O movimento abolicionista teve com efeito duas fases bem acentuadamente divididas: a primeira, de 1879 a 1884, em que os abolicionistas combateram sós, entregues aos seus próprios recursos, e a segunda, de 1884 a 1888, em que eles viram sua causa adotada sucessivamente pelos dois grandes partidos do país. Em 1884 deu-se a conversão do partido Liberal e em 1888 a do partido Conservador. A fase puramente abolicionista da campanha — por oposição à fase política, que poderia entrar na história dos dois partidos rivais — foi a primeira.

De todos, aquele com quem mais intimamente vivi, com quem estabeleci uma verdadeira comunhão de sentimento, foi André Rebouças... Nossa amizade foi por muito tempo a fusão de duas vidas em um só pensamento: a emancipação. Rebouças encarnou, como nenhum outro de nós, o espírito antiescravagista: o espírito inteiro, sistemático, absoluto, sacrificando tudo, sem exceção, que lhe fosse contrário ou suspeito, não se contentando de tomar a questão por um só lado, olhando-a por todos, triangulando-a, por assim dizer — era uma de suas expressões favoritas — socialmente, moralmente, economicamente. Ele não tinha, para o público, nem a palavra, nem o estilo, nem a ação; dir-se-ia assim que em um movimento dirigido por oradores, jornalistas, agitadores populares, não lhe podia caber papel algum saliente, no entanto ele teve o mais belo de todos, e calculado por medidas estritamente interiores, psicológicas, o maior, o papel primário, ainda que oculto, do motor, da inspiração que se repartia por todos... não se o via quase, de fora, mas cada um dos que eram vistos estava olhando para ele, sentia-o consigo, em si, regulava-se pelo seu gesto invisível à multidão... sabia que a consciência capaz de resolver todos os problemas da causa só ele a tinha, que só ele entrava na sarça ardente e via o Eterno face a face... É-me tão impossível resumi-lo a ele em um traço como me seria impossível figurar uma trajetória infinita... Depois da abolição ele sempre teve o pressentimento de que a escravidão causaria uma grande desgraça à dinastia, como assassinara a Lincoln. Seu maior amor talvez tenha sido pelos seus alunos da Politécnica, mas como todas as suas recordações "da escola" transformaram-se em outros tantos tormentos, quando os viu glorificando o 15 de Novembro, que para ele era a desforra de 13 de Maio!...

Do seu quarto no Hotel Bragança, em Petrópolis, onde durante anos notara no seu diário a nossa pulsação comum, até o despenhadeiro do Funchal, que linha a que descreveu André Rebouças! Ele foi o cortesão do *Alagoas*... Um republicano, a quem veio a tocar na hora de amargura o papel de discípulo amado do velho Imperador banido... Foi um industrial, um engenheiro ousado e triunfante, que acabou praticando o tolstoísmo... Foi um gênio matemático, um sábio, que reduziu sua ciência a uma serpentina em que de tudo destilava a abolição... Seu centro de gravidade foi verdadeiramente o sublime... Não posso ainda falar dele em relação a mim, porque não o quisera fazer de modo incompleto... Prefiro mostrá-lo em relação ao imperador. Aqui está uma dessas provas rápidas, fotogênicas, que ele sabia tirar de si, e nas quais os que viveram com ele reconhecem-lhe a fisionomia, apanhada com toda a mobilidade da sua expressão e com a inalterabilidade do seu afeto humano. É por acaso que encontro esta carta dele:

Cannes, 13 de maio de 1891

Meu Mestre e meu Imperador.

Não passará o 3.º aniversário da Libertação da Raça Africana no Brasil sem que André Rebouças dê novo testemunho de filial gratidão ao Mártir sublime da Abolição.

Sinto-me feliz por ter sido escolhido pelo Bom Deus para representar a devotação da Raça Africana a Vossa Majestade Imperial e à Princesa Redentora e alegro-me repetindo-o incessantemente.

É hoje grato relembrar a *síntese* da nossa vida, como meu Bom Mestre disse no *Alagoas* quando comemoramos seu 61º aniversário.

Principiou em Petrópolis, em 1850, há quarenta e um anos, examinando-me em aritmética, ainda menino de colégio, e continuou, quase quotidianamente, nas lições e nos exames das Escolas Militar, Central e de Aplicação na fortaleza da Praia Vermelha, até dezembro de 1860.

Os anos de 1861 e 1862 foram de estudos práticos de caminho de ferro e de portos de mar na Europa. A primeira Memória, escrita com o Antônio, datada de Marselha, em 9 de junho de 1861, foi dedicada, como de justiça, ao nosso Bom Mestre e Imperador... Quando Vossa Majestade encontrava meu Pai, suas palavras primeiras eram: — *Como vão os meninos? — Onde estão agora? — Recomende-lhes sempre que estudem e que trabalhem.*

Voltamos ao Brasil em fins de 1862, e encetamos a vida prática nos trabalhos militares de Santa Catarina, motivados pelo conflito Christie.

A 28 de dezembro de 1863 separei-me, pela primeira vez, do meu irmão Antônio... Começa daí em diante o período industrial da minha vida...

Vossa Majestade e meu Pai não queriam que eu tivesse uma orientação além da vida tranqüila da Ciência e do Professorado, mas o visconde de Itaboraí, que também me devotava afeição paternal, dizia: — *André!... Quero que você suceda ao Mauá!...*

Sabe Vossa Majestade quanto sofri da oligarquia politicante e da plutocracia escravocrata nesses afanosos tempos... Só tenho hoje deles uma consolação: — Projetei e construí as Docas de Pedro II, concebi e dirigi o caminho de ferro Conde d'Eu e sua bela estação marítima do Cabedelo.

Vossa Majestade gosta de recordar que, em Uruguaiana, salvamos juntos, pelo nosso horror ao sangue, 7.000 paraguaios e centenas de brasileiros... Na atual antipatia ao militarismo, apenas lembro-me dos trabalhos de Itapiru e Tuiuti.

Em 1880 começa a Propaganda Abolicionista. Nós, tribunos ardentes, só tínhamos uma certeza e uma esperança: o Imperador. Em 1871 havia Vossa Majestade concedido à Filha Predileta libertar o berço dos cativos com Paranhos, visconde do Rio Branco.

Em 1888 a iniciativa partiu d'Aquela que não pode ver lágrimas nem ouvir soluços de pobres, de infelizes e de escravos, no amor santo de Mártir do Cristianismo Inicial, aspirando menos à glória na Terra do que anelando a benemerência no Céu, junto a Jesus, o Redentor dos Redentores.

Enfim... Creio que podemos esperar tranqüilos o juízo de Deus; porque havemos cumprido sua grande Lei trabalhando pelo Progresso da Humanidade.

Agora, só tenho a dizer-lhe que desde 15 de novembro de 1889 perdi a linha divisória entre meu Pai e meu Mestre e Imperador, e que é na maior efusão de amor que me assino, — Com todo o coração —

André Rebouças

Ou este itinerário, que ele traçara para a fuga de escravos de São Paulo para o Norte, pura fantasia, mas tão cheio para todos nós de vestígios de sua originalidade, de toques da sua generosa sensibilidade, quase impessoal:

CAMINHO DE FERRO SUBTERRÂNEO DO
ALTO SÃO FRANCISCO AO CEARÁ LIVRE

Estação inicial — São Paulo; junto ao túmulo de Luís Gama.

Segunda Estação — Pirassinunga.

Terceira Estação — Cachoeira de Mogi-Guaçu.

Quarta Estação — Em pleno sertão, com rumo de Nordeste; o sol deve amanhecer à direita e cair, à tarde, à esquerda.

Quinta Estação — Piumhi, nascente do rio São Francisco, acompanhando sempre o belo rio, abundante de peixes e de frutos deliciosos.

Sexta Estação — De um lado Goiás livre; do outro o sertão da Bahia, onde não há *capitães-do-mato.*

Sétima Estação — Na vila da Barra, onde começam as grandes cachoeiras do São Francisco.

Oitava Estação — No varadouro das águas do São Francisco para as do Parnaíba.

Nona Estação — No Paraíso — no Ceará Livre.

Matemático e astrônomo, botânico e geólogo, industrial e moralista, higienista e filantropo, poeta e filósofo, Rebouças foi talvez dos homens nascidos no Brasil o único *universal* pelo espírito e pelo coração... Pelo espírito teremos tido alguns, pelo coração outros; mas somente ele foi capaz de refletir em si ao mesmo tempo a universalidade dos conhecimentos e a dos sentimentos humanos. Quem sabe se não foi a imagem que partiu o espelho! "Delirante ovação dos meus alunos, escrevia ele em 15 de maio de 1888 no seu diário. Anuncio-lhes o projeto de Triangulação Moral e Cadastral do Brasil. Voto de louvor pela

Congregação. Nova ovação. Carregado pelos alunos por todo o peristilo". Da abolição ele foi o maior, não pela ação exterior, ou influência direta sobre o movimento, mas pela força e altura da projeção cerebral, pela rotação vertiginosa de idéias e sensações em torno do eixo consumidor e candente, que era para ele o sofrimento do escravo. Era uma fornalha cósmica a que ardia nele. Se Rebouças ainda é visto no seu tempo como uma estrela de segunda grandeza, é porque estava mais longe do que todas... Dos evangelistas da nossa boa-nova ele é que teria por atributo a águia... Há no seu estilo e nos seus moldes muita coisa que lembra São João... Idealista todo ele, é quase só por símbolos que escreve... A ilha da Madeira foi a Patmos de um apocalipse infelizmente perdido, porque suas últimas páginas, voltado para o Sul, ele as escrevia, tomando por letras as estrelas e as constelações. Sua lenda, porém, está feita, não há perigo para ele de esquecimento: a lenda do seu desterro e de sua amizade a Dom Pedro II.

Outro com quem vivi até sua morte em grande aproximação de idéias foi Joaquim Serra. Desde 1880 até a abolição ele não deixou passar um dia sem a sua linha... Minado por uma doença que não perdoa, salvava cada manhã o que bastasse de alegria para sorrir à esperança dos escravos, a qual viu crescer dia por dia durante esses dez anos como uma planta delicada que ele mesmo tivesse feito nascer... Feita a abolição, desabrochada a flor, morria ele... E que morte! Que saudade da mulher e dos filhos, da filhinha adorada, que não se queria afastar um instante dele! Serra cumpriu a sua tarefa com uma constância e assiduidade a toda prova, sem dar uma falta e com o mais perfeito espírito de abnegação e de lealdade... Renunciando os primeiros lugares, ele mostrava, entretanto, de mais em mais uma agudeza de vista e uma clareza de expressão dignas de um verdadeiro líder. Eu mesmo, que acreditava conhecê-lo, fui surpreendido pela ousadia da sua manobra, quando uma vez ele prometeu ao barão de Cotegipe todo o nosso apoio — nós respondíamos uns pelos outros — se fizesse concessões ao movimento. Ao contrário de Rebouças, Serra era um espírito político, mas acima do seu partido, do qual fora durante a oposição o mais serviçal dos auxiliares, colocava a nossa causa comum com uma sinceridade íntima que nunca foi suspeitada... "Passamento do grande Joaquim Serra, escreve Rebouças no seu *Diário* de 29 de outubro de 1888, companheiro de Academia em 1854 e de luta abolicionista de 1880-1888, o publicista que *mais* escreveu contra os escravocratas". — "Ninguém fez *mais* do que ele, escrevia Gusmão Lobo por sua morte... e quem fez *tanto...?*"

Gusmão Lobo... É outro nome do nosso círculo interior... Alguns dos que combateram juntos sem descanso, durante os primeiros cinco anos da propaganda, os quais foram os anos do ostracismo político e social da idéia, acreditaram sua tarefa, se não acabada, pelo menos grandemente aliviada no dia em que um grande partido no governo, com os seus quadros, sua influência, seu eleitorado, sua imprensa, adotou a causa de que eles eram até então os únicos arrimos... Entre esses está Gusmão Lobo, que não teria deixado a pena de combate, se não tivesse visto a bandeira, que ela protegia, passar triunfante das mãos dos agitadores para as mãos de presidentes do Conselho. Na época decisiva do movimento, aquela em que se teve de criar o impulso e de torná-lo mais forte do que a resistência, isto é, em que se venceu virtualmente a campanha, os seus serviços foram inapreciáveis... Ele sozinho enchia com a emancipação o *Jornal do Commercio* desde a coluna editorial, onde por toda a espécie de habilidades, artifícios e sutilezas, graças à boa vontade do dr. Luís de Castro, conseguia ter a questão sempre em evidência... Seu talento, seu estilo de escritor, airoso, perfeito, prismático, um dos mais belos e mais espontâneos do nosso tempo, era verdadeiramente inexaurível... Ele achava solução para tudo, tinha os expedientes e as finuras, como tinha a plástica da expressão... Todo o seu trabalho foi anônimo e poderia assim passar despercebido de outra geração, se não restasse o testemunho unânime dos que trabalharam com ele... Era um assombro a variedade dos papéis que ele desempenhava na imprensa, incalculável o valor da sua presença e conselho em nossas reuniões, e depois no íntimo do gabinete Dantas. Seu nome está escrito, por toda a parte, nas paredes das catacumbas em que o abolicionismo nascente viveu os primeiros cinco anos como uma pequena igreja perseguida, mas aparece cada vez mais raro à medida que a nova fé se vai tornando religião oficial. É um dos enigmas do nosso tempo — enigma nacional, porque se prende à questão do emurchecimento rápido de toda a flor do país — como semelhante talento renunciou mais tarde de repente a toda a ambição...

Não quero fazer a galeria da abolição, mas, como dei, vencido pela saudade, dois ou três perfis, tão imperfeitos, de amigos, pagarei também o meu tributo a José do Patrocínio... Este é o representante do espírito revolucionário que com o espírito liberal e o espírito de governo fez a abolição, mas que foi mais forte do que eles, e acabou por os absorver e dominar... Sem o espírito governamental de homens como Dantas, Antônio Prado e João Alfredo, não se teria chegado pacificamente ao fim, nem tão cedo; sem o espírito humanitário, estreme de ódios e tendências políticas, a abolição teria degenerado em uma guerra de raças ou em um encontro de facções; sem o trabalho vário, inapreciável, de cada um dos grandes fatores provinciais, que conservarão sua autonomia na história, como o do Ceará com João Cordeiro, o de São Paulo com Antônio Bento, o de Pernambuco com João Ramos, tomando esses nomes como coletivos, o resultado teria sido diferente e talvez funesto. O que Patrocínio, porém, representa é o *fatum*, é o irresistível do movimento... Ele é uma mistura de Espártaco e de Camille Desmoulins... Os que lutavam somente contra a escravidão, eram como os liberais de 1789, da raça dos cegos de boa vontade, senão voluntários, que as revoluções empregam para lhes abrirem a primeira brecha... Patrocínio é a própria revolução. Se o abolicionismo no dia seguinte ao seu triunfo dispersou-se e logo depois uma parte dele aliou-se à grande propriedade contra a dinastia que ele tinha induzido ao sacrifício, é que o espírito que mais profundamente o agitou e revolveu foi o espírito revolucionário que a sociedade abalada tinha deixado escapar pela primeira fenda dos seus alicerces... Patrocínio foi a expressão da sua época; em certo sentido, a figura representativa dela...

XXII

CARÁTER DO MOVIMENTO — A PARTE DA DINASTIA

A ABOLIÇÃO teria sido uma obra de outro alcance moral, se tivesse sido feita do altar, pregada do púlpito, prosseguida de geração em geração pelo clero e pelos educadores da consciência. Infelizmente, o espírito revolucionário teve que executar em poucos anos uma tarefa que havia sido desprezada durante um século. Uma grande reforma social, para ser agradável a Deus, exige que a alma do próprio operário seja purificada em primeiro lugar. São essas as primícias que ele disputa e que lhe pertencem. A diferença é grande, mesmo para as empresas mais justas e mais belas, se as levamos por diante com espírito de verdadeira caridade cristã, ou se não empregamos nelas senão essa espécie de estímulo pessoal a que em moral leiga se chama amor da humanidade. O reformador não vencerá completamente pela cópia de justiça que a sua idéia contenha; o resultado da vitória depende do grau de caridade que inspirar a germinação. A política é a arte de escolher as sementes; a religião, a de lhes preparar o terreno.

O movimento contra a escravidão no Brasil foi um movimento de caráter humanitário e social antes que religioso; não teve por isso a profundeza moral da corrente que se formou, por exemplo, entre os abolicionistas da Nova Inglaterra. Era um partido composto de elementos heterogêneos, capazes de destruir um estado social levantado sobre o privilégio e a injustiça, mas não de projetar sobre outras bases o futuro edifício. A realização da sua obra parava assim naturalmente na supressão do cativeiro; seu triunfo podia ser seguido, e o foi, de acidentes políticos, até de revoluções, mas não de medidas sociais complementares em benefício dos libertados, nem de um grande impulso interior, de renovação da consciência pública, da expansão dos nobres instintos sopitados. A liberdade por si só é fecunda, e sobre os destroços da escravidão refar-se-á com o tempo uma sociedade mais unida, de idéias mais largas, e é possível que esta proclame seus criadores aqueles que não fizeram mais do que interromper a opressão que presidia aos antigos nascimentos, os gemidos que assinalavam no Brasil o aparecer de mais uma camada social. A verdade, porém, é que a corrente abolicionista parou no dia mesmo da abolição e no dia seguinte refluía.

Durante a campanha abolicionista, em uma das eleições em que fui candidato, um escravo, que parecia feliz, suicidou-se em uma fazenda de Cantagalo. Contou-me uma senhora da família, anos depois, que perguntado no momento da morte por que atentara contra si, se tinha alguma queixa, ele respondera ao senhor que não, que pensou em matar-se somente porque eu não tinha sido eleito deputado... Tenho convicção de que a raça negra por um plebiscito sincero e verdadeiro teria desistido de sua liberdade para poupar o menor desgosto aos que se interessavam por ela, e que no fundo, quando ela pensa na madrugada de 15 de Novembro, lamenta ainda um pouco o seu 13 de Maio. Não se poderia estar em contacto com tanta generosidade e dedicação sem lhe ter um pouco adquirido a marca. Desde a dinastia, que tinha um trono a oferecer, ninguém que tenha tomado parte em sua libertação o lastimará nunca. Não se lastima a emancipação de uma raça, a transformação imediata do destino de um milhão e meio de vidas humanas com todas as perspectivas que a liberdade abre diante das futuras gerações. Não há raças ingratas. "Senhor Rebouças — dizia a princesa imperial a bordo do *Alagoas*, que os levava juntos para o exílio — se houvesse ainda escravos no Brasil, nós voltaríamos para libertá-los".

Ah! decerto o trono caiu e muita coisa seguiu-se que me podia fazer pensar hoje com algum travo nesses anos de perfeita ilusão... mas não, devia ser assim mesmo... As conseqüências, os desvios, as aberrações, estranhas e alheias, não podem alterar a perfeita beleza de uma obra completa, não destroem mais o ritmo de um ciclo encerrado... No dia em que a princesa imperial se decidiu ao seu grande golpe de humanidade, sabia tudo o que arriscava. A raça que ia libertar não tinha para lhe dar senão o seu sangue, e ela não o quereria nunca para cimentar o trono de seu filho... A classe proprietária ameaçava passar-se toda para a república, seu pai parecia estar moribundo em Milão, era provável a mudança de reinado durante a crise, e ela não hesitou; uma voz interior disse-lhe que desempenhasse sua missão, a voz divina que se faz ouvir sempre que um grande dever tem que ser cumprido ou um grande sacrifício que ser aceito. Se a monarquia pudesse sobreviver à abolição, esta seria o seu apanágio; se sucumbisse, seria o seu testamento. Quando se tem, sobretudo uma mulher, a faculdade de fazer um grande bem universal, como era a emancipação, não se deve parar diante de presságios; o dever é entregar-se inteiramente nas mãos de Deus. E quem sabe... A impressão quando se olha da altura da posteridade, da história, é que o papel nacional da dinastia tinha sido belo demais para durar ininterruptamente... Não há tão extensos espaços de felicidade nas coisas humanas; o surto prolongando-se traria a queda desastrosa. Essa dinastia teve só três nomes. O fundador fez a independência do jovem país americano, desintegrando a velha monarquia européia de que era herdeiro; seu filho encontra aos quinze anos o império enfraquecido pela anarquia, rasgando-se pela ponta do Rio Grande, e funda a unidade nacional sobre tão fortes bases que a guerra do Paraguai, experimentando-a, deixou-a à prova de qualquer pressão interna ou externa, e faz tudo isso sem tocar nas liberdades políticas do país que durante cinqüenta anos são para ele um *noli me tangere*... Por último, sua filha renuncia virtualmente o trono para apressar a libertação dos últimos escravos... Cada reinado, contando a última regência da princesa como um embrião de reinado, é uma nova coroação nacional: o primeiro, a do estado; o segundo, a da nação; o terceiro, a do povo... A coluna assim está perfeita e igual: a base, o fuste, o capitel. A tendência do meu espírito é colocar-se no ponto de vista definitivo... Deste o 15 de Novembro não é uma queda, é uma assunção... É a ordem do destino para que a dinastia brasileira fosse arrebatada, antes de começar o seu declínio, antes de correr o risco de esquecer a sua tradição.

Decerto o exílio do imperador foi triste, mas também foi o que deu à sua figura a majestade que hoje a reveste... Não, não há assim nada que me faça olhar para a fase em que militei na política com outro sentimento que não seja o de uma perfeita gratidão... Não devo à dinastia nenhuma reparação; não lhe armei uma cilada; na humilde parte que me coube, o que fiz foi acenar-lhe com a glória, com a imortalidade, com a perfeição do seu traço na história... Ninguém pode afirmar que desprezando a abolição ela se teria mantido, ou que não teria degenerado... A abolição em todo o caso era o seu dever, e ela recolheu a glória do ato; deu-nos quitação...

Que seria feito na história da lenda monárquica brasileira se no mesmo dia se tivesse proclamado a república e a abolição? Gratidão infinita pelo 13 de Maio, isso, sim, lhe devo e deverei sempre; nunca, porém, reparação de um dano que não causei...

XXIII

PASSAGEM PELA POLÍTICA

AH! O QUE não recebi nesses anos de luta pelos escravos! Como os sacrifícios que por vezes inspirei eram maiores que os meus! Eu tinha a fama, a palavra, a carreira política... É certo que não tive outras recompensas, mas essas eram as mais belas para um moço, nesse tempo ávido de nomeada e das sensações do triunfo. Era o meu nome que saía vitorioso das urnas numa dessas eleições que eletrizavam os espíritos liberais de todo o país, que me traziam de longe as bênçãos dos velhos *quakers* da Anti-Slavery Society, e até uma vez os votos de Gladstone... Aqueles, porém, que concorriam para a vitória desapareciam na lista anônima dos esquecidos... Seus nomes, mesmo os principais, não ecoavam fora da província... Só, dentre eles, José Mariano era conhecido de todo o país e reputado o árbitro eleitoral do Recife. Quem conhecia, porém, a Antônio Carlos Ferreira da Silva, então simples guarda-livros em uma casa do Recife e que no entanto fez todas as minhas eleições abolicionistas? A verdade é que era ele o espírito que movia tudo em meu favor; sem ele tudo teria corrido em outra direção... Essa é a melhor prova do caráter espontâneo, natural, popular, das minhas eleições do Recife, o ter bastado para fazê-las um homem como ele, sincero, dedicado, inteligente, leal, hábil, todo coração e entusiasmo sob uma máscara de frieza e misantropia, mas sem posição, sem fortuna, sem *status* político, sem ligação de partido, simples abolicionista, nunca aparecendo em público, e, além do mais, republicano confesso... Essa circunstância só por si mostra bem a sinceridade, a humildade, a ingenuidade de todo esse movimento de 1884-1888. Esse foi o meu paraninfo... Os muitos que trouxeram o seu valioso concurso para o sucesso da causa comum, ou para meu triunfo pessoal, como aconteceu com tantos, compreenderão o meu sentimento quando ainda uma vez revelo o segredo da minha relação com o Recife, dizendo que Antônio Carlos, que nada era e nada quis ser, foi o verdadeiro autor dela... Não esqueço ninguém, a começar por Dantas, que me fez quase forçadamente seguir para o norte a pleitear um dos distritos da província; não esqueço decerto o dr. Ermírio Coutinho e o dr. Joaquim Francisco Cavalcanti, de cuja dupla renúncia resultou a minha inesperada eleição pelo Quinto distrito, uma semana depois de anularem o meu diploma pelo Primeiro, passe eleitoral que surpreendeu a todos na Câmara e em que Antônio Carlos foi grandemente ajudado pelo seu amigo dr. Coimbra. Também não esqueço José Mariano, cuja lealdade para comigo foi perfeita em circunstâncias que poriam à prova a emulação e a suscetibilidade de outro espírito, capaz de inveja ou de ciúmes; nem a suave fisionomia, um puro Carlo Dolce, da sua meiga e amorosa dona Olegarinha, tão cedo esvaecida, a qual nas vésperas da minha eleição, que José Mariano fizera deles, contra o ministro do império, fez empenhar jóias suas para o custeio da luta, o que só vim a saber no dia seguinte, quando o partido as resgatou e lhas foi levar... Não esqueço ninguém, nenhum dos chefes e centuriões liberais, Costa Ribeiro, João Teixeira, Barros Rego, o Silva da Madalena, Faustino de Brito, os Rochas do Peres: seria preciso citar cem, duzentos... Nenhum também desse grupo de abolicionistas, que me recebeu com Antônio Carlos: Barros Sobrinho, João Ramos, Gomes de Matos, João Barbalho, Numa Pompílio, João de Oliveira, Martins Júnior, todos eles; não esqueço os brilhantes artigos de tantos jornalistas distintos, sobre todos Maciel Pinheiro, o amigo de Castro Alves, austero, rutilante, genial, figura que lembra o traço velazquiano, ao mesmo tempo sombrio e luminoso. E são esses somente os primeiros nomes que me vieram à pena. Outros, muitos outros, estão igualmente presentes ao meu espírito como Aníbal Falcão e Sousa Pinto, então os chefes intelectuais da mocidade.

Duvido ter eu tido maior revelação, ou impressão exterior que ficasse atuando sobre mim de modo mais permanente, do que essas eleições de 1884 a 1887 — a de 1889, posso dizer, feita a abolição, não me interessava quase. Elas puseram-me em contacto direto com a parte mais necessitada da população e em mais de uma morada de pobre tive uma *lição de coisas* tão pungente e tão sugestiva sobre o desinteresse dos que nada possuem, que a só lembrança do que vi terá sempre sobre mim o poder, o efeito de um exame de consciência... Eu visitava os eleitores, de casa em casa, batendo em algumas ruas a todas as portas... A pobreza de alguns desses interiores e a intensidade da religião política alimentada neles fez-me por vezes desistir de ir mais longe... Doía ver o quanto custava a essa gente crédula a sua devoção política. Diversos desses episódios gravaram-se-me no coração. Uma vez, por exemplo, entrei na casa de um operário, empregado em um dos arsenais, para pedir-lhe o voto. Chamava-se Jararaca, mas só tinha de terrível o nome. Estava pronto a votar por mim, tinha simpatia pela causa, disse-me ele; mas votando, era demitido, perdia o pão da família; tinha recebido a *chapa de caixão* (uma cédula marcada com um segundo nome, que servia de sinal), e se ela não aparecesse na urna, sua sorte estava liquidada no mesmo instante. "Olhe, senhor doutor", disse-me ele, mostrando-me quatro pequenos, que me olhavam com indiferença, na mais perfeita inconsciência de que se tratava deles mesmos, de quem no dia seguinte lhes daria de comer... E depois, voltando-se para uma criancinha, deitada sobre os buracos de um antigo canapé desmantelado: "Ainda em cima, minha mulher há dois meses achou essa criança diante de nossa porta, quase morrendo de fome, roída pelas formigas, e hoje é mais um filho que temos!" "No entanto, estou pronto a votar pelo senhor, recomeçava ele cedendo à sua tentação liberal, se o senhor me trouxer um pedido do brigadeiro Floriano Peixoto". Esse foi talvez o primeiro *florianista* do país... "Pode vir por telegrama... Ele está no engenho, nas Alagoas... E o que ele me pedir, custe o que custar, eu não deixo de fazer... Telegrafe a ele..." "Não, não é preciso, respondi-lhe, vote como quer o governo, não deixe de levar a sua *chapa de caixão*.... não arrisque à fome toda essa gentinha que está me olhando... Há de vir tempo em que o senhor poderá votar em mim livremente; até lá, é como se o tivesse feito... Não devo dar-lhe um pretexto para fazer o que quer, invocando a intervenção do seu protetor..." E saí, instando com a mulher, suplicando, com medo que ele se arrependesse e fosse votar em mim.

Em outras casas o chefe da família estava sem emprego havia anos por causa de um voto dado ao partido da oposição; a pobreza era completa, quase a miséria, mas todos ali tinham o orgulho de sofrer por sua lealdade ao partido... E como entre os liberais, entre os conservadores. Eram coerentes na miséria, na privação de tudo... Esse espetáculo seria decerto animador no mais alto grau para o otimista desinteressado; este julgaria ter descoberto o refúgio da verdadeira natureza humana escondida; para o candidato, porém, de cuja causa se tratava, era terrivelmente pungente surpreender assim a agonia da dignidade... Posso dizer, quanto a mim, eu não teria ousado ser mais um dia pretendente a um posto que custava tanto sofrimento, se não fosse para servir a causa de outros ainda mais infelizes do que essas vítimas da altivez do pobre, da paixão e ilusão política do povo. Hoje, quem sabe, eu não teria talvez em nenhum caso a força, a coragem de insinuar aos bons, aos crédulos, aos ingênuos, sacrifícios pessoais dessa ordem em favor de uma causa que não fosse diretamente deles. Faria com todos o que fiz com o bom Jararaca: aconselharia que não sacrificassem os seus... Mas a luta pela justiça é isso mesmo, é o sacrifício de gerações inteiras pelo direito às vezes de um só, para resgatar a injustiça feita a um oprimido, talvez um estranho. Decerto, não tenho remorsos nem me arrependo... Pessoalmente nenhum lucro tirei de todas as abnegações que vieram a mim; não capitalizei o sofrimento de tantos desinteressados... Consola-me nada ter tirado da abolição senão o gozo de algumas impressões de tribuna e de nomeada, que foram apenas uma expansão como qualquer outra da mocidade... Graças a Deus, favor este inestimável, nenhum lucro material, direto ou indireto, me resultou nunca das idéias que me seduziram e com as quais seduzi a outros...

Mas, ainda uma vez, o que recebi foi incalculável. Só Deus mesmo, que vê os sofrimentos que se escondem e cujo orgulho é passarem invisíveis no meio da multidão, pode fazer tal conta. Sou um cativo do Recife. Ninguém que não tenha acompanhado um dos candidatos, de casa em casa, das areias do Brum aos canais dos Afogados, durante a campanha da abolição, pode avaliar o que custou àqueles bairros de população densa, vivendo na mais completa destituição de tudo, o acolhimento que me deram. Para chegar à Câmara tive os ombros dos que não tinham de seu senão o trabalho de suas mãos e que se arriscavam, carregados de família, a ver fechar-se-lhes no dia seguinte a oficina, a ser despedidos, despejados, depois de me terem dado o voto... O que me fica de todo esse episódio, o único de minha carreira política, é um sentimento acabrunhador de falência... Meu único ativo é a gratidão. O passivo é ilimitado... Foram milhares os que me ofereceram tudo o que tinham, isto é, como nada tinham, o que eram, o que podiam ser, e posso dizer que o aceitei em nome dos escravos. Muitos ter-se-ão levantado outra vez e seguido seu caminho pelas estradas abertas desde então, mas que todas parecem conduzir à mesma miragem que abrasa o horizonte. Terão ido, ou irão indo, coitados, de ilusão em ilusão, de desprendimento em desprendimento, de lealdade em lealdade... Não importa. O fato para mim dominante é que em um momento da minha vida pedi e aceitei o sacrifício absoluto de muitos pela causa que eu defendia... Decerto, foi a mais nobre, a mais augusta das causas; mas o fato é que eu era ali o representante dela, que em grande parte a dedicação, o sacrifício era por mim, como era meu o triunfo, minha a carreira, meu o futuro político...

A impressão que me ficou da política, exceto esse quadro doloroso do sacrifício ingênuo dos simples, dos bons, dos que sofrem, pelos que se elevam, posso dizer que me lembra um jardim encantado do Oriente, onde tudo eram formas enganadoras de existência petrificadas, imobilizadas, à espera da palavra que as libertasse; onde a rosa que nunca desbotava exprimia a presença oculta de uma paixão que não queria perjurar-se; onde o mármore alabastrino das fontes significava o corpo imaculado de que vertia contínuo o sangue puro dos martírios do amor e da verdade; onde os rouxinóis que cantavam eram pares de amantes a quem era defeso procurarem-se sob a forma humana... Tudo ali estava suspenso, transportado a outra escala do ser, a outra ordem de sensibilidade e de afetos... Era o mesmo fato, mas com diferente aspiração, diferente consciência, diferente vontade, e para o qual por isso mesmo o tempo não corria, como no sonho... A cena política foi também para mim um puro encantamento... Sob a aparência de partidos, ministérios, câmaras, de todo o sistema a que presidia com as suas longas barbas níveas o velho de São Cristóvão, o gênio brasileiro tinha encarnado e disfarçado o drama de lágrimas e esperanças que se estava representando no inconsciente nacional, e à geração do meu tempo coube penetrar no vasto simulacro no momento em que o sinal, o toque redentor, ia ser dado, e todo ele desabar para aparecer em seu lugar a realidade humana, de repente chamada à vida, restituída à liberdade e ao movimento... Por isso não trouxe da política nenhuma decepção, nenhum amargor, nenhum ressentimento... Atravessei por ela durante a metamorfose.

XXIV

NO VATICANO

UM EPISÓDIO da abolição, a minha ida a Roma em começo de 1888, contarei aqui, porque será um elo em minha vida, um toque insensível de despertar para partes longamente adormecidas de minha consciência.

Eu tinha sempre lastimado a neutralidade do clero perante a escravidão, o indiferentismo do seu contacto com ela... Para o fim, porém, a voz dos bispos se fez ouvir em um momento de inspiração. Por ocasião do jubileu sacerdotal de Leão XIII, eles publicaram, quase todos, pastorais convidando os seus diocesanos a oferecer como dádiva ao Santo Padre cartas de liberdade. Esse apelo dos prelados oferecia uma oportunidade ao partido abolicionista de pedir ao Soberano Pontífice a sua intervenção em favor dos escravos, e eu resolvi aproveitá-la.

Eu acabara de ser eleito deputado pelo Recife, batendo o ministro do império, e essa eleição soou como o dobre da resistência escravista. Nos poucos dias que restavam da sessão parlamentar de 1887, vim ao Rio de Janeiro tomar assento na Câmara, mas o objeto principal da minha vinda ao Rio era conseguir, e consegui, o pronunciamento moral do exército contra a escravidão, a dissociação absoluta entre a força pública e as funções dos antigos capitães-de-mato. Para ocupar as férias parlamentares hesitei entre essa ida a Roma e uma viagem aos Estados Unidos, onde o acolhimento que eu teria por intermédio dos antigos abolicionistas podia dar grande repercussão à nossa causa em todo o continente americano. Preferindo ir a Roma, fui levado sobretudo pela idéia de que uma manifestação do Santo Padre tocaria o sentimento religioso da Regente.

Era-me, decerto, permitido recorrer ao Papa, como a qualquer outro oráculo moral que pudesse inspirar a princesa, falarlhe ao ideal e ao dever. Durante dez anos não visei a outra coisa senão a captar o interesse da dinastia, e a acordar o sentimento do país. A opinião pública do mundo parecia-me uma arma legítima de usar em uma questão que era da humanidade toda e não somente nossa. Para adquirir aquela arma fui a Lisboa, a Madri, a Paris, a Londres, a Milão, ia agora a Roma, e se a escravidão tivesse tardado ainda a desaparecer, teria ido a Wash-ington, a Nova York, a Buenos Aires, a Santiago, a toda parte onde uma simpatia nova por nossa causa pudesse aparecer, trazendolhe o prestígio da civilização. Se havia falta de patriotismo em procurar criar no exterior — tomado não como poder material, mas como refletor moral universal, que é para nós — uma opinião que nos chegasse depois espontaneamente com a grande voz da humanidade, não posso negar que fui um grande culpado... Teria sido o mesmo crime que o de W. L. Garrison desembarcando na Inglaterra para comovê-la contra a escravidão nos Estados Unidos; o mesmo erro que o dos delegados dos diversos congressos internacionais antiescravagistas. A consciência, a simpatia humana é, porém, uma força que nunca é proibido procurar chamar a si e pôr ao serviço do seu país ou da causa que se defende.

Chegando a Londres em dezembro, em janeiro parti para Roma com cartas do cardeal Manning, que a Anti-Slavery Society e Mr. Lilly, da União Católica Inglesa, me tinham obtido. Em Roma encontrei um apoio igualmente útil, o do nosso ministro, o sr. Sousa Correia, antigo colega e amigo meu. Ele pôs-me logo em contacto com o cardeal secretário de estado, que me acolheu de modo supremamente benévolo. Roma estava repleta de peregrinos por causa do jubileu, no Vaticano o trabalho era enorme; apesar disso, consegui abrir caminho até o Santo Padre. Em 16 de janeiro eu apresentava o meu memorial ao cardeal

Rampolla. Hoje eu o teria redigido de outro modo, mas hoje não tenho mais o ardor do propagandista... Aqui estão alguns trechos dessa súplica; por eles se verá que o meu apelo não era somente pelos escravos do Brasil, mas por toda a raça negra, pela África, donde pouco tempo depois devia surgir arrebatadamente a grande figura do cardeal Lavigerie:

> Sem exceção quase, os bispos brasileiros declararam em pastorais que o modo mais digno e mais nobre de celebrar o aniversário sacerdotal de Leão XIII era para os possuidores darem liberdade aos seus escravos e para os outros membros da comunhão empregarem em cartas de alforria os donativos que quisessem oferecer ao Santo Padre.
>
> O apelo moralmente unânime dos nossos prelados não podia deixar de exercer a maior influência sobre o movimento abolicionista, que já arrastava consigo a opinião, e daí seguiu-se uma manifestação religiosa e nacional, que pela sua própria grandeza mostra que a abolição no Brasil não é mais uma divergência entre partidos políticos... Pela manumissão de multidões de escravos em nome do Santo Padre, o seu jubileu ficará sendo a elevação à liberdade de centenas de novas famílias brasileiras.
>
> De todos os dons postos aos pés de Leão XIII o tributo do Brasil sob a forma desses libertos cristãos, que tomam de longe parte em sua glorificação universal, é talvez a única oferta que terá feito derramar ao Santo Padre lágrimas de reconhecimento.
>
> Eis aí, Eminência Reverendíssima, a esplêndida ocasião que se oferece ao Soberano Pontífice de interceder, de intervir, de ordenar em favor dos escravos brasileiros. Destas cartas de alforria depositadas diante de seu augusto trono, Leão XIII pode fazer a semente da emancipação universal.
>
> Uma palavra de Sua Santidade aos senhores católicos no interesse dos seus escravos, cristãos como eles, não ficaria encerrada nos vastos limites do Brasil, teria a circunferência mesma da religião, penetraria como uma mensagem divina por toda a parte onde a escravidão ainda existe no mundo.
>
> O Papa acaba de canonizar a Pedro Claver, o Apóstolo dos Negros. Na época adiantada da civilização em que vivemos, há infelizmente ainda escravidão bastante no mundo para que Leão XIII possa acrescentar aos seus outros títulos o de Libertador dos Escravos.
>
> Alguns dos seus ilustres predecessores procederam por vezes contra a escravidão; tendo esta por única origem o tráfico, está de fato compreendida nas bulas que o condenaram, mas os tempos em que

esses imortais pontífices falaram não são nossos, a humanidade então não havia feito esforços para apagar o seu crime de tantos séculos contra a África, cuja raça infeliz parece destinada a sofrer, sob formas diversas do mesmo preconceito, a fatalidade da sua cor. Um ato de Leão XIII, generoso, ardente, inspirado na espontaneidade de sua alma, contra a maldição que pesa sobre aquela raça, seria um benefício incalculável.

....

Nenhum pensamento político intervém na súplica que dirijo ao chefe do mundo católico em favor dos mais infelizes dos seus filhos. Não quero senão pôr o seu coração de pai em comunicação direta com o deles. Desse contacto da caridade com o martírio não pode jorrar senão a onda de misericórdia que eu espero. Por ela o jubileu de Leão XIII será assinalado como uma data da redenção humana em toda a parte onde a raça negra se possa julgar a órfã de Deus.

Em 10 de fevereiro seguinte, Sua Santidade concedia-me uma audiência particular. Dei conta dela no mesmo dia, escrevendo para *O País*... Dentre os papéis velhos que formam *as parcelas de minha vida* – a expressão é de uma carta do imperador, outro papel velho que é para mim uma relíquia — este há de ser sempre um dos mais preciosos; a emoção que ele guarda não poderia ser repetida, e é dessas que aumentam à medida que os anos se afastam... Por isso o reproduzo agora:

"O PAPA E A ESCRAVIDÃO

Tive hoje a honra de ser recebido em audiência particular pelo Papa, e como essa audiência me foi concedida com relação ao assunto político que me fez vir a Roma, não devo demorar a reconstrução da conversa que tive com Sua Santidade e que eu trouxe do Vaticano taquigrafada, fotografada na memória. Foi uma insigne benevolência de Sua Santidade conceder-me tal audiência em um tempo em que cada um dos seus momentos está de antemão empenhado aos bispos, arcebispos, e católicos proeminentes, que lhe vêm trazer algum dom por ocasião de seu jubileu.

O Papa está constantemente a receber numerosas deputações influentes de todas as partes do mundo e dirige-se sempre a elas com uma alocução animada. Esse acréscimo de trabalho às suas constantes ocupações de cada dia não deixa muito tempo de descanso ao Santo Padre, sobre quem os seus setenta e oito anos, juntos à majestade da tiara, começam a pesar; no entanto é nessas horas de repouso que Sua Santidade recebe individualmente os homens notáveis do mundo católico e conversa com eles largamente sobre o assunto pelo qual cada um se interessa.

Eu, porém, era um desconhecido e não vinha trazer nada ao Papa, vinha só pedir-lhe; nenhum serviço tinha prestado nunca à Igreja, e a questão que me ocupava, exigia que Sua Santidade lesse antes uma série de documentos e fizesse alguma meditação sobre a grave resposta que me ia dar. Isto era um esforço, e, nas circunstâncias especiais do jubileu, a atenção a mim prestada pela mais alta de todas as individualidades humanas é um ato a que ligo ainda maior apreço e reconhecimento por saber que na minha humilde pessoa foi aos escravos do Brasil que Leão XIII quis acolher paternalmente e fazê-los chegar até ao seu augusto trono, como, simbolicamente, o mais elevado de todos os lugares de refúgio.

O Papa recebe em audiência particular, sem testemunha alguma. Ninguém está na sala senão ele e a pessoa a quem a audiência é concedida. Em uma sala contígua está um secretário e um oficial da guarda, mas uma vez introduzido no pequeno salão, o visitante acha-se a portas fechadas em presença somente de Leão XIII. O Papa, que lia um livro de versos latinos quando fui anunciado, mandou que me assentasse numa cadeira ao lado da sua e perguntou-me em que língua devia falar-me. Eu preferi o francês.

A impressão que senti todo o tempo da audiência, que não durou menos de três quartos de hora, não se parece com a sensação causada pela presença de um dos grandes soberanos do mundo. O trono brasileiro é uma exceção. Nunca no Brasil houve homem tão acessível como o imperador, nem casa tão aberta como São Cristóvão. Mas os monarcas em geral são educados e crescem, porque a sua condição é superior à do resto dos homens, na crença de que são *melhores* do que a humanidade. A todas as vantagens do papado como instituição monárquica, notavelmente a eletividade, é preciso acrescentar essa superioridade do Papa sobre os outros soberanos, que estes nascem, vivem e morrem no trono, e que os papas só chegam à realeza nos últimos anos da vida, isto é, que vivem toda a vida como homens e no trono não fazem quase senão coroar a sua carreira. Esse caráter *humano* da realeza pontifícia é a condição principal de seu prestígio, assim como a eletividade é a condição da sua duração ilimitada e o espírito religioso a da sua seleção moral. Eu diria mesmo que a sós com o Papa a impressão é antes a do confessionário que a dos degraus do trono, se ao mesmo tempo não houvesse na franqueza e na reserva de Sua Santidade alguma coisa que exclui desde o princípio a idéia de que ali esteja o confessor interessado em descobrir o fundo da alma do seu interlocutor. A impressão dominante é, entretanto, de confiança absoluta, como se, entre aquelas quatro paredes, tudo o que se pudesse dizer ao Sumo Pontífice tomasse caráter de uma conversa íntima com Deus, de quem estivesse ali o intérprete e o medianeiro.

As palavras que caíram dos lábios do Santo Padre gravaram-se-me na memória, e não creio que se apaguem mais, nem creio que eu deixe de ouvir a voz e o tom firme com que foram ditas. O Papa começou notando que ele me havia demorado muito tempo em Roma, mas que eram numerosos os seus deveres nesse momento, ao que respondi que o meu tempo não podia ser melhor empregado do que em esperar a palavra de Sua Santidade. — Eu ia aos Estados Unidos, disse eu a Leão XIII, onde está a maior parte da raça negra da América; mas quando os nossos bispos começaram a falar com deliberação e de comum acordo a propósito do jubileu de Vossa Santidade e a pedir a emancipação dos escravos como o melhor e mais alto modo de o solenizar no Brasil, pensei que devia antes de tudo vir a Roma pedir a Vossa Santidade que completasse a obra daqueles prelados, condenando, em nome da Igreja, a escravidão. Conseguindo isto de Vossa Santidade, nós, abolicionistas, teríamos conseguido um ponto de apoio na consciência católica do país, que seria da maior vantagem para a realização completa da nossa esperança.

"Sua Santidade respondeu: — *Ce que vous avez à coeur, l'Eglise aussi l'a à coeur.* A escravidão está condenada pela Igreja e já devia há muito tempo ter acabado. O homem não pode ser escravo do homem. Todos são igualmente filhos de Deus, *des enfants de Dieu.* Senti-me vivamente tocado pela ação dos bispos, que aprovo completamente, por terem de acordo com os católicos do Brasil escolhido o meu jubileu sacerdotal para essa grande iniciativa... É preciso agora aproveitar a iniciativa dos bispos para apressar a emancipação. Vou falar nesse sentido. Se a encíclica aparecerá no mês que vem ou depois da Páscoa, não posso ainda dizer...

— O que nós quiséramos, observei, era que Vossa Santidade falasse de modo que a sua voz chegasse ao Brasil antes da abertura do parlamento, que tem lugar em maio. A palavra de Vossa Santidade exerceria a maior influência no ânimo do governo e da pequena parte do país que não quer ainda acompanhar o movimento nacional. Nós esperamos que Vossa Santidade diga uma palavra que prenda a consciência de todos os verdadeiros católicos.

— *Ce mot je le dirai, vous pouvez en être sur,* respondeu-me o Papa, *e quando o Papa tiver falado, todos os católicos terão que obedecer.*

Estas últimas palavras o Papa mas repetiu duas ou três vezes, sempre na forma impessoal; não — *quando eu tiver falado,* mas sempre — *quando o Papa tiver falado.*

Acredito ter sido absolutamente leal para com os meus adversários na exposição que fiz em seguida a Sua Santidade da marcha da questão abolicionista no Brasil. O Papa fez-me diversas perguntas, a cada uma das quais respondi com a completa lealdade que devia primeiro ao Papa, e depois aos meus compatriotas. Descrevi o movimento abolicionista no Brasil como tendo-se tornado proeminentemente um movimento da própria classe dos proprietários, e dei, como devia, e é justo, aos operários desinteressados da última hora a maior parte na solução definitiva do problema, que sem a sua generosidade seria insolúvel.

Referi-me à brilhante ação do senhor Prado e ao efeito moral do nobre pronunciamento do senhor Moreira de Barros como fatos do maior alcance. Expus como não havia na história do mundo exemplo de humanidade de uma grande classe igual à desistência feita pelos senhores brasileiros dos seus títulos de propriedade escrava. Disse que essa era a prova real de que a escravidão no Brasil tinha sido sempre uma instituição *estrangeira*, alheia ao espírito nacional, o que é ainda confirmado (isto não disse ao Papa) pelo fato de que os estrangeiros no Brasil foram, e são ainda hoje, de toda a comunhão, os que menos simpatia mostraram ao movimento libertador. Quanto à família imperial, repeti ao Sumo Pontífice que o que há feito em nossa lei a favor dos escravos, é devido à iniciativa e imposição do imperador, ainda que seja pouco. "Uma dinastia, acrescentei, tem interesses materiais que dependem do apoio de todas as classes e não pode afrontar a má vontade de nenhuma, muito menos da mais poderosa de todas. O papado, porém, não depende de nenhuma classe, por isso coloca-se no ponto de vista da moral absoluta, que nenhuma dinastia pode tomar sem destruir-se". Falando do atual presidente do Conselho, disse a Sua Santidade que ele era um homem a quem a Igreja no Brasil devia muito por ter sido ele o principal autor da anistia, que pôs termo ao conflito de 1873, mas que, nessa questão, não tínhamos motivo para supor que ele quisesse ir além da lei atual, o que era positivamente contrário ao desejo unânime da nação. "Eu porém, acrescentei, não peço a Vossa Santidade um ato político, ainda que as conseqüências políticas, que a nação há de sem dúvida tirar do ato que imploro, sejam incontestáveis. Felizmente, Vossa Santidade está em uma posição donde não vê os partidos, mas só os princípios. O que nós queremos é um mandamento moral, é a lição da Igreja sobre a liberdade do homem. Não há governo no mundo que possa ter a pretensão de que o Papa, ao estabelecer um princípio de moral universal, pare para considerar se esse princípio está de acordo ou em conflito com os interesses políticos desse governo. Agora mesmo um sacerdote brasileiro foi preso por acoitar escravos. Nós, abolicionistas, por toda parte acoitamos escravos. Fazemos o que faziam os bispos da média idade com os servos. O sentimento da nação, isto posso afirmar a Vossa Santidade, é *unânime*, e a palavra do chefe da Igreja não encontraria ninguém para disputá-la".

O Papa então repetiu-me que a sua encíclica abundaria nos sentimentos do Evangelho, que a causa era tão sua como nossa, e que o governo mesmo veria que era de boa política reconhecer a liberdade a que todo o filho de Deus tem direito pelo seu próprio nascimento, e que o Papa falaria, ao mesmo tempo que da liberdade, da necessidade de educar religiosamente essa massa de infelizes, privados até hoje de instrução moral.

O cardeal Czacki me tinha falado igualmente no dever de dar educação moral aos libertos, e nesse sentido parece que na América do Norte e nas Antilhas o catolicismo vai tentar um grande esforço. Simpatizando com o princípio da nossa propaganda abolicionista e pondo em relevo a responsabilidade que nós, abolicionistas, havíamos contraído, o cardeal Czacki pôs o dedo no que é a ferida da raça negra, ainda mais degradada talvez do que oprimida, e, do ponto de vista católico, me disse que não havia outro meio para fazer desses escravos de ontem homens moralizados, senão espalhar largamente entre eles a educação religiosa que não tiveram nunca. Como respondi ao cardeal, assim respondi ao Papa. "Antes de começar o movimento abolicionista em 1879, disse eu ao Sumo Pontífice, o partido Liberal a que pertenço, em conseqüência da luta com os bispos em 1873, luta sobre a qual os conservadores haviam pronunciado a anistia, achava-se principalmente voltado para medidas de secularização dos atos da vida civil, quase todos ainda confiados entre nós à Igreja. Com essas medidas desenvolveu-se mesmo um estado de guerra entre o liberalismo e a Igreja. Desde que começou o movimento abolicionista, entretanto, morreram todas as outras questões, e literalmente há nove anos não se tem tratado de outra coisa no país. Estabeleceu-se então uma verdadeira *trégua de Deus* entre homens de todos os modos de sentir e pensar a respeito das outras questões. O primeiro que na Câmara elevou a voz para pedir a abolição imediata, o deputado Jerônimo Sodré, é um católico proeminente. O co-proprietário do jornal abolicionista de Pernambuco, que sustenta a minha política, é o presidente de uma sociedade católica, o sr. Gomes de Matos. Os bispos e os abolicionistas trabalham agora de comum acordo. Essa trégua tem durado até hoje sem perturbação, e espero que dure por muito tempo ainda. Abolida a escravidão, resta proteger o escravo livre. Nesse campo nada em nossas leis impede que a Igreja entre em concorrência para obter a clientela da raça que tiver ajudado a resgatar. Não seremos nós, abolicionistas, que havemos de impedir a aproximação entre os novos cidadãos e a única religião capaz de os conquistar para a civilização. As vistas do país voltar-se-ão para as outras questões do melhoramento da condição do povo, da criação da vida local, em que pode e deve continuar a trégua, ou melhor, a aliança. Se a Igreja conseguir recomendar-se ao reconhecimento da raça escrava, concorrendo para o seu resgate, os abolicionistas por certo não lhes hão de aconselhar a ingratidão".

O Papa ouviu-me todo o tempo com a maior simpatia e justificou-me de ter pedido mais do que o cardeal Manning julgara razoável que eu pedisse. Sua Eminência, com efeito, aconselhou-me a pedir ao Papa a promulgação das bulas de alguns dos seus antecessores e eu pedi um ato *pessoal* de Leão XIII. "As circunstâncias mudam, disse-me o Papa, os tempos não são os mesmos; quando essas bulas foram publicadas, a escravidão era forte no mundo, hoje ela está felizmente acabada".

— O ato de Vossa Santidade, disse-lhe eu, terminando, será uma página da história da civilização cristã que ilustrará o seu pontificado... Sua encíclica levantar-se-á tão alto aos olhos do mundo, dominando o movimento da abolição como a cúpula de São Pedro sobre a Campanha romana.

Aí está mais ou menos reproduzida a longa audiência particular que Leão XIII me fez a excelsa honra de conceder-me, e que Sua Santidade terminou com uma bênção especial para a causa dos escravos. Eu antes havia enviado ao subsecretário de estado, monsenhor Mocenni, a recente pastoral do bispo do Rio, sentindo não ter podido encontrar os números de *O País* em que apareceram as dos outros prelados. Assim mesmo tive a fortuna de achar em retalho as pastorais dos bispos de Mariana, do Rio Grande do Sul e do arcebispo da Bahia, que todas foram enviadas ao cardeal Rampolla. A admirável carta do bispo de Diamantina, à qual especialmente me referi, quando falei ao Papa, não a pude encontrar. Com a encíclica prometida e já anunciada por toda a Europa, essas pastorais formariam um belo livro de fraternidade humana.

A demora que tive em Roma impede-me de voltar pelos Estados Unidos, porque não teria mais tempo de preencher qualquer dos fins com que ia à grande República. Mas estou satisfeito, contente. A palavra do Papa terá para todos os católicos maior influência do que poderia ter qualquer outra manifestação em favor dos escravos. Nenhuma consciência recusará ao chefe da religião o direito de pronunciar-se sobre um fato como a escravidão, que estabelece um vínculo entre o senhor e o escravo, equivalente a entrelaçar-lhes para sempre as almas e as responsabilidades. Na maneira de se exprimir de Leão XIII não vi a mínima vacilação, a mais leve preocupação de torcer o ensinamento moral para adaptá-lo às circunstâncias políticas. Vi tão-somente a consciência moral brilhando, como um farol, com uma luz indiferente aos naufrágios dos que não se guiarem por ela.

Roma, 10 de fevereiro de 1888."

Como o cardeal Czacki tinha tido razão de dizer que eu ia levar ao Papa um verdadeiro bombom!... Infelizmente, a diplomacia envolveu-se na questão, o ministério conservador alarmou-se com a intenção manifestada pelo Papa, e conseguiu demorar a Encíclica... A curta demora foi bastante para ela só aparecer depois de abolida a escravidão no Brasil... Entre a queda de Cotegipe e a abolição o espaço foi tão pequeno que a bela obra de Leão XIII só veio a ser publicada quando não havia mais escravos no Brasil. A bênção, porém, do Santo Padre à nossa causa, a palavra que ele ia proferir, essas desde os fins de fevereiro, ainda sob o gabinete Cotegipe, o país as conheceu pelas minhas revelações... A surpresa da emancipação total foi tão agradável a Leão XIII que, como *post scriptum* à sua carta lapidária sobre a escravidão, ele mandou à princesa imperial a Rosa de Ouro.

Meu papel foi, como se viu, muito humilde. Simples portador para o cardeal Rampolla e monsenhor Mocenni das cartas de apresentação do cardeal Manning, eu não fiz, apresentando a Leão XIII as pastorais dos nossos bispos sobre o seu jubileu, senão oferecer-lhe um assunto a todos os respeitos digno dele... A imaginação do Papa abrangeu logo toda a grandeza do serviço que ele podia prestar à humanidade, o tema incomparável proporcionado às suas letras... Se de alguma coisa me posso lisonjear é de ter ligado como uma aspiração comum à causa dos escravos no Brasil a causa da África... Poucos meses depois do pronunciamento que supliquei ao Santo Padre, chegará a Roma o cardeal Lavigerie e o Papa o investirá na cruzada africana que foi a nobre coroação da sua vida... Em uma carta da Anti-Slavery Society, Mr. Charles Allen fez-me a honra de dizer que fui eu que preparei junto ao Papa o caminho para monsenhor Lavigerie... Nos discursos do grande apóstolo da África, no que ele disse tantas vezes *ex abundantia cordis,* o que se vê é que, quando ele chegou a Roma, Leão XIII estava possuído, dominado, inflamado do fervor antiescravagista... A parte que me coube em tudo isso foi apenas a de ser quem — na ocasião de seu jubileu sacerdotal e da canonização de São Pedro Claver, ocasião tão favorável para o desabrochar dessa e de outras generosas iniciativas e aspirações de reinado — teve a fortuna de atrair o grande espírito de Leão XIII, disputado por tantas solicitações, para o problema que mais o podia fascinar.

Foi bem forte a impressão que eu trouxe de Roma... Nos fins de abril, não se sabendo ainda até onde iria a reforma anunciada pelo novo gabinete João Alfredo, assisto à festa da libertação em massa de uma fazenda do Paraíba e a lembrança que me ocorre é a das maravilhas do Vaticano... Que emoções essas da abolição! Como tudo se fundia em uma mesma nota, misteriosa e íntima, como se tivéssemos em nós nesses momentos o coração dos escravos em vez do nosso próprio! É este o trecho em que descrevi aquela emoção da Bela Aliança...

"Há três meses tive a fortuna de assistir à missa do Papa na Capela Sistina. Nesse tempo eu não esperava que a hora da Abolição estivesse tão prestes a soar, e tinha ido pedir a Leão XIII, na desconfiança de que a Regência era um vice-reinado, e o vice-reinado da escravidão, uma palavra que movesse o sentimento religioso da princesa... Como eu estava enganado e quem não estava, a começar pelo próprio presidente do Conselho! Durante aquela missa, em que tudo para mim era novo, e quando o vulto do Papa entre os cardeais prendia todas as atenções, por entre a música da Sistina, ouvindo a qual sente-se que a voz humana é o único de todos os instrumentos que sobe além da terra, eu pelo menos não podia tirar os olhos desse teto, que é a maior página do belo escrita pelo homem... Que oportunidade única a de tal cerimônia e de tal acompanhamento para reler a bíblia de Miguel Ângelo e decorar o seu poema da criação!... Pois bem, a missa da Bela Aliança renovou-me a emoção infinita da Sistina... Havia nela outros tantos elementos de grandeza combinados... Não havia o Sumo Pontífice, nem o coro angélico, nem os frescos de Miguel Ângelo... Estava ali, porém, o representante do Papa abençoando em nome dele a reconciliação das duas raças; havia lágrimas em todos os olhos, a ansiedade, igualmente apreensiva para todos, os que iam dar e os que iam receber a liberdade, e para nós a mais suave de todas as sensações possíveis: ver recuar as trevas da escravidão do rosto de uma raça, esse grande *fiat lux*, ver o barro ontem informe, o escravo, acordar homem, como o Adão de Miguel Ângelo, na claridade matinal da criação... O pensamento voltava quase quatro séculos atrás, à primeira missa dita no Brasil, quando ele tomou o nome de Terra de Santa Cruz... Quatro séculos para a cruz recuperar o seu verdadeiro sentido de símbolo da redenção e para a missa significar o sacrifício de Deus pelo homem!... Vendo diante deles aquela a quem iam dever a liberdade, e olhando para a Senhora da Piedade no nicho do altar, os escravos na confusão dos seus dois grandes reconhecimentos deviam ter sentido os rubis, como lágrimas de sangue, do resplendor da mãe de Deus, baixar um momento sobre a cabeça da sua redentora ajoelhada..."*

Ah! os tempos em que se escrevia assim! Em que o coração, e só o coração, era que fazia o ditado, e tão rápido que a pena não o podia acompanhar. Para mim teria sido uma diminuição sensível da emoção humana que a campanha abolicionista me causou, se eu não tivesse essa página da minha ida a Roma para reler, esse encontro conosco da simpatia e do fervor de Leão XIII. Por que tão tarde tive eu a idéia desse apelo, que devera talvez ter sido o primeiro? Quero crer que na abolição, tão súbita foi ela, tudo veio a tempo... A lembrança dessa visita a Roma seguida tão de perto do fim da escravidão e da queda da monarquia, que era o termo forçado da minha carreira política, não podia deixar de crescer no vazio da minha tarefa acabada e da impossibilidade de assumir outra equivalente... Uma nova vida vai datar daquelas impressões religiosas assim assimiladas no ardor de um combate que devia encerrar e resumir a minha vida militante... Uma nova camada de minha formação desenha-se insensivelmente desde esse meu momentâneo contacto com Leão XIII — ou por outra, a camada primitiva começa a descobrir-se depois de perdido por tão longos anos o veio de ouro da infância... Qualquer que seja a verdade teológica, acredito que Deus nos levará de algum modo em conta a utilidade prática de nossa existência, e, enquanto o cativeiro existisse, estou convencido de que eu não poderia dar melhor emprego à minha do que combatendo-o. Essa vida exterior, eu sei bem, não pode substituir a vida interior, mesmo quando o espírito de

* A senhora a quem me referia era uma compatriota nossa, que casara em Paris com um jovem e elegante russo. Há dela um admirável retrato em tamanho natural, obra de Richter. A suavidade e doçura de Madame Haritoff, a tão popular dona Nicota, emprestavam-lhe uma beleza toda de expressão que com seus longos cabelos pretos, seus grandes olhos luminosos, sua tez de um moreno mate, e a graça de seu corpo, tinha para os estrangeiros um caráter especial, distintamente brasileiro.

caridade, o amor humano, nos animasse sempre em nosso trabalho. A satisfação de realizar, por mais humilde que seja a esfera de cada um, uma parcela de bem para outrem, de ajudar a iluminar com um raio, quando não fosse senão de esperança, vidas escuras e subterrâneas como eram as dos escravos, é uma alegria intensa que apaga por si só a lembrança das privações pessoais e preserva da inveja e da decepção. Essa alegria todos que tomaram parte no movimento abolicionista devem tê-la sentido por igual. Enquanto a luta contra a escravidão durasse, penso que a religião não sairia para mim do estado latente de ação humanitária... Muitas vezes mesmo, a religião não consegue desprender-se da tarefa ordinária da vida, e é somente quando essa tarefa acaba ou se interrompe que as perquisições interiores começam, que se quer penetrar o mistério, que se sente a necessidade de uma crença que explique a vida. Até lá basta o próprio papel que desempenhamos; o crítico não aparece sob o ator; a dúvida não distrai da ação exterior contínua. Enquanto se é um simples instrumento, por pequeno que seja o círculo traçado em torno de nós, a imaginação se encerra nele, e a vida interior não se insinua sequer à consciência... A ação é uma distração. É só acabada ela que em certa ordem de espírito as afinidades superiores se pronunciam... Quero crer, para os que sucumbem nessa fase, que o benefício que eles possam fazer elimine parte da impureza que carregam em sua inconsciência moral, ou religiosa — o que é o mesmo, e ainda pior... Não posso hoje pensar na minha ida a Roma em 1888 sem sentir que então sementes esquecidas nos primeiros sulcos da meninice reviveram, para germinar mais tarde ao calor de outras influências... Não fui em vão a Roma, do ponto de vista do meu sentimento religioso...

XXV

O BARÃO DE TAUTPHŒUS

NENHUMA INFLUÊNCIA singular atuou sobre mim mais do que a de meu mestre, o velho barão de Tautphœus. Com sua imaginação toda tomada pela história, ele costumava, nos anos de meu ardente liberalismo, chamar-me Alcibíades. Certamente ele realizava para mim o tipo de Sócrates. Se não trazia a máscara de Sileno emprestada ao grande ateniense, mesmo fisicamente, sobretudo para a velhice ele tinha muitos dos traços socráticos: a coragem fria, a calma imperturbável, a resistência à fadiga, o gosto da palestra, da conversação intelectual, da companhia dos moços, a completa abstração de si, a modéstia, a alegria de viver como espectador do Universo, cedendo sempre todavia aos outros o melhor lugar, o forte espiritualismo, a indiferença pelo ridículo, o respeito da ordem social, quem quer que a encarnasse. Sua mocidade é um tanto legendária ainda, e nada seria mais interessante do que apurar os fatos a respeito dela. O que ouvi por vezes a meu irmão Sisenando — esse tinha por Tautphœus uma admiração entusiástica e conviveu com ele muito mais intimamente do que eu, a quem em compensação ele deu o melhor de seus últimos dias, suas derradeiras tardes — foi que, jovem, Tautphœus, antes forçado a expatriar-se da Baviera por motivo revolucionário, acompanhara o rei Othon à Grécia, depois viera viver em Paris, nas vizinhanças do ano 30, e freqüentava a plêiade liberal do *Journal des Débats* até que emigrou para o Brasil.

Muito míope, usava de um vidro quadrado, que pelo hábito contínuo da leitura como que se colocava automaticamente; e ainda menos do que o monóculo, deixava ele o charuto... Sempre com um grosso volume alemão debaixo do braço, caminhava horas inteiras no mesmo andar, alheio ao mundo exterior... Era um homem que sabia tudo. Sua conversação era inesgotável, e raro ele mesmo a dirigia. O assunto lhe era indiferente, e até o fim, anos seguidos, dia após dia, nunca ele se encontrou senão com interlocutores curiosos de ouvi-lo sobre os pontos que mais lhes interessavam. Era literalmente como um dicionário que a cada instante alguém manuseasse, ou uma enciclopédia que um abrisse no artigo Babilônia, logo outros nos artigos Invasão dos Bárbaros, Adam Smith, Lutero, Hieróglifos, Logaritmos, Amazonas, Arquitetura Gótica, Liberdade de Testar, Raízes Gregas, Papel-Moeda, Culturas Tropicais, Albrecht Dürer, *Divina Comédia*, ao acaso. Era somente ferir a tecla, pôr a pergunta no aparelho, e esperar o desenrolar da resposta, como a que daria o *Lexicon* de Meyer, ou a *História Universal* de César Cantu. Ele falava de um modo uniforme, sem ênfase, sem colorido, sem expressão mesmo, mas era um jorrar sem fim de ciência, de erudição, como se naquele mesmo dia tivesse estado a estudar o assunto. Nada mais diferente da ostentação frívola de ciência com que tanta gente se apraz em deslumbrar o ouvinte que lhe oferece inadvertidamente um assunto ao seu alcance, do que essas dissertações científicas, *up to date*, a que Tautphœus se entregava perante os seus discípulos, que todos o ficavam sendo, para sempre, jornalistas, professores, ministros de estado que fossem...

A abundância de idéias gerais, de pontos de vista sugestivos, de matéria para reflexão em sua conversa, era notável. Pode-se dizer que esse homem que não escreveu nunca, pelo menos no Brasil, publicou maior número de ensaios, de teses históricas e outras, do que todos os nossos escritores juntos: unicamente suas contínuas edições tiradas a pequeno número de exemplares dissipavam-se como a palavra, quando não eram convertidas em trabalho alheio. Que lhe importava isso? Ele era destituído de ambição. Esse respeitador por sistema da ordem hierárquica e da pragmática social, que nunca levou a mal que os poderes de um dia se considerassem seus superiores, que os afidalgados da véspera olhassem com desdém para o seu título hereditário, vendo-o mestre de meninos, era um sábio da Grécia, praticando com o espírito e a inteireza pagã a filosofia do Eclesiastes: *Vanitas vanitatum*... Desde muito cedo ele adquiriu a esse respeito a perfeita imunidade. Tendo que ganhar a vida em país estrangeiro por meio de lições, enterrou tudo que pudesse restar-lhe dos velhos preconceitos aristocráticos de seu país, das aspirações à elegância, à vida de prazer, ostentação e sucessos mundanos da sua mocidade em Paris, entrou no papel que lhe fora distribuído com a mesma simplicidade como se o recebesse por herança... em uma palavra, sem ressentimento, sem queixa, sem murmúrio. Bebeu a água do Carioca com o mesmo espírito de conformação com que teria bebido a água do Letes... Esqueceu-se de si mesmo para entrar em seu novo destino... Mas também desde logo como ele penetrou os mais íntimos refolhos e singularidades do país que devia ser sua segunda pátria, e que ele amou como tal! Sua posição era involuntariamente considerada subalterna ainda pelos mais capazes de compreender — o que não é o mesmo que sentir — a profissão do criador intelectual como essencialmente nobre. Ele, porém, movia-se indiferente no meio da arlequinada social, sabendo bem que no mundo, ninguém o disse melhor do que Calderón, *todos sonham o que são.*

Mas que profundeza no sentir! Se todo o mundo estava fora do seu lugar — ele não pretendia isso, pelo contrário, pensava que a distribuição era justa, que as posições e responsabilidades eram dadas aos melhores, somente estes não faziam o melhor, não procuravam dar o mais que podiam — quando todo o mundo estivesse, ele ao menos queria estar no seu... Conservador e católico, conheci-o muito abalado com o *Kulturkampf*, por sua idéia alemã de que o maior político do mundo — para ele Bismarck certamente o era — não podia ser atraiçoado naquela questão ao mesmo tempo pelo seu faro nacional e pelo seu instinto conservador. O seu conservatismo entranhado era também parte da sua filosofia, por isso ele tinha pelas nossas instituições um sentimento de que nós mesmos éramos incapazes: o de veneração idealista. Desse simples funcionário do estado, que não tinha de seu senão seu modesto ordenado de cada dia, e além disso, estrangeiro de origem, partiu talvez o único grito de *Viva a Constituição do império!* que se ouviu — se alguém o ouviu, tão fraca era já a voz — em 15 de novembro ao desfilar das tropas do general Deodoro pela rua do Ouvidor. Talvez ninguém olharia para o velho que fazia sem medo tal protesto, pensasse que era um protegido do imperador alucinado pela catástrofe que o tragaria também. Não o era porém; favores, ele os não devia, nem gratidão; tudo o que tivera, fora em concurso, do qual os competidores desistiam, louvando-se em sua fama... Não era um despeitado, era um filósofo, era o homem que melhor estudara a psicologia do nosso país e que mais se conformara a ela até aquele ato, que lhe pareceu nacionalmente fatídico, como para os judeus o partir-se ao meio do véu do templo...

Um traço dessa sua penetração já assinalei uma vez, lembrando que foi ele quem me fez notar que o nosso interesse pelas coisas públicas é tanto menor quanto o assunto mais de perto nos concerne. É assim, dizia-me ele, que os negócios do município nos interessarão sempre *a todos* menos que os da província, os da província menos que a política geral. Para mostrar quanto era precário o nosso *self-government,* não bastava essa indiferença que cresce na razão direta do interesse que devíamos sentir? Outra observação dele, que revela a prontidão do seu espírito, foi a nossa conversa sobre a impermeabilidade inglesa a idéias e concepções alheias. Eu dava a lentidão dos ingleses em apanhar e compreender o ponto de vista, a novidade estrangeira, como um sinal de menor vivacidade intelectual do que a dos povos continentais: "Pelo contrário, observou-me ele, as palavras serão minhas, a idéia é dele, essa repugnância ao que vem de fora do país, essa suspeita contra o que não é conforme ao instinto da raça, prova antes a originalidade dela, a força de sua própria produtividade, o orgulho das suas criações nacionais... Essa resistência foi que permitiu à Inglaterra dar ao mundo um

Shakespeare". Foi essa reflexão talvez que me levou a pensar que o cosmopolitismo, na esfera da concepção intelectual, não é um elemento criador, nem uma superioridade invejável: pelo contrário, a dificuldade de assimilar, de sentir o que não tem afinidades com a nossa própria produção é antes uma virtude do que um defeito; a permeabilidade prejudica a solidez e conservação das qualidades próprias, isto é, da própria natureza.

Se eu tivesse que precisar o que devo a Tautphœus, assinalaria, entre tantos outros trabalhos de lapidação que acredito serem dele, duas aquisições, a que, em certo sentido, se poderiam chamar transformações íntimas. A primeira, sem que aliás a sugestão partisse dele, nem mesmo que ele tivesse consciência desse ponto de vista meu — quem sabe se ele o não combateria? — é que diante dele, pensando nele, me habituei a considerar o juízo do historiador como o juízo definitivo, o que importa, afinal, e por isso aquele a que se deve *desde logo* visar. Não pode haver maior revolução para o espírito do que essa, de colocarnos espontaneamente em frente do solitário juiz de biblioteca do futuro e não dos juízes sem número de praça pública do momento atual. Perante aquele juiz o nosso nome pode não ser citado, os testemunhos incompletos podem ser-nos injustamente favoráveis ou desfavoráveis, mas a sua opinião é a que conta, é a que vale... O juízo da multidão que hoje nos eleva ou nos deprime, esse representa apenas a poeira da estrada. Não é preciso que sejamos atores para que essa concepção da verdadeira instância que decide das reputações nos afete, por assim dizer, em cada um dos nossos móveis de ação, estímulos e afinidades morais: o efeito é o mesmo sobre o espectador, o curioso, o transeunte, o indiferente. É, em menor escala, está visto — porque esta é a maior de todas as possíveis diferenças nos motivos de inspiração e de conduta — como a mudança da concepção pagã, que o importante é a vida, para a concepção cristã, que é a eternidade. Feita a redução das aspirações da própria alma para as da inteligência ou do espírito, a metamorfose é também profunda entre viver, ou ver viver, tendo-se em vista os contemporâneos e tendo-se em vista a posteridade. Tratando-se da posteridade, está claro que é sempre preciso imaginar o espaço de algumas gerações, dar toda a margem ao esquecimento... No momento atual são milhares, milhões que julgam; pouco a pouco o tribunal se vai reduzindo, até que os grandes personagens vêm a depender da sentença de um juiz singular, um Mommsen, um Ranke, um Curtius, um Macaulay, encerrado em sua livraria, procurando animar-se para com eles de uma paixão retrospectiva, toda ela puro entusiasmo, ilusão de autor, na qual não figura nenhum dos sentimentos, um único sequer, nem das paixões verdadeiras, que eles inspiraram.

Outra transição que lhe devi... Como hei de explicá-lo que se entenda somente a nuança, e não mais? Porque quero crer que os gérmens se desenvolveriam por si mesmos, mas sinto que o seu influxo benéfico penetrou até o terreno onde eles se estavam talvez formando sem eu o sentir...

Nós tínhamos nos últimos tempos da vida de Tautphœus uma pequena solidão em Paquetá, para as vizinhanças do chamado Castelo, em um remanso daquelas encantadoras paragens. Era uma antiga casa térrea a que um dos proprietários, um inglês, juntara uma varanda em roda e a meio um pequeno sobrado com venezianas verdes e balcão por onde subia uma trepadeira, dando-lhe um aspecto ao mesmo tempo singelo e pitoresco de residência estrangeira. A frente deitava para o mar, e a parte baixa da costa do outro lado formava um suave fundo de quadro. A casa estava sobre uma pequena elevação, e o declive para a praia era tomado por um grande tabuleiro de grama, cuidadosamente tratado, como em um parque. A ilha de Paquetá é uma jóia tropical, sem valor para os naturais do país, mas de uma variedade quase infinita para o pintor, o fotógrafo, o naturalista estrangeiro. Para mim ela tinha a sedução especial de ser uma paisagem do norte do Brasil desenhada na baía do Rio. Enquanto por toda parte à entrada do Rio de Janeiro o que se vê são granitos escuros cobertos de florestas contínuas guardando a costa, em Paquetá o quadro é outro: são praias de coqueiros, campos de cajueiros, e à beira-mar as hastes flexíveis das canas selvagens alternando com as velhas mangueiras e os tamarindos solitários. Ao lado, entretanto, dessas miniaturas do Norte encontram-se na ilha a cada canto do mar rochas revestidas com a mesma característica vegetação fluminense.

Tautphœus fora sempre um apaixonado da nossa natureza. Desde que chegara ao Brasil tinha sido um explorador de suas belezas. A madrugada, a alta noite, a distância não eram impedimento para ele, tratando-se de um nascer de sol, um efeito de luar, um fio de água descendo pela pedra, um jequitibá escondido na mata virgem. Toda a vida ele vivera nesse colóquio íntimo de namorado com a luz e a terra do Brasil; um raio de sol iluminando o Corcovado ou o Pão de Açúcar, era uma saudação misteriosa do poder criador a que ele sempre respondia... Ao vê-lo sentado, a escutar os pássaros na mata ao lado, eu associava insensivelmente o mestre com as minhas primeiras lições de inglês e lembrava-me do vizir do sultão Mahmud. Os arredores do Rio de Janeiro especialmente o seduziam. Ele era de todos os passeios a que o convidassem para qualquer dos pontos pitorescos, que aí são sem número. Passar a tarde sob o arvoredo secular que se encontra em tantas das ilhas, observando o glorioso colorido das montanhas ao pôr-do-sol, era uma verdadeira volúpia para ele. A nossa vivenda de Paquetá agradava-lhe por lhe dar, com o silêncio e isolamento, que cercava a biblioteca, a escolha, à vontade, do mar, do campo e da montanha: as praias extensas, a floresta acessível, a planície atapetada, se lhe agradava passear; a água serena, o mar fechado à vista, como um lago suíço, se queria tomar o nosso barco e mandar o Mudo, o nosso saudoso remador, abrir a vela para os pequenos ilhotes de onde se avistam em um extremo os Órgãos de Teresópolis, e no outro a serrania da cidade... Ele vinha sempre aos sábados e ficava o domingo, e às vezes, nas curtas férias que tinha, dias seguidos... Era visivelmente a despedida. Suas faculdades estavam intactas, ele era desses em quem se sente que o espírito não sofrerá depecimento, que se apagará de repente no meio de uma contemplação ou meditação mais intensa e prolongada; mas as forças físicas estavam em declínio, via-se o cansaço de ter pensado tanto e o involuntário tributo à dúvida: se teria bem aproveitado o tempo, ou se teria vivido em vão. Ele tomara muito ao sério o gosto da obscuridade, a modéstia, o retraimento; cortejara demais o esquecimento, e via talvez que este estava a ponto de envolvê-lo, exceto em alguns raros espíritos, onde sua lembrança duraria mais algum tempo, até eles mesmos serem por sua vez envolvidos...

Como foram suaves esses dias finais que ele nos deu, tão penetrantes, tão profundamente melancólicos, da melancolia, porém, dos momentos que quiséramos tornar eternos, ou que outros viessem gozar deles ao nosso lado para não se esvaecerem de todo, como um meteoro deslumbrante!... O seu prazer, muitas vezes, era sentar-se em um banco à beira do mar, do lago eu devia dizer pela impressão que dava, e dali assistir à tarde, cujas cambiantes no ar, no céu, na água, nas cores do horizonte, no murmúrio e no silêncio da solidão, eram uma gama, de que ele não perdia a mais insignificante transição... Quantas outras vezes, de dia, ao passearmos na mata ao lado da casa, quando se ia abrindo caminho para passarmos, não me pedia ele que não tocasse na natureza, que respeitasse o intricado, o selvático, o inesperado de tudo aquilo, porque aquela desordem era infinitamente superior ao que a arte pudesse tentar... Ele achava a mais pobre e árida natureza mais bela do que os jardins de Salústio ou de Luís XIV. Ah! Se tem sido ele o descobridor e possuidor da América, o machado nunca teria entrado nela... E o tição? Uma queimada era para ele igual a um auto-de-fé. O incêndio ao lamber essas resinas preciosas, essa seiva, esses sucos de vida, esse sem-número de desenhos caprichosos de artistas inexcedíveis cada um no seu gênero, modelos de cor e de sensibilidade, todos eles únicos, parecia consumir com uma dor cruel, vibrante, todas as suas ligações sensíveis com a natureza e a vida universal, os nervos todos de sua periferia intelectual.

O seu amor pela nossa natureza foi muito grande. Quantas vezes introduzi em nossas conversas a idéia de uma viagem à Europa para ver se despertava nele afinidades esquecidas, recordações latentes! Toda essa parte européia, porém, estava morta, atrofiada; em vez dela o que havia, esta, vivaz e peregrina, era uma sensibilidade nova, a americana, a brasileira... Era um eterno encantado da nossa terra. Ela lhe dizia o que a nós não diz, e que talvez seja preciso ter tido e renunciado por ela uma primeira encarnação, um outro mundo, para se poder sentir. Se nós brasileiros pudéssemos ter aquele amor! Esse perene embevecimento de Tautphœus foi uma das influências que desenvolveram em mim o gosto, o encanto, ainda que de minha parte puramente sentimental e ingênuo, que o contacto de nosso país tem hoje para mim... Em Tautphœus aquele amor era diferente: era fino, espiritual, intelectual, estético... Em mim será uma simples afinidade do coração, uma ternura, uma saudade da vida, mas esta afinidade deverá muito ao espetáculo do carinhoso devaneio daquele sábio, daquele grego antigo, daquele filósofo nascido e formado em outros climas, perante a amenidade, a doçura dos trópicos, o pitoresco da nossa moldura agreste, os toques de mutação de nossa cenografia natural, a modulação, o colorido, a solidão íntima de nossa paisagem.

No tempo da minha vanglória literária duas coisas me feriam nele: que com toda sua ciência ele não escrevesse nada e que pudesse ser tão submissamente católico. Agora em nossos passeios pela floresta, em nossas *soirées* à beira da minha pequena enseada, dourada pelo luar, era sobre a religião que versavam nossas conversas... Oh! Que admiráveis monólogos os dele! A última vez que atravessou o nosso *mare clausum* voltou para casa para morrer. O vestígio do seu pensamento ficou por muito tempo comigo, e ainda por vezes lhe sinto a ondulação fugidia. Foi por minhas palestras com ele que compreendi por fim que um grande espírito podia ficar à vontade, livre, em uma religião revelada, do mesmo modo que foi graças a ele que compreendi que os escritores não formam por si sós a elite dos pensadores, que há ao lado deles, talvez acima, uma espécie de trapa intelectual votada ao silêncio, e onde se refugiam os que experimentam o desdém da publicidade, de sua ostentação vulgar, de seu mercenarismo mal disfarçado, de seu modo frívolo, de sua apropriação do bem alheio, de sua falta de sinceridade interior... O horror da cena, hoje do mercado, não pode ser um sinal de inferioridade intelectual.

O resumo da impressão que eu guardo dele está feito por Goethe conversando com Eckermann sobre Alexander von Humboldt: "Que homem ele é! Há tanto tempo, tanto que o conheço, e ele é sempre novo para mim. Pode-se dizer que não tem igual, nem em ciência, nem em experiência. Além disso, há uma variedade de aspectos nele como não encontrei em ninguém. Qualquer que seja o assunto de conversa que se procure, está sempre no seu próprio terreno e despeja sobre nós tesouros de informações. É como uma fonte de várias bicas, sob as quais basta colocar um cântaro para logo o encher, e donde estão sempre a correr jorros de água fresca inesgotável. Ele passará aqui alguns dias, e já me parece que há de ser para mim como se tivesse vivido muitos anos". Ouvi-lo, vê-lo, viver com ele, era literalmente esquecer o presente e reunir-se à comitiva de Sócrates... Ele era uma dessas cópias, que nem por serem cópias, nem por se reproduzirem seguidamente de época em época entre diferentes nações, deixam de conservar a superioridade, a primazia do original, o mais nobre dos modelos humanos.

XXVI

OS ÚLTIMOS DEZ ANOS

(1889-1899)

A QUEDA do Império pusera fim à minha carreira... A causa monárquica devia ser o meu último contacto com a política... De 1889 a 1890 estou todo sob a impressão do 15 de Novembro seguindo-se ao 13 de Maio; escrevo então os meus solilóquios em uma Tebaida onde podia andar centenas de milhas sem deparar com o refúgio do outro praticante... Em 1891 minha maior impressão é a morte do imperador. De 1892 a 1893 há um intervalo: a religião afasta tudo mais, é o período da volta misteriosa, indefinível da fé, para mim verdadeira pomba do dilúvio universal, trazendo o ramo da vida renascente... De 1893 a 1895 sofro o abalo da Revolta, da morte de Saldanha, de que saem meus dois livros *Balmaceda* e a *Intervenção*... Desde 1893, porém, o assunto que devia ser a grande devoção literária da minha vida, a *Vida* de meu pai, tinha-se já apossado de mim e devia seguidamente durante seis anos ocupar-me até absorver-me...

Como escrevi algumas páginas atrás, o meu espírito adquirira em tudo a aspiração da forma e do repouso definitivo. A nossa dinastia tivera em 15 de Novembro o que chamei uma assunção: vivera e acabara como uma encarnação nacional. O condão deixado pela fada no berço da nossa nacionalidade foi quebrado e lançado fora; quem nos diz que o desfecho não estava previsto por ela? A Independência, a Unidade Nacional, a Abolição; nenhuma dinastia jamais insculpiu na sua pirâmide um tão perfeito *cartouche*... Quando eu pensava no papel representado pela casa reinante brasileira, D. Pedro I, D. Pedro II, dona Isabel, e nas condições de unanimidade, espontaneidade, e finalidade nacional necessárias para ela o poder de novo desempenhar de acordo com a sua lenda, o problema excedia a minha imaginação, e parecia-me um atentado contra a história querer-se acrescentar, a não ser por mão de mestre, de uma segurança, de uma delicadeza, de uma felicidade a toda prova, um novo painel àquele tríptico...

Por outro lado, durante os anos que trabalhei na *Vida* de meu pai a minha atitude foi insensivelmente sendo afetada pelo espírito das antigas gerações que criaram e fundaram o regímen liberal que a nossa deixou destruir... O que eu respirava naquela vasta documentação, não era um espírito monárquico inconcebível, bastando como uma religião, como uma bem-aventurança, aos que por ela se destacavam do mundo... A monarquia para aquelas épocas de arquitetos, pedreiros e escultores políticos incomparáveis, era uma bela e pura forma, mas que não podia existir por si só; o interesse, o amor, o zelo, o fervor patriótico deles dirigia-se à substância nacional, o país; sua vassalagem ao princípio monárquico era apenas um preito rendido à primeira das conveniências sociais... Para tais homens, verdadeiramente fundadores, um terremoto poderia subverter as instituições, mas o Brasil existiria sempre, e à sua voz seria forçoso acudir, qualquer que fosse o vendaval em torno, e quanto mais ferido, mais mutilado, mais exausto, maior o dever de o não abandonar... Eles não estabeleceriam nunca o dilema entre a monarquia e a pátria, porque a pátria não podia ter rival.

A impressão desses sentimentos varonis, dessa antiga lealdade, foi grande em mim e à medida que eu a ia respirando, o desejo aumentava de não deixar pelo menos o meu túmulo murado do lado do futuro... Compreendo a carta de Berryer moribundo a Henrique V, como compreendo a carta do conde de Chambord sobre a bandeira branca; a monarquia francesa gerara uma cavalaria, um ponto de honra aristocrático, um espírito de classe à parte, e mesmo assim era como o próprio Berryer, como Chateaubriand, como o duque de Aumale — *La*

France était toujours là! — que os nossos antigos homens de estado desde os tempos coloniais, e o imperador lhes refletia o sentimento patriótico absoluto, colocavam a pátria fora de competição com qualquer outra idéia ou sentimento... Eu, porém, não tinha uma parcela de legitimismo, de direito divino; minha caracterização, o acento tônico, era outra: *liberal,* não no sentido passageiro, político, da expressão, mas no seu sentido humano, eterno, e como liberal a aspiração sintética de minha vida tinha que ser a de não me dissociar, qualquer que fosse sua forma de governo, dos destinos do meu país.

Assim, mesmo como monarquista, me fui pouco a pouco distanciando da política. Meu espírito cristalizara sob faces que o fariam sempre rejeitar como antipolítico... Que podia eu mais tentar sozinho, por mim mesmo? Em 1879 eu me alistara para uma campanha que supunha havia de durar além de minha vida; fiz assim, posso dizer, voto perpétuo de servir uma grande causa nacional: o que devia durar mais de trinta anos, durou somente nove, mas nem por isso economizei forças, iniciativa, imaginação para outros empreendimentos... A abolição, além disso, pelo seu sopro universal, isolara-me dos partidos, afastara-me da sua esfera contenciosa; por hábito eu agora aspirava viver em regiões de ar mais dilatado, onde se respirasse a unanimidade moral, a fé, o otimismo humano, o oxigênio das grandes correntes de ideal...

Demais, eu me convenci de que os partidos, os homens, as instituições rivais em uma mesma sociedade hão de ter o mesmo nível, como líquidos em vasos que se comunicam; de que o pessoal político é um só, os idealistas, os *ultras,* de cada lado sendo imperceptíveis minorias; por último, de minha inaptidão para lidar com o elemento pessoal, de que dependem em política quase todos os resultados... Era-me de todo impossível encontrar de novo em mim o impulso, o movimento, o ímpeto das nossas antigas cargas da abolição... Lutas de partidos, *meetings* populares, sessões agitadas da Câmara, tiradas de oratória, tudo isso me parecia pertencer à idade da cavalaria... Agora o menor problema político causava-me uma timidez invencível, tornava-se nacional, internacional, e todos convertiam-se em casos de consciência. Uma série de reflexões, que tomavam a forma de máximas políticas, eram outros tantos avisos de perigo sobre qualquer superfície desconhecida que eu quisesse pisar... Eu desistia assim de lidar de ora em diante com partidos e com acontecimentos; minha esfera tornara-se toda subjetiva... "Há épocas em que o associar-se, ainda mesmo com outros melhores do que nós, é trair o ideal próprio que cada um tem em si e que lhe cumpre a seu modo lapidar e polir ao infinito." Esta minha frase sobre o isolamento de André Rebouças, quando não imaginava o fim melancólico que ele havia de ter, exprime muito do meu próprio sentimento... É preciso roubar ao mundo uma parte da vida, e é melhor que seja a final, para dá-la aos pensamentos e às aspirações que não queremos que morram conosco.

Os últimos dez anos são assim o período em que o interesse político cederá gradualmente o lugar ao interesse religioso e ao interesse literário até ficar reduzido quase somente ao que tem de comum com eles... Quando digo interesse político, quero dizer o espírito político, porquanto a emoção, a parte que tomo na sorte do país aumenta com as peripécias, as contingências, os vórtices dos novos dramas. O autor e o ator desaparecem; o espectador, esse, porém, sente a sua ansiedade crescer e tornar-se angustiosa... Posso portanto terminar aqui a história de minha formação política, e mesmo de toda a minha formação, porque das novas influências que me vão dominar no resto da vida, a religiosa já se a encontrou na infância e a das letras na mocidade. As letras lutaram em mim anos seguidos, como se viu, contra a política, sempre com superioridade, até vir a abolição, que durante os dez anos as relegou, como tudo mais, a imensa distância. Extinto este grande foco de atração, nenhum outro teria o mesmo poder contra elas... Ainda assim talvez tenha apenas havido entre elas e a política uma verdadeira fusão... A história é com efeito o único campo em que me seria dado ainda cultivar a política, porque nele não terei perigo de faltar à indulgência, que é a caridade do espírito, nem à tolerância, que é a forma de justiça a que eu posso atingir... São essas duas das faces, a que há pouco aludi, sob que meu espírito cristalizou.

Dizendo as letras, quero apenas dizer o que elas podem ser para mim: o lado belo, sensível, humano das coisas que está ao meu alcance, a ressonância, a admiração, o estado de alma que elas me deixam... Foi a necessidade de cultivar interiormente a benevolência o que, talvez, me dispôs a trocar definitivamente a política pelas letras, a dar a minha vida ativa por encerrada, reservando, como vocação intelectual — a política não fora outra coisa para mim — o saldo de dias que me restasse para polir imagens, sentimentos, lembranças que eu quisera levar na alma... Olhei a vida nas diversas épocas através de vidros diferentes: primeiro, no ardor da mocidade, o prazer, a embriaguez de viver, a curiosidade do mundo; depois, a ambição, a popularidade, a emoção da cena, o esforço e a recompensa da luta para fazer homens livres (todos esses eram vidros de aumento)...; mais tarde, como contraste, a nostalgia do nosso passado e a sedução crescente de nossa natureza, o retraimento do mundo e a doçura do lar, os túmulos dos amigos e os berços dos filhos (todos esses são ainda prismas); mas em despedida ao Criador, espero ainda olhá-la através dos vidros de Epicteto, do puro cristal sem refração: a admiração e o reconhecimento...

Apêndice

O SR. JOAQUIM NABUCO*

José Veríssimo

No meio do caminho da sua vida, achou-se o sr. Joaquim Nabuco, como o florentino, violentamente afastado do que seguia e que lhe parecia o único direito. Perdera-o, e uma selva se lhe antolhava, escura e áspera, enchendo-o do terror do desconhecido. A mata selvagem e forte, pondo-se entre o seu passado, tudo o que ele amara e servira, com o entusiasmo de moço e a generosidade de paladino de uma bela causa, a sua fé de cavalheiro, a sua devoção de *preux*, e um futuro que ele tinha o direito de esperar auspicioso, assombrou-o. Sentiu-se detido e preso ao trajeto já feito, ligado por uma força superior à sua vontade, o seu sentimento e a sua razão, à larga e formosa via que vinha percorrendo, quando aquela mata se lhe atravessou na frente e o envolveu, cerrada e aterradora.

Alguma coisa dentro dela e de dentro dele convidava-o a penetrá-la. Mas naquele momento a espessa floresta lhe aparecia, aos seus sentimentos afrontados por ela, não só lôbrega, mas sórdida e lúbrica, intrincada e perigosa, sem saída para os descampados em que o ar é livre e são.

Eu exageraria certamente dizendo que este seu livro, *Minha Formação*, é uma revolta ou um protesto contra o fato brusco, mas natural, que o deteve em meio do caminho da sua vida e pô-lo na contingência de parar nele ou de compor-se com o acon-

* Crítica pulbicada quando da primeira edição de *Minha Formação*, Rio de Janeiro, H. Garnier, 1900.

tecimento que lho interrompia. Político no regime subitamente derrubado, e seu servidor leal e convencido, seu bizarro cavaleiro andante nos seus derradeiros dias, doeu-lhe fundamente a queda de instituições que lhe pareciam ligadas à própria fortuna da pátria, e da família, sobretudo do seu velho chefe, que as encarnava. Do seu íntimo desgosto, nenhum conforto lhe pareceu porventura melhor que recordar no desalento presente as coisas passadas, e como última homenagem ao regime que serviu, e ao mesmo tempo nova e cavalheirosa afirmação da sua fé, recompor para a sua gente a gênese do seu espírito.

Já então começaria porventura a sentir aquilo que só dez anos depois se lhe aclarava no espírito; que sem ter "uma parcela de legitimismo, do direito divino" a sua "caracterização", o seu "acento tônico", era outro, "liberal, não no sentido passageiro, político da impressão, mas no seu sentido humano, eterno", "a aspiração sintética" da vida tinha que ser de se "não dissociar, qualquer que fosse a sua forma de governo", dos destinos do seu país. No momento em que o fez, o seu leal exame de consciência, a recapitulação raciocinada da formação do seu espírito político e da sua crença monárquica, só podia ser, porém, a justificativa da sua abstenção, os motivos que a si mesmo e aos seus compatriotas dava da sua atitude perante o novo regime. "A abstenção", diz um dos mestres do seu espírito, "é o desforço dos conservadores vencidos", e o advento da república fazia do sr. Joaquim Nabuco, momentaneamente, um conservador. Justificativa igual, jamais homem público entre nós a fez, já não direi com tanto talento, o que, sob o aspecto moral, é secundário, mas com tanta elevação e nobreza.

O seu livro é, sem embargo das divergências em que possamos estar com o autor e suas doutrinas, de um pensador político, e, o que mais é, do ponto de vista geral e mais alto da literatura, de um dos nossos mais completos artistas literários. O sr. Joaquim Nabuco, que em matéria artística e literária é um incontestável, não se julga assim, e uma das melhores páginas do seu livro é a em que se nega a si próprio aquela qualificação, depois de uma análise espirituosamente fina, de que entre nós raríssimos seriam capazes, de sua idoneidade de poeta: "Quando mesmo eu tivesse recebido o dom do verso, confessa ele, teria naufragado, porque não nasci artista. Acredito ter recebido como escritor, tudo é relativo, um pouco de sentimento, um pouco de pensamento, um pouco de poesia, o que tudo junto pode dar, em quem não teve o verso, uma certa medida de prosa rítmica; mas da arte não recebi senão a aspiração por ela, a sensação do órgão incompleto e não formado, o pesar de que a natureza me esquecesse no seu coro, o vácuo da inspiração que me falta..."

Não quero teimar com o sr. Joaquim Nabuco, nem saberia opor à sua concepção do artista uma definição em que o fizesse caber; mas eu tenho como tal, e talvez não erre dizendo que o que há principalmente nele mesmo, sem a capacidade do verso e sem a "faculdade de *representar*, de criar a menor *representação* das coisas", mas com um alto e forte instinto moral, é um artista, um diletante, quase, por vezes ao menos, um virtuose. Como escritor, o sr. Joaquim Nabuco tem o principal talvez dos atributos do artista e do poeta, a imaginação. Se se não pode dizer que principalmente por imagens raciocina, pode-se, todavia, verificar que o seu raciocínio se socorre mui freqüentemente delas e o seu estilo é em suma imaginoso. Não sei que se possa negar dons de artista a quem escreveu esse admirável capítulo "Massangana", memória sentida dos primeiros anos da vida no engenho daquele nome. Custa-me resistir à tentação de transladá-lo todo para aqui, fechando com ele estas linhas apagadas. Há aí notada, com peregrina finura e delicada emoção, uma sensação rara, mas profundamente verdadeira, a que se pode exatamente chamar uma sensação de poeta e de artista: a saudade do escravo que desponta na alma do abolicionista triunfante, quando a escravidão desaparece: "É que tanto (copiarei sempre este trecho) a parte do senhor era inscientemente egoísta, tanto a do escravo era inscientemente generosa. A escravidão permanecerá por muito tempo como a característica nacional do Brasil. Ela espalhou por nossas vastas solidões uma grande suavidade; seu contato foi a primeira forma que recebeu a natureza virgem do país; e foi a que ele guardou; ela povoou-o como se fosse uma religião natural e viva, com os seus mitos, suas legendas, seus encantamentos; insuflou-lhe sua alma infantil, suas tristezas sem pesar, suas lágrimas sem amargor, seu silêncio sem concentração, suas alegrias sem causa, sua felicidade sem dia seguinte. É ela o suspiro indefinível que exalam ao luar as nossas noites do Norte. Quanto a mim, absorvi-a no leite preto que me amamentou; ela envolveu-me como uma carícia muda toda a minha infância; aspirei-a na dedicação dos velhos servidores que me reputavam o herdeiro presuntivo do pequeno domínio de que faziam parte... Entre mim e eles deve ter-se dado uma troca contínua de simpatia, de que resultou a terna e reconhecida admiração que vim mais tarde a sentir pelo seu papel. Este pareceu-me, por contraste com o instinto mercenário da nossa época, sobrenatural à força de naturalidade humana, e no dia em que a escravidão foi abolida, senti distintamente que um dos mais absolutos desinteresses de que o coração humano se tenha mostrado capaz não encontraria mais as condições que o tornaram possível". Tem razão o sr. Nabuco, nem Garrison nem John Brown compreenderiam esta sua nostalgia do escravo; para senti-la precisa-se de um coração de poeta, de uma alma de artista.

Minha formação é pelo seu objeto um livro político, a história da constituição de um pensamento político. No seu plano inferior (é dele próprio a restrição), o sr. Nabuco foi, como ele diz, "uma das mais consistentes figuras de nossa política", mas um político como jamais houve porventura outro no Brasil. Nascido de uma família que poderíamos, à romana, chamar consular, logo madrugou o seu espírito para a política. Ainda nos bancos do colégio, via seu pai, senador do império, chamado às mais altas funções do estado. Era política a atmosfera caseira, como o eram as tradições da família. Tudo o votava, pois, à política. Mas, além da feição que todas estas circunstâncias iam imprimindo ao seu espírito juvenil e do nascimento prematuro das suas ambições de moço, havia nele uma imaginação ardente, como um sentimento estético, que lhe fez não ver na política somente a fria e burocrática governança do estado, as competências pessoais, a conquista do poder, as intrigas dos partidos, os manejos eleitorais, mas um drama capaz de interessar e comover, um nobre exercício do espírito, uma digna ocupação da inteligência. O exemplo de seu pai, político de gabinete, mais teórico que prático, mais jurisconsulto que estadista, homem de pensamento e de estudo, haveria dado essa primeira direção ao seu espírito. Os primeiros livros que meditou, ou apenas leu, o mantiveram nela; eram obras de poetas, de artistas, de literatos políticos, Lamennais, Lamartine, Pelletan, Esquiros, Quinet, Hugo, Thiers, Mignet, Louis Blanc. Basta ver esta lista para imaginar quais seriam as idéias em formação do adolescente que os lia. A só escolha destes autores já revela quais as inclinações do seu espírito. É certo que lera também Joseph de Maistre e D. Donoso Cortés, mas podemos garantir que com muito menos interesse e nenhuma simpatia. Talvez o não fizesse senão para refutar em um ensaio de precoce publicista, "com a infalibilidade dos dezessete anos", a infalibilidade do papa. Não precisa mais dizer que era em política um liberal, do partido ao qual seu pai, liberal de espírito e de temperamento, acabava de aderir, deixando o conservador. Será necessário declarar que no jovem jornalista liberal da Academia de São Paulo havia um matiz republicano? Não se lêem naquela idade aqueles poetas, pensadores, historiadores, publicistas sem se ficar tanto ou quanto republicano. As idéias do sr. Nabuco flutuavam então, é ele quem nos diz, entre a monarquia e a república, sem preferência republicana, talvez somente — confessa-o ele próprio — por causa da tradição da família e da fácil carreira política que tudo lhe augurava. Um livro, segundo ele afirma, devia tirá-lo desta oscilação, a *Constituição inglesa* de Bagehot. A esse pequeno volume, de fato hoje fora de voga, mas realmente notável, deveu ele o que chama "a minha fixação monárquica inalterável".

Por via de regra, um livro só em nós influi, decidindo-nos entre tendências opostas, quando há já em nós disposições simpáticas aos seus ensinamentos, quando nos achamos previamente em correspondência de idéias com o autor. Se a influência de Bagehot no ânimo do sr. Nabuco pôde ser tamanha que, segundo confessa, dele tirou, transformando-a a seu modo, toda a ferramenta com que, salvo na abolição, trabalhou em política, foi porque já o achou preparado para aceitar os ensinamentos do eminente pensador inglês. E, justamente com aquelas duas razões que ele lisamente confessa, devia ter tido grande influxo na sua determinação pela monarquia o jeito aristocrático da sua índole. Esta feição do seu temperamento, que na juventude o devia afastar da república, que os seus jovens colegas, como o vulgo, imaginariam consoante à sua casa descomposta de estudantes, o regime das liberdades incômodas e das promiscuidades desagradáveis, havia mais tarde de ser, na monarquia menos ou mais que democrática, vulgar, antiestética, sem corte e sem cerimônia, e nos nossos partidos sem ideal, sem intelectualidade, sem maneiras, sem outro ardor que não o eleitoral e o da conquista do poder, motivo de ser ele como que um corpo estranho na nossa política.

O que sem dúvida lhe infundiu Bagehot, com a admiração pelo regime inglês, foi a veneração pela Inglaterra, o gosto das coisas inglesas, a estima à vida inglesa, o apreço da aristocracia inglesa, liberal, esclarecida, aberta, culta e superiormente distinta de todas as outras aristocracias, pela sua compreensão do regime moderno e sua adaptação a ele.

Entrando na política, não somente com a sua carta de bacharel, mas cheio de leituras, de idéias e de ambições mais altas que as dos primeiros lugares que ela lhe poderia dar, o sr. Joaquim Nabuco entra do mesmo passo no jornalismo partidário. Felizmente para ele, o partido de seu pai estava na oposição, lugar do qual mesmo um homem de partido pode ter idéias e publicá-las. Diz-nos ele, e cremo-lo, que "a vida, a sociedade, o mundo, as letras, a arte, a filosofia mesmo" eram-lhe de maior encanto que a política. No Brasil, os partidos constitucionais quando fora do poder, por um singular fenômeno de mimetismo, tingiam-se de matizes republicanos. O sr. Joaquim Nabuco não saíra de São Paulo de todo em todo estreme de qualquer traço republicano. Não é à toa que se é moço, americano, e se lêem assiduamente os escritores franceses atrás citados. Na *Reforma*, jornal do seu partido, escrevendo sobre a primeira viagem do imperador, aconselhava-o que, "em vez de ir à *velha*

Europa, fosse à *jovem* América". Este artigo era, como ele reconhece, "*quase* republicano". Bagehot fora como quer que seja eclipsado por Laboulaye — um dos oragos do liberalismo do tempo. Na linguagem desse artigo dos 21 anos "encontra-se, di-lo ele próprio, um minimum de monarquismo e um maximum de republicanismo". Isto era em 71; em 73, "instintivamente, pela voz do sangue", ele se acha francamente contrário à idéia que já tinha um grande órgão na imprensa, a *República,* contra a qual sustentava a superioridade da forma monárquica sobre a republicana. "Dessas idéias, escreve agora, eu não devia sair mais, como se verá; não são como as de 1871, arrastamento, entusiasmo, paixão; são dessas formas de espírito que não deixam mais a inteligência tomar outra forma; têm para ela a transparência, a clareza da evidência, como se fossem, e realmente são, primeiros teoremas de geometria política". O que subseqüentemente impressiona o espírito do sr. Nabuco, viagens pela Europa, visita à Inglaterra, uma estação nos Estados Unidos, o estudo dos livros, e o comércio dos homens, sensações de literatura e de arte, o espetáculo dos acontecimentos, tudo concorre para assentar e confirmar este sentimento. Em 1879 a sua formação monárquica, e, contemporaneamente, não haveria no Brasil fé monárquica mais raciocinada que a do sr. Nabuco, era completa. E o que a fortificara, parecendo assentá-la em bases indestrutíveis, era que nele a crença política se casava admiravelmente com o sentimento monárquico com que nascera para a vida pública, e que a impressão da Inglaterra, ao mesmo tempo liberal e aristocrática, desenvolveu. O republicanismo não podia ser nele senão uma flor efêmera da sua imaginação, excitada pelo seu liberalismo inato, um fruto peco da literatura republicana francesa. O sr. Joaquim Nabuco só seria verdadeiramente republicano nas repúblicas da Renascença italiana. Foi confessadamente, e o será ainda, no Chile, nos Estados Unidos e em França, mas porque nesses países há, ao seu ver, razões especiais, históricas e sentimentais, para esse regime, e mais, porque o fundo da sua constituição social ficou monárquico, e, em França e no Chile, aristocrático. Político no sentido comum da palavra e na prática geral da coisa no Brasil, ele não o foi jamais. Nem o podia ser; o seu temperamento é evidentemente político; a preocupação política, a predominante, a tônica, como ele diria, do seu espírito; mas a política para ele é apenas um tema literário e estético, um tema constantemente presente, um tema absorvente, querido, insubstituível, mas um tema para cogitações filosóficas, observações, críticas, generalizações e construções imaginativas. Para este artista, este diletante, a política é o único assunto possível para a sua poesia, a sua literatura, o seu sentimento das coisas humanas. Ama-a profundamente e verdadeiramente, mas apenas talvez como um estímulo, um emprego da sua inteligência, um assunto que lhe é familiar e, por herança, o prefere a todos. Em política a sua ambição foi, de fato, toda "de ordem puramente intelectual, como a do orador, do poeta, do escritor, do reformador". Toda a ocupação da sua atividade em política tomará sempre o aspecto de um tema estético e literário, de um exercício intelectual.

Mesmo a sua brilhante e fervorosa campanha da abolição não escapa a esta lei do seu espírito. Leiam-se neste livro as páginas que lhe consagra, e ter-se-á comprovação.

Aquele sentimento da nostalgia da escravidão, da saudade do escravo, é o do artista que vê acabada e pronta a deixar-lhe para sempre a oficina, a obra a que dera com amor ao melhor de sua vida, da sua alma, do seu talento. Só ele no Brasil poderia escrever este conceito: "A política, felizmente para a inteligência que nasceu com essa diátese, tem lados ainda mal definidos que confinam com a arte, a religião e a filosofia..." São esses aspectos que o tentaram e interessaram na política, o que bastava para efetivamente o excluir dela, ao menos aqui. Ele é, sobretudo, um intelectual; nada lhe parece mais nobre que o exercício das faculdades intelectuais, principalmente no domínio das ocupações desinteressadas do espírito. Mas o seu pensamento é que "não há em regra nada mais ingrato, mais fútil, do que a produção que o indivíduo tira toda de si, e é o que acontece quando o talento não tem uma profissão literária séria." E, referindo-se aos nossos escritores, precisa o seu pensamento: "O material em que trabalham os nossos homens de letras, são os costumes, a sociedade, quando são romancistas ou dramaturgos; as leituras, quando são críticos; a própria vida ou impressões quando são poetas. O material preferido é, como se vê, todo ele pouco consistente, efêmero, em parte grosseiro, em parte imprestável ou insuficiente, e assim a produção é quase toda fácil, improvisada, sem trabalho anterior, sem investigações, sem esforço, sem tempo, sem nenhum elemento, que revele continuidade, ambição. Faltando a disciplina e a emulação de uma especialidade, que acontece? A inteligência contrai o hábito da dissipação, da indolência, do parasitismo; o talento relaxa-se, perde todo o peso específico. Temos por isso uma literatura desocupada, o nosso campo literário é composto de *flâneurs*". Para o sr. Nabuco a política foi apenas o objeto da sua "profissão literária", o "material" em que ele trabalhou. E não sendo senão isso, admitiria que ele lhe desse tanta importância, se não soubéssemos que um sinal dos verdadeiros artistas é o amor e o interesse, às vezes exagerados, pelo seu assunto.

Crendo compreender os intuitos do sr. Joaquim Nabuco referindo-nos minuciosamente a sua formação política, não lho desculparíamos, se lhe não conhecêssemos o seu profundo amor de escritor e de artista pelo objeto constante da sua imaginação criadora e mais se o não houvesse feito pela maneira verdadeiramente superior por que o fez. A sua formação política ou monárquica de fato nos não interessa, mesmo a nós, seus admiradores e amigos. Nem o sr. Nabuco chegou a representar na política brasileira um papel sobre o qual a sua formação especial tivesse tal efeito que valesse a pena conhecê-la. E que houvesse representado, isso não mudaria de figura. Que importa a formação política de um Vasconcelos, de um Paraná, de um Zacarias, de um Cotegipe? A sua obra vista de cima é ao cabo secundária. Só a dos estadistas construtores de povos, transformadores do seu tempo, merece que se lhes descubram os íntimos motivos de ação, as inspirações, crenças, estímulos a que obedeceram. E ainda entre esses é preciso distinguir. Sob o aspecto psicológico, um Bismarck é mais interessante que um Washington. Não é a formação política do sr. Joaquim Nabuco que nos interessa no seu livro; é ele mesmo, e é mais a forte beleza do livro. *Ce que j'aime en vous, madame, c'est vous même.* O sr. Joaquim Nabuco é um dos brasileiros mais interessantes, senão o mais interessante, do seu tempo. Homem de letras, homem de estudo, homem de arte, homem de imaginação, poeta, crítico, ele foi também — creio poder empregar o passado — homem do mundo, homem político, orador parlamentar, tribuno popular, agitador de idéias e um dos chefes mais brilhantes, mais puros, mais convictos do mais considerável movimento social que nunca teve o Brasil. E tudo isto foi com rara distinção, com talento, com graça, com superioridade — e com uma ponta de vaidade que não ia mal, antes os realçava, aos dotes encantadores do seu espírito e da sua pessoa. Com toda a sua vida exterior de mundano e político, de propagandista da abolição, houve nele a capacidade da vida interior: o trabalho mental aplicado às coisas mais elevadas das letras, da arte, da política, da sociedade, a preocupação dos problemas sociais, o sentimento grave das responsabilidades humanas. A grande inferioridade da nossa literatura é a falta de pensamento interior que nela há, pela carência de vida interior nos seus cultores. Toda a obra do sr. Nabuco revela essa vida, de que está cheia *Minha formação.* E é ela que lhe dará o lugar especial que virá a ocupar nas nossas letras, porque este livro inspirado por um pensamento político é, pela emoção que contém, uma obra literária.

A formação política do sr. Nabuco é acompanhada sempre de elementos literários e morais , que são como que a argamassa da sua construção monárquica. Sob o aspecto intelectual, o seu espírito se formou da mistura de elementos filosóficos e literários diversos, predominando talvez a influência de Renan. Esteve em moda, por seguir a Taine, meter à bulha o ecletismo de Cousin; que somos nós todos, agora, mais, que é possível ser, sem cair no dogmatismo positivista, senão ecléticos? Renan, fortificando-o no seu liberalismo congênito, foi talvez o sistematizador da sua tolerância.

A tolerância, virtude das épocas de pouca fé, como disse fina e acertadamente um papa, é um dos fundamentos da filosofia prática do sr. Nabuco. Ele tem, entretanto, a fé católica dos seus pais, a fé da sua infância que em Londres, na sua segunda estada na Europa, sentiu despertar, primeiro "aos vibrantes açoites do padre Gallway, na escondida igreja dos jesuítas, em Farm Street, depois no oratório de Brompton, respirando aquela pura e diáfana atmosfera espiritual impregnada do hálito de Faber e de Newman". A sua visita ao Vaticano anos depois o acordaria de todo para ela. Convencidamente persuadido da incompossibilidade absoluta do liberalismo com o catolicismo, não acho no meu espírito elasticidade bastante para entender a composição que faz o sr. Nabuco das suas crenças católicas com o seu liberalismo orgânico e irredutível. Equivocar-se-á ele próprio?

Quem sabe? Somos muitas vezes ludíbrio da nossa consciência no que nos parece mais sincero das suas manifestações. O sr. Joaquim Nabuco é seguramente um espírito religioso; que seja um espírito católico, tenho dúvidas. O que é católico nele, como de Chateaubriand dizia Sainte-Beuve, é a imaginação. No catolicismo, o que talvez mais que tudo o impressiona, o que principalmente o comove, o que mormente o prende, é o lado estético, a longa e gloriosa tradição histórica, a arte das catedrais e das basílicas, a lenda agiológica tão cheia de poesia e de patético, a situação especial e única do papado, os mestres imortais da Renascença, a epopéia de Dante e de Tasso, o esplendor das cerimônias, a beleza soberana de toda construção católica em vinte séculos de duração e de governo. E por isso ele pôde, com pureza insuspeitável, crer-se liberal e católico, admitir Renan e São Tomás, tentando de boa fé para seu uso uma aliança que o papado já condenou nos Lacordaires, nos Lamennais, nos Montalemberts e em mil outros.

D. ANA ROSA*

Luiz Cedro Carneiro Leão

Joaquim Nabuco em *Minha formação*, escrevendo o seu mais belo capítulo que é "Massangana," começa por dizer, como uma advertência de sentido proustiano a todos que desejem conhecê-lo: "O traço todo da vida é para muitos um desenho de criança esquecido pelo homem e ao qual este terá sempre que se cingir sem o saber".

Realmente a vida e a obra de Nabuco em todo o seu encantamento confirmam esta reflexão, pois sempre estiveram impregnadas das reminiscências dos seus oito anos, "esse período inicial tão remoto e tão presente" passado no engenho Massangana. Entretanto, pouco sabemos desses anos que tanto marcaram a sua sensibilidade, a não ser o que se encontra nas suas próprias páginas de evocação. Mas, nelas a névoa de poesia encobre à nossa curiosidade um mais largo material de informações. Pela atmosfera azulada em que ele envolve o cenário de sua primeira infância, o mais prosaico pesquisador terá de concordar que Nabuco não iria declarar que se chamava "Serraria" o engenho que a madrinha lhe deixou.

Na biografia de seu pai, Carolina Nabuco nada de novo nos informa sobre esse período dos primeiros oito anos que é uma espécie de *ouverture* de uma grande obra em muitos e fulguran-

* Publicado em *Arquivos*, 1º e 2º números de 1943, Prefeitura Municipal de Recife, diretoria de Estatística, Propaganda e Turismo.

tes atos. A esplêndida documentação de que ela dispõe para as outras épocas, o depoimento oral e a correspondência do seu próprio pai, cartas de amigos, os arquivos da Câmara dos Deputados e do Itamaraty, notícias de jornais e enfim a repercussão nacional dos fatos públicos, em que Nabuco figurou, permitiram-lhe escrever um livro, em que à sua ternura de filha se inclui o maior interesse para todos nós.

O que se pode dizer, ou melhor, informar dos primeiros oito anos de uma criança, decorridos num engenho do interior de Pernambuco, entre escravos e gente simples e humilde?

Convém, pois, salientar e dar todo apreço ao que for encontrado com relação a tal época e à senhora do engenho Massangana, D. Ana Rosa Falcão de Carvalho, a madrinha, ou antes a mãe que Nabuco conheceu "a ponto de sua verdadeira mãe se lhe afigurar — como escreve Carolina Nabuco — durante ainda bastante tempo, como apenas uma rival daquela que ele não podia esquecer".

Foi ao calor do seu carinho que se criou em torno do pequenino Joaquim a enternecida vassalagem das coisas e da gente de Massangana. Foi graças a ela, dizia o próprio Nabuco, "que o mundo me recebeu com um sorriso de tal doçura que todas as lágrimas imagináveis não me fariam esquecer".

Assim, tudo que vier como uma informação nova ou um esclarecimento a mais sobre D. Ana, os seus costumes, a casa, os objetos familiares, os valores de sua propriedade, não deixa de possuir um vivo interesse para os admiradores de Nabuco, que são todos os brasileiros.

Para escrever uma boa vida é preciso olhar de perto a intimidade dos acontecimentos, mesmo aqueles que pareçam triviais, na sua aparente simplicidade.

Na *Vida do dr. Johnson*, Boswell nunca esquecia os aspectos domésticos e os mínimos detalhes da existência diária que às vezes — como ele notava — esclarecem mais do que os incidentes de vulgar grandeza ou importância.

Foi este o pensamento que me sugeriu o presente artigo de

mera divulgação, com a descoberta do inventário do espólio de D. Ana Rosa Falcão de Carvalho. Fui encontrá-lo num dos cartórios da cidade do Cabo, graças ao esforço do escrivão Miguel de Lima, cuja inteligência não se limita ao cumprimento das funções do seu cargo. Não obstante os autos se acharem corroídos pelas traças e com muitas de suas folhas mutiladas pelo cupim, ainda se pode ler muita coisa: o testamento, por exemplo, de D. Ana Rosa feito em Massangana a 27 de setembro de 1856, onde ela declara "com toda liberdade e sossego de espírito" que era natural da freguesia de Santo Antônio do Cabo e viúva de Joaquim Aurélio de Carvalho. Tendo a testadora pedido ao Revmº sr. dr. Antônio da Cunha e Figueiredo que por ela o escrevesse, deixou um documento redigido com grande técnica e clareza. As suas disposições sobressaem com tal precisão que seriam impossíveis dúvidas futuras sobre o seu verdadeiro sentido a não ser, naturalmente, as levantadas pelos interesses contrariados. E, de fato, dúvidas e controvérsias se manifestaram no inventário de D. Ana Rosa, em torno de algumas dessas disposições.

Sem descendentes e ascendentes, ou melhor, sem herdeiros necessários, a testadora fica à vontade para dispor do que é seu, pelo irmão, sobrinho e numerosos afilhados, sem esquecer alguns de seus escravos, aos quais deixa o maior bem, que é a sua liberdade. Além das missas por sua alma e a do seu falecido marido "de saudosa memória", ela, que não esqueceu os escravos vivos, contempla todos os escravos mortos, nos sufrágios mandados celebrar. Declara que "não deve a pessoa alguma, mas, como outros lhe devem, quer que não se persiga com a justiça aos seus devedores que se achem baldos de meios para pagarem os seus débitos".

Quando chega a ocasião de distribuir seus bens, D. Ana Rosa menciona em segundo lugar seu afilhado, que tem o nome do padrinho, Joaquim Aurélio. Não satisfeita com o prenome e o apelido do afilhado idênticos aos do marido e, inspirada, talvez, pela saudade de uma viuvez vitoriana, ela vai ao ponto de alterar-lhe o próprio nome patronímico, substituindo o Araújo por Carvalho. E escreve assim o nome de Nabuco: Joaquim Aurélio Nabuco de Carvalho. Está desse modo escrita a deixa testamentária:

> "Ao meu filho Joaquim Aurélio Nabuco de Carvalho, filho do Exmo. dr. José Tomás Nabuco de Araújo, além do sobrado de um andar, cito na rua Estreita do Rosário do bairro de Santo Antônio do Recife, e outros objetos que ficam mencionados e declarados em uma escritura de doação, que passei em favor deste, deixo mais o meu engenho Serraria com todas as suas obras, benfeitorias e terras sujeitas aos foros que pagam ao Hospital, ou a quem por direito competir".

Os bens legados ao afilhado, a madrinha cuidadosa pelo seu futuro grava-os com a cláusula de inalienabilidade. Determina peremptoriamente e sem a menor cerimônia para com o ministro da Justiça, que é o pai, ou seja o conselheiro Nabuco, que este não poderia vendê-los e nem tais bens estariam sujeitos aos seus débitos. Cheia de zelo pela educação do menino que ela achava muito travesso e galante, e como que prevendo a glória que lhe está destinada, estabelece a seguinte cláusula:

> Declaro que os bens que pela escritura de doação e pelo presente testamento, ou que por outras quaisquer disposições minhas ficarem pertencendo ao meu afilhado Joaquim, filho do Exmo. dr. José Tomás Nabuco de Araújo, não poderão, a pretexto algum, ser vendidos por seu pai, nem serão sujeitos às dívidas deste, quaisquer que sejam, mas deverão ser administrados e conservados para que com seus reditos sejam entregues ao meu dito afilhado, quando se achar maior de vinte e um anos, podendo todavia dos seus reditos gastar-se somente tanto quanto for necessário para sua educação primária e superior, a qual quero e é minha vontade que seja ampla e superior, digo, ampla e completa".

Foram nomeados os seus testamenteiros em primeiro lugar o seu sobrinho Paulino Pires Falcão, em segundo o comendador Manuel Joaquim do Rego e Albuquerque e em terceiro "o meu compadre, o Exmo. sr. ministro da Justiça dr. José Tomás Nabuco de Araújo."

* * *

Pelo termo de descrição e avaliação do espólio de D. Ana Rosa, verifica-se que a sua situação financeira era boa. Mais do que isto, era próspera, considerando-se que a sua exploração agrícola estava limitada à capacidade de um engenho *banguê* daquela época. Diz um provérbio inglês que aquele que faz prosperar a sua herdade tem qualidade para dirigir o império das Índias. D. Ana Rosa deve ter certamente possuído essas altas qualidades, conduzindo bem os negócios do seu engenho. Manteve a sua fortuna sempre estável, não obstante a necessidade de atender toda gente que a cercava: os parentes, os compadres, os afilhados, os agregados e protegidos que nunca faltam ao redor de uma mulher viúva, bondosa e rica.

Ainda assim deixou muita cana plantada, muitos escravos, muitos animais e, enfim, todo o necessário para uma rendosa exploração da sua propriedade.

Sem se poder dizer que havia luxo na sua casa, atestam a largueza do seu tratamento as obras de ouro, as numerosas peças de prata, as porcelanas dos aparelhos de chá e de jantar encontrados na casa de Massangana. O termo de descrição e avaliação de bens sugere algumas notas à margem das páginas de Nabuco, sobre a sua madrinha. Escreve ele que o seu maior prazer era trocar uma parte das suas sobras, em moedas de ouro, sem que ninguém o soubesse, para lhe entregar, quando tivesse idade. Realmente, vê-se do dinheiro descrito que ainda foram encontrados duzentos mil réis em patacões.

A mobília da entrada que Nabuco ainda via através de tantos anos, teve juntamente com todos os outros móveis da casa a avaliação de 2:017$920, mas "as gravuras coloridas que se encontravam nas paredes, representando o episósio de Inês de Castro", não foram além de 15 mil réis. "As pequenas edições portuguesas dos livros de devoção e das novelas do tempo", lembradas com tanto carinho por Nabuco, vêm no termo de avaliação com a seguinte rubrica: "Uma porção de livros de pouco valor, sendo novelas e obras truncadas avaliados por 10 mil réis".

Os escravos que se distribuíam pelos compartimentos da senzala, a que Nabuco chamava "o grande pombal negro", figuravam no inventário em número de 51. Há de todos os valores, desde o de 1:400$000 até 40 mil réis, não se incluindo Agostinho, com a idade de mais de setenta anos, sem valor pelo seu estado de moléstia, e a pequenina Rosa, com quatro anos apenas.

Na relação dos imóveis são descritos a propriedade Nazaré, o engenho Serraria, que foi deixado a Nabuco pela avaliação de 22 contos de réis, e o engenho Massangana com a capela pronta e paramentada de todas as alfaias de ouro e prata, estimado em 75 contos de réis.

Há nesses velhos autos curiosos documentos que se prendem às mais caras recordações da infância de Nabuco. As últimas contas, por exemplo, dos fornecedores de D. Ana Rosa, apresentadas para o respectivo pagamento. Elas confirmam a generosa hospitalidade da casa de Massangana, onde Nabuco lembra "os amigos que vinham todas as semanas atraídos pelos regalos de sua mesa". São contas de venda de gêneros, em que se encontram canadas de vinho, presuntos, muito queijo flamengo, que por sinal custava dois mil e duzentos réis cada um. Vem também um recibo de pagamento feito pelo testamenteiro ao professor de aula primária de Nabuco: Caetano da Rocha Pereira, como ele se chamava, declara ter recebido "noventa mil réis proveniente do ensino do menino Joaquim Aurélio Nabuco de Carvalho, como mestre do mesmo que era".

Pela partilha fica-se sabendo que, enquanto os herdeiros de D. Ana Rosa tinham no remanescente 15:281$565, como importância do quinhão de cada um, o menor Joaquim recebia com a totalidade do engenho que lhe foi legado a quantia de 22 contos.

Vê-se, pois, que não há só, nas folhas dilaceradas desses autos, um motivo apenas de vã ou indiscreta curiosidade. Apesar de sua concisão processual, eles nos fornecem a prova de uma grande dedicação de D. Ana Rosa pelo menino Nabuco, dos extremos de afeição de uma dessas boas e carinhosas madrinhas que se tornam, pelo seu amor, mães dos afilhados.

GLOSSÁRIO

ABDUL-HAMID — Sultão da Turquia, 1874-89.

AMOUR ET DIEU — Poésies de Joaquim Nabuco, J. Claye, Paris, 1874. Encontram-se entre os escritos que formam o *Fonds Renan* na Bibliothèque Nationale e por ele julgados merecedores de passarem à posteridade.

ANDRADE PINTO, José Caetano de — Genro do barão de Penedo.

ANGELUS — Oração que se reza ao tocar do sino pela manhã, à tarde e à noite.

AUTEM GENUIT — "Também gerou". Expressão usada por São Mateus na relação das gerações que precederam a Cristo.

BAKED OYSTERS — Ostras de forno.

BELA ALIANÇA — Fazenda de Madame Haritoff, em Vargem Alegre, na então província do Rio de Janeiro.

BERRYER, Pierre-Antoine — 1790-1868. Advogado de renome, defensor do general Ney (1815), de Lamennais (1826) e de Chateaubriand (1832), entre outros.

BIG SHOW — Circo.

BLOODY-SHIRT — Camisa ensangüentada. Agente provocador com a finalidade de exercer vingança política após a guerra civil americana.

BOSS — chefe político, *coronel*.

BOUTMY, Émile — Professor, constitucionalista e crítico de arte, nascido em 1835.

BRESSANT, Jean-Baptiste-Prosper — Ator francês, nascido em 1815. Alcançou popularidade e renome tanto na Rússia quanto na França. Foi, sem concurso, societário da Comédie Française.

BROGLIE, Albert, duque de — Neto de Madame de Staël. Primeiro-ministro e ministro de Estrangeiros do presidente Mac-Mahon.

BROWN, John — Abolicionista americano. Condutor de uma escaramuça contra Harpers Ferry em 1859, que deu início à guerra de secessão. Preso pelos sulistas, foi enforcado em Charlestown.

CABANA DO PAI TOMÁS, A — *Uncle Tom's Cabin*. Célebre romance de Harriet Beecher Stowe sobre a escravidão nos Estados Unidos, do qual o presidente Lincoln teria dito que provocou a guerra entre os estados.

CABO, zona do — Trata-se do cabo de Santo Agostinho, a uns cinqüenta quilômetros ao sul de Recife.

CAFRARIA — Região a sudeste da África, antigamente dependente da Colônia do Cabo.

CALABAR, Domingos Fernandes — Nascido em Pernambuco, lutou contra os holandeses, depois combateu ao lado destes, sendo preso e enforcado em 1635.

CAMPO OSÓRIO — Estância da família Osório no Rio Grande do Sul, onde se feriu a última batalha dos federalistas com as forças governamentais.

CANVASS — Angariar votos, cabalar.

CAPODIMONTE — Palácio real nas proximidades de Nápoles.

CARO, Pauline Cassin — Romancista francesa, mulher do filósofo Elme Marie Caro, 1826-87.

CARPET-BAGGERS — Indivíduos que migravam para os estados do Sul, após a guerra civil, com o propósito de explorar a miséria reinante em virtude da corrupção política. Como bagagem carregavam o tradicional saco feito de tecido próprio para tapetes.

CARTAS DE ERASMO — Panfleto de José de Alencar de 1864, que D. Pedro II nunca lhe perdoou.

CASTELAR Y RIPOLL, Emilio — Presidente da república espanhola em 1873-74.

CASTRO, Inês de — O episódio desta dama castelhana que se teria casado secretamente com Pedro I (*o Justiceiro*) e fora coroada depois de morta, por ordem do rei, forma uma série de seis gravuras de Chasselet, que ornavam o escritório de Nabuco.

CHARING CROSS — Estação ferroviária e, hoje, de metrô em Londres.

CHEVAUX-LÉGERS — Corpo de cavalaria ligeira. Suprimido com a Revolução, foi restabelecido com o Primeiro Império, donde legitimistas ou partidários do *ancien régime*.

CLIFF — Penhasco calcário branco, da costa sul da Inglaterra.

COPPET — Propriedade sobre o lago de Genebra, pertencente ao pai de Madame de Staël, o financista Necker, que a legou à filha.

COUNTED OUT — Candidatos depurados.

CZACKI, Wladimir, cardeal — Polonês, 1834-88. Foi núncio em Paris.

DOUGLASS, Frederick — Sua autobiografia, clássico da literatura negra americana, intitulada *Narrative of the life of Frederick Douglass, an American slave*, foi publicada em 1845.

DRAWBACK — Termo fiscal, restituição de imposto aduaneiro.

DRAWING-ROOM — Recepção real, pela manhã.

EIDOLA — Grego, plural de *eidolon*; figura, imagem

EX ABUNDANTIA CORDIS — Da abundância do coração.

EXPOSURES — Denúncias, delações.

FABER, Frederick William — Eminente escritor ascético, converteu-se ao catolicismo em 1845 por ocasião do grande renascimento da Igreja na Inglaterra. Foi membro do Oratório de São Felipe Néri.

FAIR-PLAY — Jogo limpo, decência, lisura, eqüidade, justiça. Termo inglês, intraduzível segundo Salvador de Madariaga.

FERMIERS-GÉNÉRAUX — Agentes do fisco francês, em um sistema de impostos que datava dos romanos e foi abolido pela Revolução em virtude dos excessos daqueles exatores.

F. F. — Iniciais de Francisco I, que ornam o castelo de Chambord.

FRANCISCO II — Último rei de Nápoles e das Duas Sicílias.

GAMIN — Garoto, moleque.

GARRISON, William Lloyd — Abolicionista americano.

GENTILHOMMES LIBÉRAUX — Grupo de nobres a serviço do monarca, na antiga monarquia.

GLADSTONE, William Ewart — 1809-98. O *Grand Old Man* do partido Liberal, quatro vezes primeiro-ministro.

GOETHEKENNER — Perito em Goethe.

GREENBACKS — Papel-moeda.

GROOM — Estribeiro.

GROSVENOR GARDENS — Refere-se à Legação do Brasil naquele logradouro de Mayfair, centro aristocrático de Londres.

HANSON CAB — Carro de praça londrino, ligeiro, de duas rodas e com lugar para dois passageiros; o cocheiro se aboletava atrás e ao alto destes.

HONOURABLE — Título de cortesia, usado pelos filhos e filhas dos pares do reino inglês.

HOTEL BRAGANÇA — Na rua do Imperador, hoje avenida Quinze de Novembro, no lugar ocupado depois pelo cinema Capitólio.

ITAJUBÁ, barão de — Árbitro na célebre questão do Alabama entre os Estados Unidos e a Inglaterra, após a guerra civil.

KULTURKAMPF — Luta do governo alemão contra a Igreja católica, para intervir na escolha dos bispos e professores, visando a unidade do ensino.

LAGO — O lago Leman ou de Genebra.

LAMBETH PALACE — Residência londrina do arcebispo de Cantuária.

LANDWEHR — Reserva militar alemã.

LARARIUM — Capela destinada aos deuses; daí lareira e lar.

LAVIGERIE, monsenhor — 1825-92, fundador da Société Antiesclavagiste, depois cardeal e primaz da África.

LEIS DE 28 DE SETEMBRO—A primeira lei, dita do Ventre Livre e que excluiu os nascituros do cativeiro, é de 1871. A segunda lei é a do ministério Saraiva, de 1885, que proibiu o tráfico interprovincial de escravos.

LOBBYING — Advocacia administrativa, relações públicas.

LOGGIE — Galerias no palácio do Vaticano, pintadas por Rafael.

MANHOOD — Maturidade.

MANNING, John Henry — 1808-92. Converteu-se ao catolicismo em 1845. Sua defesa dos direitos do trabalhador influenciou a encíclica de Leão XIII *Rerum novarum.*

MARE CLAUSUM — Mar fechado, privativo de um único estado.

MARSHAL — Escrivão, oficial-de-justiça, porteiro dos auditórios.

MASSANGANA — Engenho da zona do Cabo, em Pernambuco, onde Nabuco passou seus primeiros anos.

MILLET, Jean-François — Pintor, 1814-75, amigo de Rousseau, autor do quadro *L'Angelus,* de camponeses em oração.

MONTEZUMA, Francisco Gê-Acayaba de — Visconde de Jequitinhonha (1794-1870).

MORS OMNIA SOLVIT — "A morte tudo resolve".

MUEZZIN — Árabe, anunciador muçulmano da hora da oração.

MÜNSTER — Catedral em alemão.

MUSIC-HALL — Café-concerto.

NEWMAN, John Henry — 1801-1900. Cardeal, chefe do movimento dito de Oxford e um dos homens eminentes da Inglaterra.

NEWS-BOY — Pequeno jornaleiro.

NIL ACTUM REPUTANS — "Nada feito enquanto não se faz tudo". Frase do poeta latino Lucano.

NOLI ME TANGERE — "Não me toques". Palavras de Cristo a Maria Madalena depois da sua ressurreição.

NOVEMBRO, 7 de — A terça-feira depois da primeira segunda-feira. *Election day* em 1876.

NUNC DIMITTIS SERVUM TUUM, DOMINE — "Agora, despede o teu servo, Senhor". Palavras do velho Simeão ao ver no templo o infante Jesus que reconheceu como o Salvador de Israel.

OPERATOR — Jogador na bolsa, especialmente os manipuladores de títulos de mineração.

PAINEIRAS — O antigo caminho que margeava o aqueduto das Paineiras, faz parte da estrada do Cristo Redentor no Rio de Janeiro.

PATMOS — Ilha grega onde São João escreveu o *Apocalipse*.

PEDRO CLAVER, São — Jesuíta espanhol. Dedicou sua vida ao apostolado dos escravos na África e morreu em Cartagena em 1654.

PICK-ME-UP — Cordial, restaurador.

PIMENTA BUENO, José Antônio — 1803-78. Feito marquês de São Vicente em 1867.

POITIERS, Diane de — Duquesa de Valentinois, favorita de Henrique II.

POLITY — Regime, governo, estado.

PRAIRIE — Sertão, americanismo.

PRIMEIRA MISSA NO BRASIL — Quadro de Vítor Meireles (1831-1902).

QUAKER — Adepto de uma seita religiosa cujos membros se tratam de *amigo*.

RAILROAD LAND GRANTS — Concessões de terras às estradas de ferro.

RENAN, Ernest — 1823-92, ídolo da mocidade da geração de Nabuco.

RING — Agremiação política.

RISING-MEN — Jovens em ascensão.

ROEHAMPTON — Colégio de freiras do Sagrado Coração, freqüentado pela aristocracia católica. Foi destruído na *blitz* em 1940.

ROSA DE OURO — Ornato de ouro batido, representando um ramo de rosas, bento pelo Papa e concedido por ele a chefes de estado como marca de especial favor por algum ato meritório.

ROYAL EXCHANGE — Bolsa de valores na City, Londres.

RUSKIN, John — 1819-1900. Escritor que se dedicou especialmente a assuntos de estética e que teve grande influência na era vitoriana.

SALAMANDRA — Animal mítico que podia atravessar o fogo sem se queimar; símbolo de Francisco I, usado como motivo ornamental no castelo de Chambord.

SALDANHA DA GAMA, Luís Felipe — Capitão-tenente, depois contra-almirante, comandante da esquadra revoltada em 1893. Malsucedida a revolta, reuniu-se aos federalistas no Rio Grande do Sul, onde morreu, em combate, no Campo Osório, em 1895.

SAND, George — Pseudônimo de Aurora Dupin, baronesa Dudevant, escritora francesa.

SILENO — Deus frígio, companheiro de Baco.

SOREL, Agnès — Favorita de Carlos VII, de quem foi feliz conselheira.

SPEAKER — Presidente da Câmara dos Representantes.

SNUBBED — Menosprezado, esnobado.

SOUTH KENSINGTON — O autor refere-se aos museus de Ciência e de História Natural, localizados naquele bairro londrino.

SPOILS SYSTEM — Regime do favoritismo político que provocou a reforma do serviço civil americano.

SQUARING — Subornar, corromper.

SQUATTERS — Invasores, intrusos.

SWALLOW-TAILS — Casacas, donde encasacados.

TAMMANY RING — A organização política do partido democrático da cidade de Nova York.

TERRAPINE — Sopa preparada com a pequena tartaruga do mesmo nome, natural da baía de Chesapeake e tida como a mais fina iguaria americana.

THALASSA! — Mar, em grego. Exclamação de alegria, segundo Xenofonte, dos dez mil gregos quando viram o mar, após dezesseis meses de retirada.

TOURO ALADO ASSIRIANO — Joaquim Nabuco adaptou-o como *ex libris.*

UTI POSSIDETIS — Termo latino que significa possessão atual, estado atual: continuar a possuir como já possui.

VIANA — Viana do Castelo, na foz do rio Lima, Portugal.

WHIGS — Designação dada aos liberais ingleses.

WIRE PULLER — Gíria política. Movimentador de fantoches, advogado administrativo, *pistolão,* que *mexe os pauzinhos.*

ÍNDICE ONOMÁSTICO

C

D

M

N

O

P

Q

R

S

T

U

V

W

Y

Z

Impressão e acabamento

GRAFICA IMAGINAÇÃO

"Sempre imaginando como atendê-lo melhor "

Avenida Santa Cruz, 636 * Realengo* RJ
Tels.: (21) 3335-5167 / 3335-6725
e-mail: comercial@graficaimaginacao.com.br